プラトン

ピレボス

西洋古典叢書

凡　例

一、この翻訳の底本としては、Oxford Classical Texts に収められているバーネットの校訂本 *Platonis Opera*, recognovit brevique adnotatione critica instruxit, Ioannes Burnet, tomus II, 1901 を使用し、これと異なる読み方をした箇所は訳註およびテキスト註によって示す。使用文献については解説末の「参照文献一覧」を参照されたい。

二、本文上覧の算用数字とBCDEの記号は、ステファヌス版全集の頁数と各頁内のABCDEの段落との対応——ただしAは省略する——を示す。さらに、正確を期して言及する場合には記号の後に行数を示すが、その数字はバーネット版に基づいている（例、三三一A四）。

三、ギリシア語をカタカナで表記するにあたっては、

(1) ϕ, θ, χ と π, τ, κ を区別しない。

(2) 固有名詞は原則として音引きを省いた。

(3) 地名人名等は慣用に従って表示した場合がある。

四、本文中の（　）はもとのギリシア語のカタカナ表記を、［　］は訳者の補足を示す。「　」は引用、術語、強調など読みやすさを考慮して適宜補ったものである。

五、二重かぎ括弧『　』は書名を示す。訳註で著者名をつけないで示したものは、すべてプラトンの著作である。

六、巻末に「索引」を付す。

目次

ピレボス

山田道夫 訳

登場人物

ソクラテス
プロタルコス
ピレボス

11 **ソクラテス**　ほら、プロタルコス、きみが今ピレボスから引き継ごうとしているのはどんな言説なのか、
そしてぼくたちの側のどんな言説に対して、もしそれが語られてきみの意に沿わないとなったら、異議を唱
B えようというのか、よく見てみることだ。よかったら、それぞれの説の要点をまとめておこうか[1]。

プロタルコス　ええ、お願いします。

ソクラテス　では言うが、ピレボスは、「嬉しくて悦んでいること」や「快楽」や「愉悦」やそういった
類と協和するかぎりのものがあらゆる生き物にとって善である[2]と主張しているのだ。他方、ぼくたちによる
反論はといえば、そういうことではなくて、「考え慮ること」や「知性をはたらかせること」や「記憶して
いること」、またそれらと同族であるもの、つまり「正しい思いなし」とか「真なる計算」とかいったもの
のほうが、それらに与ることのできるすべてのものにとって、快楽なんかよりはもっと善く、もっと好まし
C いものになるということなのだ。現在も将来にわたっても、それらを分かちもつことのできるすべてのもの
にとっては、あらゆるもののうちでいちばん有益なものであるということなのだ。なあピレボス、きみたち

（1）この冒頭部分に提示される論争、ないし対立する主張については補註A参照。

（2）「善である」についてはテキスト註（11B4）参照。

(11) とぼくたちがそれぞれ主張しているのは確かそんなふうなことだったはずだが、間違いないだろうね。

ピレボス　ああ、いかにも、ソクラテス、間違いなくそういうことだった。

ソクラテス　ではプロタルコス、今与えられたその言説をきみは引き受けるのかね。

プロタルコス　引き受けざるを得ません。残念なことに私たちの美しきピレボスは放棄してしまったのですから。

ソクラテス　それらの事柄について、万策尽くして真実が究められねばならないんだね。

D **プロタルコス**　ええ、そうでなくてはいけません。

ソクラテス　では始めるが、以上のことに加えて、このことについても互いの同意を固めておこう。

プロタルコス　どんなことをですか。

ソクラテス　すべての人間に幸福な生［生活、生き方］を与えることのできるものは、魂の何らかの性状や状態(1)であることを明らかにしようと、今からきみもぼくもそれぞれに着手することになるだろうということだ。そうではないか。

プロタルコス　それはそうです。

ソクラテス　そこできみたちのほうは「嬉しくて悦んでいる」という状態を、だがまたぼくらのほうは「考え慮る」という状態をそれだとするのだね。

プロタルコス　そうです。

E **ソクラテス**　だがもし何か他の状態がそれらよりすぐれたものとして現われるならどうだろう。もしそれ

12

が快楽とより多く同族親近なものとして現われるなら、ぼくたち双方共に、それを確固として保持する生(2)には打ち負かされることになるが、しかし快楽の生が思慮の生に対して勝利することは言うまでもあるまい。

プロタルコス　ええ。

ソクラテス　またもし思慮のほうとだよ、より多く親近ならば、思慮は快楽に勝利し、快楽は敗北するわけだ。以上をそのとおりに同意事項として認めるかい。それともどう言うかね。

プロタルコス　私としては同意します。

ソクラテス　ピレボスはどうだい。きみはどう主張するのかな。

ピレボス　ぼくならどうしたって快楽が勝利すると思ってるし、これからも思うさ。だがプロタルコス、きみはきみで判断するがよかろう。

プロタルコス　ええピレボス、あなたは私たちに言論を譲り渡したんですからね、ソクラテスに同意する

---

(1)「魂」の原語 ψυχή はプラトンにおいては広く生物の生命活動の主体・原因であるとともに、特に人間のさまざまな人格的行動の主体であって、「いのち」「こころ」「精神」などと訳されうる。本訳では一貫して「魂」という便宜的慣習的な訳語を用いるが、読者はそれぞれの文脈のなかでその意味の重点がどこにあるかに留意されたい。この箇所の「魂の性状や状態」とは「個人の精神や心の在りよう、性質」といった意味。「性状」「状態」と訳した原語の ἕξις と διάθεσις については補註B参照。「人間の生を幸福にするものは魂の性状や状態である」というのは、富や名声や健康や美貌といった外的身体的な「よきもの」ではなくて、ということ。五五Bおよび『エウテュデモス』二七九A以下参照。

(2)「それを確固として保持する生」の「それ」についてはテキスト註（11E2）参照。

(12) ことについては、あるいはその反対の場合でも、もうその権限はあなたにはないでしょう。

B **ピレボス**　いかにもきみの言うとおり。いや確かにぼくとしてはそんなことからは身を引き清め、かくなる上は女神ご自身を証人として召喚したてまつるのだ。

プロタルコス　ほかならぬそのことについては、私たちもまたあなたのために証人になれるでしょう。あなたが今おっしゃったことをおっしゃったというそのことのね。しかしさあ、ソクラテス、このあとに続く事柄を、ピレボスがすすんでそうするなら一緒に、あるいは彼にはしたいようにさせて、ともかく最後まで究明するよう努めましょう。

ソクラテス　努めなきゃならない。その女神ご自身から始めてね。その女神は「アプロディテ」と呼ばれてはいるが、本当の名前は「ヘードネー〔快楽〕」だというのがこの男の主張なわけだ。

プロタルコス　おっしゃるとおりです。

C **ソクラテス**　だがプロタルコス、神々の御名前に対してぼくが常々抱く畏れというのは、人並みのものではなく、最大の恐怖をもなお超えるというほどでね。だから今もアプロディテのほうはその神様のお気に召す通りにお呼びするとしよう。[1] しかし快楽については、ぼくはそれが色とりどりのものであることを知っている。そしてさっき言ったように、ぼくたちはその快楽から始めて、それがいかなる本性を持つものなのか、思いをめぐらし、探求しなければならない。そんなふうにただ単純に〔快楽という〕名前を聞いているぶんには何か一つのものだけれど、しかしそれはありとあらゆる、そしてある意味では互いに相似るところのない

D 形姿(2)を持つのだからねえ。ほら、よく見てごらん。ぼくたちは放蕩者が快を楽しんでいると言い、思慮分別のある人についても、彼らはまさにその思慮分別することによって快を楽しんでいると言う。そしてまた知性のはたらきが鈍くって、愚かな思いなしや望みにふくれあがっている者も快を楽しんでおり、考え慮る人もまた、まさにその考え慮ることによって快を楽しんでいると言うのだ。それでそれらの快楽の双方それぞれが相互に類似しているなどと主張しておきながら、愚か者だとは見られないなんて、そんなことがどうして正当だと言えようか。

プロタルコス ええソクラテス、それらの快楽は相反するものごとから生じてはおりますよ。しかしそれら自身が相互に反対のものだなんて、そんなことはけっしてありません。だって快楽は快楽と、それはまさ
E にそのものが自分自身と、ということなのだから、あらゆるもののなかで最も類似しているはずで、そうでないなんてことがどうしてあり得ましょう。

---

(1) 神々の名前の正しい命名については、『クラテュロス』四〇〇D－四〇一A参照。

(2) 「形姿」と訳したモルペー（μορφή）は、『パイドン』一〇二B以下で、エイドス（εἶδος）およびイデア（ἰδέα）の語に準じて、いわゆる「イデア」を指示する語として一度、「エイドスのモルペー」といった表現において一度用いられている。また本篇一六Dの「言論への美しき途」を語る箇所では、「一」と「無限」についてイデア（ἰδέα）が用いられており、モルペー、イデアともに「形姿」と訳す。またゲノス（γένος）には「類」、エイドス（εἶδος）には「種類」「形相」という訳語をあてる。本篇ではゲノスとエイドスはおおむね類と種の関係において使い分けられているが、エイドスと呼ばれたものがゲノスと呼ばれる箇所もあり、どちらも多の上に立つ一なる「形相」であることに変わりはない。

ソクラテス　あのねえ、きみ、そりゃ色と色とでもそうだ。どれもすべて色であるというちょうどその点においては何の違いもないだろう。しかし黒は白と、ただ違っているというだけでなく、まさに正反対のもの 8
のだということ、これはぼくたちすべての認めるところだよ。形と形にしたって同じことだ。類においては
13 全体が一つ、だがそれの部分は部分に対し、相互に正反対のものもあれば、甚大と言ってよい差異を持つものもある。そして他にも多くのものがそういう事情にあることをぼくたちは見出すだろう。だからね、正反対のものすべてを一つにしてしまうような、そんな議論を信じちゃいけない。或る快楽は快楽と反対的であるのを見出すことになるのではないかと、ぼくは危惧しているんでね。

プロタルコス　ええたぶんそうでしょう。でもそのことが私たちの議論をどう傷つけることになるんですか。

ソクラテス　それはきみがそれら相似ることのないものをまた別の異なる名前で呼んでいる点においてだ、とぼくたちは言うだろう。快なるものすべてが善きものだときみは言うのだから。なるほど快なるものが快
B でないなどと異を唱えるような論はないさ。だがぼくたちの主張では、その多くは悪しきものであり、また中には善きものもあるというのに、なのにきみはそれらすべてを善きものと呼んでいる。それらが相似ないものであることを、もし誰かが言論によってきみに強制するなら、同意するだろうにもかかわらずだ。さあでは一体、何が同一のものとして悪しき快楽のうちにも善き快楽のうちにも等しく内在しているがゆえに、すべての快楽を善であるときみは呼ぶのかね。

プロタルコス　妙なことをおっしゃる、ソクラテス。そんなことを人が容認するだろうと思いますか。善

C とは快楽であるとした上で、あなたが或る快楽は善きものであり、それらとは別の或る快楽は悪しきものだ、などと言うのを我慢するだろうなんて。

ソクラテス　だがとにかくそれらは相互に類似していない、そして中には反対的なものもあるときみは言うだろう。

プロタルコス　いいえ、それらがとにかく快楽であるかぎりにおいては、そんなことはないのです。

ソクラテス　またもや同じ議論へと、ぼくたちは運ばれてきたわけだ、プロタルコス。したがって快楽は快楽と異なるものではなく、すべては相似たものだとぼくたちは言うだろう。そしてさっき言われた［色と形の］類例によっては何も傷つけられずに、万人のうちでもっとも低劣、かつ言論についても尻の青い連中
D と同じはめに陥って同じ言辞を弄することになるだろう。

プロタルコス　一体どういうことですか。

ソクラテス　ぼくがきみを真似て防御するとして、いちばん似ていないものはいちばん似ていないものに何よりもいちばんよく似ている、とでも敢えて言えば、きみと同じことが言えるだろうということだ(1)。そし

---

(1)「いちばん似ていないものはいちばん似ていないものと何よりもいちばんよく似ている」というのは、たとえば相互にまったく似ていないAとBはもちろん「(相互に)まったく似ていない」のであるが、その事実内容を離れて、ただそれぞれを指示する名辞ないし記述にだけ着目すれば、AもBも共に「まったく似ていないもの」であって、その名辞の同一性において「いちばんよく似ている」ということ。ソクラテスが「(プロタルコスと)同じことを言えるだろう」としている点については補註C参照。

て人からは然るべき齢《よわい》に達しない若輩者と見られ、ぼくたちの議論も座礁してしまう[1]ということだよ。だからもういちど船を押し戻そうじゃないか。そうして同じ組み手の態勢に戻るなら、おそらくはたぶんお互いに何とか折り合いをつけることができるだろう。

E プロタルコス　どうするのか言ってください。

ソクラテス　今度は逆にぼくがきみから尋ねられるのだとしてごらんよ、プロタルコス。

プロタルコス　どんなことをですか。

ソクラテス　思慮と知識と知性、および一体何が善かと尋ねられて、ぼくが始めに善きものだとして言ったすべてのものは、きみの説が陥ったその同じはめに陥るのではないかね。

プロタルコス　どうしてでしょう。

ソクラテス　ありとある全部の知識は数多く、またその中には相互に似ていないものもあると思われるだ
14 ろう。そしてまた幾つか反対的なものも生じるとしてだよ、もしぼくがまさにそのことを恐れたがために、
いかなる知識も知識と相似ないことはないなどと主張するなら、そしてそのようにしてぼくたちの議論は物
語同様に滅び去ってしまい[2]、ぼくたち自身は何か理不尽なものに縋ってどうにか救われるということになる
としたら、果たしてぼくは今、問答するにふさわしい者でいられるだろうか。

プロタルコス　いや確かにそんなことになってはいけません、救われるということは別にしましてね。ともあれ、私の説とあなたの説が同等だというのは気に入りました。快楽は数多く、かつ相似ていない、知識は数多く、かつ差異ありということに致しましょう。

B
ソクラテス　それならプロタルコス、ぼくの説ときみの説との違いを覆い隠すことなく真ん中において、思い切ってやってみるとしよう。それらが吟味されて、快楽が善であると言わなくてはならないのか、あるいは思慮がそうなのか、あるいは第三の何かがそうなのかを明るみに出すことになるのならね(3)。なぜなら今ぼくたちは、ぼくが擁立したものなり、あるいはきみの擁立したものなりが勝利者になるようにという、ただそのことを目当てに争っているわけじゃあない。真実この上ないもののためにこそ、ぼくたち両人は共に闘わなくてはならないはずなのだ。

プロタルコス　ええ、そうしなくてはなりません。

---

(1)「座礁する」と訳した原語 ἐκπίπτω は俳優が野次られて舞台を降りることにも用いられるが、この対話篇で何度か用いられる航海に関連した比喩と解するほうがよい。すぐあとの「船を押し戻す」とも合致するし、特に一四Aの「議論は滅び去ってしまい、ぼくたち自身は何か理不尽なものに縋って助かる」というやはり船の難破に擬えた比喩的表現を見れば、異論の余地はないと思う。言論の破綻について言われているのだから航海の比喩より俳優の比喩のほうが適合する（Gosling）などということもない。言論の営みを航行に喩えるのは『パイドン』八五Dや「第二の航海」の句（本篇一九Cにも見られる）に照らしてもごく自然である。

(2)「物語は滅び去った」というのは、言説や議論の破綻について『国家』六二一Bや『テアイテトス』一六四Dでも用いられている表現。『国家』の同箇所、『法律』六四五Bには「物語は救われた」という表現も見られ、どちらが元の慣用句かについては議論がある。

(3)「ぼくの説と……」からの文については、テキスト註（14B1-4）参照。

(14) C ソクラテス　ではその言表をさらなる同意によってもっと確固たるものにしておこう。

プロタルコス　その言表って、どういう言表ですか。

ソクラテス　あらゆる人間に面倒をかける言表だ、みずから望んででも、また人により、時によっては望まずともね。

プロタルコス　もっとはっきり言ってくださいよ。

ソクラテス　今しがた跳び込んできた言表のことさ。本性的にというか、驚くべき生まれつきのね。なぜって多なるものが一であること、そして一なるものが多であることは、口に出して言われるなら驚いて当然だし、人がそれらの言表のどちらを提示するにせよ、［そんなことはおかしいと言って］その人に異議を唱えるのだって安直にできることなのだ。

プロタルコス　あなたが言っておられるのは、誰かがこの私プロタルコスは生まれつきの本性からして一
D 人ではあるが、その私はまた、多なるものであり、相互に反対的なものでもあると主張する場合のことでしょうか。［私という］同一人が大にして小、重にして軽、そして他にも無数の形容を持っていると置くことによって。

ソクラテス(1)　きみが言ったのはね、プロタルコス、一と多についての驚くべき事柄のうち、広く世間に知られているものなんだが、そういったものに手を触れてはいけないということは、いわば万人によってすでに同意されている。幼稚だし安直だし、言論にとってひどく障害になると考えてのことだ。実際、こういう
E のだって駄目なんだからね。つまり、各人の四肢やまた諸部分を言論でもって分割して、それらすべてがそ

の一人のものだとの同意を得た上でだよ、おまえは驚くべきことを言わざるを得なくなった、一なるものが多であり無限であり、多なるものがただ一つだとはね、と嘲笑しながら論駁するような場合だ。

プロタルコス　ではソクラテス、［一が多であり、多が一であるという］その同じ言表について、いまだ承認を得て周知されてはいない別のものとはどういうものだとおっしゃるのですか。

ソクラテス　それはねえ、きみ、ちょうど今ぼくたちが語ったような、生成し、かつ消滅する事物の中に、一なるものを置かない場合のことだよ。そういう事物においては、そしてそういう「一」については、今言ったように、論駁の必要もないと認められているのだ。しかし人間も一つ、牛も一つ、美も一つ、善も一つとして措定する試みに手を着けるなら、それらの、そしてそのような「一」については、分割を施すにあたっての多大の熱意(2)が争論を引き起こすことになる。

プロタルコス　どのように。

B **ソクラテス**　まず第一に、何かそういった「一」が本当に在ると考えねばならないのかどうか。つぎにまたそれらについて、それぞれは一なるものとして常に同一であり、生成も消滅も受け入れないのであるが、しかしそれが［そのように］この上なく確固として一なるものであるのはいかにしてなのか。そしてまたその

(1)「一と多についての驚くべき事柄」のうち、すでに周知のもので、手を触れてはいけないとされる二つの議論については、補註D参照。

(2)「分割を施すにあたっての多大の熱意」については、テキスト註（15A6-7）参照。

(15) あとで、生成する無限なるものの中で、ばらばらに引き裂かれて多なるものになったにせよ、そのもの自身
が全体として自分自身から切り離されたにせよ、といってもそんなことは何よりも不可能なことだと思われ
るだろうが、いずれにせよ、それはいかにして、同じもの一なるものでありつつ、同時に一と多のうちに生
C じるとしなければならないのか、というのだ[1]。そういうのがそのような一と多に関する異論であって、さっ
きのようなのではないのだよ、プロタルコス。それらがうまく同意されないとあらゆる行き詰まりの原因に
なるし、またうまく同意されればすべてがうまく行くことになる。

プロタルコス　そうすると私たちはそのことに、ソクラテス、今はまず骨折って取り組まないといけないんじゃないでしょうか。

ソクラテス　もとよりぼくとしてはそう主張したいところだね。

プロタルコス　それならここにいる私たちみんなも、あなたに対してそのように承認するものと考えてください。ですがピレボスに対しては、せっかくおとなしくしているのに、問いをかけてかき乱したりしない[2]のがたぶん上々の策でしょう。

D **ソクラテス**　よし。それでは、数々の異論をめぐるその長大かつ多岐にわたる闘いをどこから始めるのが
いいだろうか。こういうところからだろうか。

プロタルコス　どういうところからですか。

ソクラテス　確かぼくたちの主張では、昔も今も、一と多が言論［言表］によって同じものとなって、言表

されることのそれぞれのもとで、そのつど常に、あらゆるところを走り回るというのだ。(3) そしてそのことはいつか止むだろうこともなければ、今始まったのでもない。いやぼくに見えるところでは、そういったことは、言論［言表］そのものに与えられた滅することも老いることもない性《さが》として、われわれのうちにあるのだ。若者たちの中でそれぞれの時に初めてこれを味わった者は、何か知恵の宝庫でも発見したかのように快

E を感じては、快楽に我を忘れ、そしてあらゆる言論を動かして悦に入る。(4) ある時は片方向に丸めて一つに捏ね合わせ、ある時はまた逆に延べ戻して分断するといった具合で、まず第一には誰よりもひどく自分自身を、つぎには年少者であれ、年長者であれ、同輩であれ、いつでもその時そばに居る者を行き詰まりに放り込む。

16 父も母も、話を聞いてくれるなら他の誰だって、どうかすると人間だけじゃなく、他の動物だって容赦はし

---

(1) テキスト註（15B1-8）および補註E参照。

(2)「ピレボスがおとなしくしているのにかき乱したりしない」というのは、「災悪がうまくおさまっているのを動かすな」という諺の「災悪」を「ピレボス」に置き換えたもの。昔、ロドス島の巨像が倒れて人家に被害が出たとき、王が像の再建を望んだのに対し、ロドスの人々が言った言葉に由来する。

(3)「一と多が言論（言表）によって同じものとなって」は「その同じ一と多が言論（言表）によって生起して」「同じものが言論（言表）によって一と多になって」とも読める。「いつでも」は「言表されること」に掛けて「そのつど言表されること」と理解すべきだと註記する人もあり、「いたるところを」は「あらゆるしかたで」とも解しうる。明確に意味を絞り込もうとすると、一二C－二〇Aまでの議論をどう解釈するかという問題と連動して訳出のむずかしい行文である。解説二一九－二二〇、二二六－二二八頁参照。

(4)「快を感じては」「快楽に」「悦に入る」の原語は、快楽 ἡδονή とその動詞 ἥδομαι の分詞形である。これらを一箇所で重ねて使うのは、プロタルコスら、ピレボスの快楽説側に立つ青年たちへの当てつけであろう。

(16) ないのだ。実際、どこかから通訳さえ得られれば、蛮族だって、誰一人容赦されることはないだろうから
ねえ。

プロタルコス　おやソクラテス、私たちの頭数が目に入らないんですか、私たちは皆、若者なんだという
ことが。そして私たちを侮辱したりすれば、ピレボスと一緒になってあなたを攻撃するんじゃないかと恐れ
ないんですか。まあでも、おっしゃることはわかりますからね、もし何か方法なり工夫なりがあってですよ、
B そのような騒動は何とか好意的に私たちの議論から退散してくれて、それよりもっと美しい言論への途とい
ったものを見出せるのなら、どうかそのことにあなたも熱意を燃やしてください。私たちも力の及ぶかぎり
お伴するでしょう。ただ今現在の言論はけっして些細なものではないのですからね、ソクラテス。

ソクラテス　いかにも些細なもんじゃあないからね、子供たちよ、とまあこれはピレボスがきみたちを呼ぶ時の言い方だがね。いや確かにこれよりも美しい途はないし、これからもないだろうというのがあって、ぼくは常々それを恋い慕ってはいるのだが、しかしそれは、これまでにも度々ぼくを見捨て、ひとりぼっちの窮状に追いやってきたものなのだ[1]。

プロタルコス　それはどんな方途ですか。まあ話してください。

C **ソクラテス**　それを明らかにすることは特にむずかしくはないが、使い用いるとなるときわめてむずかし
い。なぜならおよそ技術に関連して発見されたもののすべては、この方途を通じて明らかになったのだからね。
だがぼくはそれを何だと言うのか、調べてみたまえ。

プロタルコス　とにかく言ってみてください。

ソクラテス　ぼくに明らかに見えるところではねえ、それは神々の人間への贈り物として、誰かプロメテウスのような方を通じて、(2)この上なく明るい火みたいなものと一緒に、どこか神々のところから投げ与えられたのだ。そして昔の人たちは、ぼくたちよりもすぐれていて神々のもっと近くに住んでいたのだが、それを伝承として授けてくれた。いわく、そのつど常に「ある」と言われるもの(3)は「一」と「多」から成ってい

(1)『パイドロス』で総合と分割の方法を具体的内容とするディアレクティケー（哲学的問答法）が導入されたときも、ここと同じく、ソクラテスは自分をそれのエラステース（恋い慕う人、求愛者）であると言っている（二六六B三）。しかし「見捨てられ、ひとりぼっちの窮状に追いやられた」とは言っていない。この述懐はC一―二の「それを説明するのはむずかしくないが、使い用いるのはとてもむずかしい」という言葉と呼応し、プラトンの『パイドロス』執筆時から『ピレボス』執筆時までの時間と経験を背景にもつと考えられる。解説二一九―二二〇頁参照。

(2)ここに述べられる「一と多」「限と無限」はピュタゴラス派の存在把握の基本概念であり、「プロメテウスのような人」とはピュタゴラスその人を指していると思われる。

(3)「そのつど常に」と訳したἀείを、「言われる」ではなく「ある」に掛けて、「〈常にある〉と言われるもの」と読み、この箇所の記述がイデア界の階層構造についてのものであるとする解釈と接続させることも可能である。訳者は採らない。解説二二一―二二三頁参照。

て、みずからのうちに「限」と「無限」を同じ生まれの同伴者として持っている。そこでぼくたちとしては、
D それらがそのような秩序構造にある以上、あらゆるものについて常に一つの形姿をその時々に措定して探さ
ねばならない。そこに内在しているのを見出すことになろうから。そうしてそれを把握したなら[1]、一つのつ
ぎには二つを、もしそれが何とかあるようなら、注視しなければならない。だがもしなければ、三つなり何
か他の数［の形姿］なりを、そしてそれらの［形姿の］一つ一つをまた同じようにして、最初の一が一であり多
であり無限であることのみならず、どれだけの数あるのかをも見るに至るまで、注視しなければならない。
E 無限と一との中間にあるそれの数のすべてを見て取るまでは、無限という形姿を多なるものに付与してはな
らず、だがその時になればもう、その全部のものの一それぞれを無限へと解放し、放念してよい、というの
だ。さて神々は、今言ったように、そのようにして注視し、学び、互いに教え合うことをわれわれに授けて
17 くださったのだ。だが現今の人間の賢者たちときたら、行き当たりばったりのやりかたで一を、そして然る
べき時よりも早すぎたり遅すぎたりして多を作りながら、一のあとは直ちに無限を作り出すのであって、そ
の中間のものは彼らから逃れ去るのだ[2]。逆にまたそれらのことによって、ぼくたちが互いに言論を交わす問
答法的なやりかたと争論術的なやりかたが区別されているのだ。

プロタルコス　幾らかのことは何とか、あなたから学んだように思いますよ、ソクラテス。ですが幾らかのことについては、なおもっと明確に、おっしゃることを聞く必要があります。

ソクラテス　明確なんだよ、ぼくの話してることは、プロタルコス、文字の中においてね。きみもそれら

B でもって教育されたその文字の中でそれを把握したまえ。

プロタルコス　どんなふうにですか。

ソクラテス　ぼくたちにとって声音は、万人のも各人のも、口から発せられるものとしては一つであるが、また数において無限でもあるだろう。

プロタルコス　もちろん。

ソクラテス　そしてそれらのいずれによっても、つまり、それの無限であることを知っていても、あるいはまた一であることを知っていても、ぼくたちはまだけっして賢くはない。そうではなくてそれがどれだけあり、またいかなるものかということ、それがぼくたち各人を文字の心得ある者にするのだ。

プロタルコス　おっしゃるとおり。

ソクラテス　そしてまた、ちょうど人を音楽に通じた者にするのもその同じものなのだ。

プロタルコス　どうしてですか。

C ソクラテス　音声は、音楽の技術のもとにおいても、それ自身は一つだろう。(3)

プロタルコス　もちろんです。

（1）テキスト註（16D3）参照。
（2）テキスト註（16E4-17A3）参照。
（3）テキスト註（17C1-2）参照。

(17) ソクラテス　で、二つは低いのと高いの、三つめとして同じ高さのを置くとしよう。[1] それともどうしようか。

プロタルコス　そのように。

ソクラテス　だがむろん、ただそれらだけを知っていても、音楽に関して賢いというわけにはまだいかないだろう。しかしそれすら知らないとしたら、きみはそうしたことにかけて、いわば何の値打ちもない者となるだろう。

プロタルコス　ええ確かに。

ソクラテス　しかし、ねえ、友よ、きみが音の高さと低さについて、音程の数が幾つあるか、それらはど
D のようなものかを把握したならば、そして諸音程を区切る境界音を、そしてまたそれら境界音の組織体として生じたものすべてを——先人たちはそれらを洞察してだね、彼らのあとに続くわれわれにそれを音階と呼ぶように伝授し、また身体の動きの中にも別にそのような状態が生じて内在していて、数（アリトモス）によって測られる（メトレーテンタ）のだから、それらをリズム（リュトモス）と韻律（メトロン）と名づけねばならない、そしてまたあらゆる一と多についてそんなふうに考察すべきことを理解しなければならないと主張し
E ているのだが——とにかくきみがそれらをもそんなふうに把握したなら、その時きみは賢くなったのだし、また他のどんな一にせよ、そのように考察して摑まえたなら、そのようにしてきみは、それに関して思慮ある者になったのだ。だがそれぞれの事象のそれぞれの事象における無限多は、それぞれの時に、きみを、考え慮ることに弁えのない度外れ者にするのであり、計算にも数にも入れてもらえない役立たずにするのであ

る。[2] いつだっていかなるもののうちのいかなる数にも目を向けることがないのだからねえ。

18 **プロタルコス**　じつに見事に、ねえピレボス、ソクラテスは今語られたことを語られたと私には思われます。

ピレボス　ただそれらだけのこととしては、このぼくだってそう思うさ。だがその話は一体、われわれに何の関わりがあって、また何を言わんとして今語られたのかね。

（1）「同じ高さの（音声）」と訳した ὁμότονον は、特定の音ではなく、任意の音について、それと同じ高さの音のこと、そして「低いの」と「高いの」はそれよりも低い音と高い音。厳密に一つ一つの音というよりは、大体の音域が考えられているのかもしれないが、いずれにせよ、連続した音の高低の広がりのなかで、どこにでも任意に設定できる区別である。声音における母音、半母音、黙音のような、対象の自然本性的差異に沿った分割がなされているわけではないから、分割法の例示説明を想定する解釈者を困惑させるものである。しかしそもそも、文字の場合の「声音が一つであること、また数において無限であることのいずれを知っていても、まだけっして賢くはない」という言葉と、「それらだけを知っていても、音楽に関して賢いというわけにはまだいかない」という言葉との対応に着目すれば、「高い、低い、同じ」は、区分よりはむしろ、音楽の音がピッチにおいて無限であることを示そうとするものではないかとも思われる。（文字の場合、つぎの段階はそれが「どれだけあるか」であり、音楽の場合は音程の数が「いくつあるか」である。）二六A「高いのと低いの、そして早いのと遅いのにおいても……」という行文をも参照。解説二三一―二三三頁参照。

（2）ἄπειρος には「限りがない」の他に、「経験がない、弁えがない」の意味がある。ἐλλόγιμος は「計算に入る」という字義通りの意味から「顧慮するに値する、著名な」の意味が派生し、ἐνάριθμος（数に入る）も同様である。これらの語の多義性を用いた言葉遊び。

(18) ソクラテス　いや確かに、プロタルコス、ピレボスがぼくたちにそう尋ねたのは正当だよ。

プロタルコス　ええ、まったく。そしてその返答も彼にしてあげてください。

ソクラテス　それをするのは、今話したことについてもう少し詳しく説明してからにしよう。つまりだね、いかなる一をであれ、もしそれを把捉したなら、ぼくたちの主張では、その者はいきなり無限の本性に目を向けてはならず、何らかの数に目を向けねばならないのだが、それと同様、反対にまず無限を把捉することを強いられた場合にも、直ちに一に目を向けるのではなく、それぞれが何らかの多を持つところの何らかの
B 数を見て取り(1)、そして最後にすべてから一へと至らねばならないのだ。だがもう一度、文字において、今言ったことをつかまえるとしよう。

プロタルコス　どんなふうに。

ソクラテス　声音が無限なるものであることを、神にせよ、あるいは神のごとき人間であるにせよ、どなたかが看取されたものだから(2)、そう、言い伝えでは、それはエジプトのテウト(3)とかいう名の方だったという話だが、その方が初めてその無限の中に、明瞭に響く声音［母音］が一つではなく多数あり、またさらに、
C 明瞭に響く声音ではないが何かの音を分有する別のもの［半母音、流音］があって、それらにも幾つかの数があることを看て取られ、そして文字の第三の種類として、今日われわれに無声音［子音、黙音］と呼ばれているものを区別なさったのだ(4)。その後で、明瞭な声音も音もないものを一つ一つにまで分割し、母音も中間音も同じようにして分割して、最後にそれらの数を把握し、その一つ一つおよび全部に字母（ストイケイオン）という名をおつけになったのだ。そしてわれわれの何ぴともそれらのうちの一つを全体なしにそれだけ単独

で学ぶことはないだろうと見なわし、［全体を結び合わせる］その絆がまた一つのものであり、それらすべ
D てをある意味で一つにしているのを考量されて、それらに携わる一つのものとして文字の技術の名を告知し唱えられたのである。

ピレボス　なあプロタルコス、今の話は、それらだけの相互連関においては、前の話よりもさらにはっき

（1）Bury の指摘通り、δεῖ βλέπειν を補って読む。「それぞれが何らかの多をもつところの何らかの数」は直接字義通りには、二つなり、三つなり、あるいは他の何らかの数の（＝多をもつ）種類（形相）のことだと解されるが、一六Dや一九Aの類例と同様、その二つなり三つなりの種類の一つ一つがまた多をもつ（＝二つ以上の下位の種類（形相）をもつ）ということであろう。

（2）ἐπειδὴ の節「……看取されたものだから」を受ける帰結文はなく、挿入句のなかの名詞テウトを説明する ὃς 以下の関係詞節とテウトを主語とする文が最後まで続く破格構文（anacoluthon）。

（3）テウト神については『パイドロス』二七四C以下でも、他の色々な学問技術の発明に加えて特に文字の発明者としてのエピソードが紹介されている。しかし『ピレボス』で彼の名のもとに語られるグラマティケー・テクネーの発明は、「およそ技術に関連して発見されたものすべてはこれによって明らかになった」とされる「言論への美しき途」を説明するための類例として肯定的に語られているのに対し、『パイドロス』のエピソードでは、技術の発明者とその技術の本質や使用上の利害を見抜くことのできる人は別物であるというネガティブな評価が与えられている。また『クラテュロス』の四二五D－四二六Aでは元素的な名辞の正しさの説明として神を持ち出すことがやはりネガティブに揶揄されていて、『ピレボス』との異同を考えると興味深い。

（4）ギリシア語の字母（音価）を（今日のギリシア語学習でも行なわれているような）母音、半母音（黙音以外の子音）、黙音の区別に相当するかたちで大きく三つに区分することは、『クラテュロス』四二四C－D、『テアイテトス』二〇三Bにおいてもなされている。

りと分かった。しかし今も少し前も、依然として同じことが説明不足のまま残されている。

ソクラテス　まさかピレボス、それらがまた肝心の議論とどう関係するのかなどというんじゃあないだろうね。

ピレボス　そう、いかにもそれがこのぼくとプロタルコスがさっきから尋ね求めていることなのだ。

ソクラテス　いやまったくねえ、もうそこに来ているのに尋ね求めているというわけだ、きみの言によれ
E ば、さっきから。

ピレボス　どうしてそんな。

ソクラテス　ぼくたちの議論は当初から、思慮と快楽について、そのいずれが選ばれるべきかというのではなかったかね。

ピレボス　むろんそうだ。

ソクラテス　しかるにそれらの各々は一つであるとぼくたちは主張する。

プロタルコス　ああ、いかにも。

ソクラテス　それならまさにそのことを、先ほどの議論はぼくたちに要求しているのではないのかね。つ
まり、いかにして両者のそれぞれは一であり多であるのか、そしていかにしてそのどちらもが直ちに無限で
19 あることとなく、何らかの数を、その数［だけある種類］の一つ一つが無限になってしまうより前に、所有して
いるのか、ということを。

24

プロタルコス　容易ならぬ問いの中へ、ねえピレボス、ソクラテスは私たちを、何だか訳のわからないやりかたでぐるりとこう引っ張りまわした挙句、放り込んだのですよ。さあ、私たちのどちらが今の問いに答えるのか、ひとつ考えてください。まあたぶんお笑い草でしょうね、言説の継承者たる私が全面的に請け合っておきながら、今問われたことに答えることができないからといって、またもやあなたにそれを押しつけるなどというのは。
B
でも私たちのどちらもできないというのはもっとずっとお笑い草だと思うのです。私たちはどうすればいいのか、さあ考えてください。というのは、ソクラテスは今私たちに、快楽の種類といったものがあるのかないのか、いくつあって、それぞれどのようなものかを尋ねているように私には思われますからね。思慮についてもまた同様です。

ソクラテス　やあ美しきカリアスの子よ、(1) まったくきみの言うとおりだよ。実際、今立ち現われた議論が告げたところでは、すべての一なるもの、相似たもの、同一なるもの、またその反対のもの(2)について、それができないようなら、ぼくたちの誰にしたって、何ごとにかけてもいささかの値打ちもけっしてない、ということになるだろうからねえ。

（1）テキストはたんに「カリアスの子よ」。*Καλλίας* という名には *κάλλος*（美）の複合語形成辞の *καλλι-* が含まれていて、美を連想させる。プロタルコスに対する、本篇でただ一度だけのこの呼びかけの意味については、七七頁註（2）および補註G参照。

（2）「その反対のもの」は「多様で不類似で差異のあるもの」を指している。すなわち「最初に無限を把捉することを強いられた場合（一八A九―B一）」のことを言っているのであろう（Hackforth）。

C プロタルコス　どうやらそのようですね、ソクラテス。でもね、思慮深い人にとってすべてを知ることは
美しいことですが、それができないとなったら、第二の航海〔次善の策〕は自分で自分を忘れずにいることだ
と思うんです。なぜ今そんなことを私は言うのか。私があなたにお教えしましょう。この会合を開いて、何
が人間の所有物のうち最善のものなのかを決める仕事に、みずから立ち向かうことを私たち皆に快く承諾さ
れたのはあなたなのですよ、ソクラテス。だってピレボスが快楽や愉悦や喜びやそういったものすべてがそ
D れだと言ったとき、あなたはそれらに対して、そういうのじゃなくて、ああいったものこそがそうだと反論
なさったのですし、その双方を記憶の内に置いて吟味できるように、私たちは努めて何度もそれらを想い起
こしているのですが、けだし正当な行ないと言うべきです。で、あなたの主張は、私が思うに、快楽なんか
よりはもっと善いと正当にも呼ばれるであろう善とは知性であり、知識であり、理解力であり、技術であり、
すべてまたそれらと同族のものであって、ああいうのじゃなく、それらをこそ所有しなければならないとい
E うものです。それでそれら双方の主張のそれぞれが〔互いへの〕反論と共に述べられた時にですよ、私たちは、
それらの言説が詳しく規定されて何か十分な限度が得られるまではあなたを家に帰さない、と冗談めかして
脅したのですが、あなたはそれを承諾し、そのことに向けてあなたご自身を私たちに与えてくださった。そ
こで私たちはちょうど子供のように、正当に与えられたものは奪われてはならないと言うのです。ですから
今論じられている事柄に関して、そういうやりかたで私たちにあたるのは止めてくださいよ。

ソクラテス　そういうやりかたって、どういうやりかただね。

20 プロタルコス　私たちを行き詰まりに放り込んでは、現時点であなたに十分な答えができないようなこと

をしつっこく尋ねるというやりかたです。だって私たちの今の議論の目的は、私たち全員が行き詰まって困惑することだなどと考えるべきではありません。いや、私たちにそれができないのなら、あなたがやらなくてはいけません。あなたはそう申し出られたんですから。さあそんなわけですから、あなたご自身が考えてください。快楽と知識を種類に分割すべきなのか、あるいはまたそのまま打棄てておくべきなのか。それはもしですね、あなたが何かまた違ったやりかたで、今私たちによって争われている問題を何とか他のしかたで解明することができて、またそうするのをお望みならば、ということですけれど。

B **ソクラテス**　それなら、きみの言うその「ぼく」は、もはや何一つ難儀を予期して恐れる必要はないね。きみがそういうことをそんなふうに言った以上はね。なぜなら「お望みならば」という言葉が発せられると、それはどんなことについてもあらゆる恐怖を解消するのだから。かてて加えてだねえ、神々のうちのどなたかが、ぼくたちのために或る記憶を授けてくださったように、ぼくには思われる。

プロタルコス　どんなふうに授かったんですか。またどういうことの記憶ですか。

*

ソクラテス　以前いつか、夢でだったか目覚めてだったか、快楽と思慮について或る議論を耳にしたのだが、それが今頭に浮かんできたのだ。両者のどちらも善ではなくて、何か他の第三のものが、それらとは異
C なるもので、両者より善いものだというのだ。実際、そのことが今ぼくたちにはっきりと現われるなら、快楽は勝利の道からは離脱してしまったことになる。善はもはや快楽と同じものにはならないだろうからね。

(20) それともどうかね。

プロタルコス　そうです。

ソクラテス　他方、快楽の諸種類の分割へと向かう議論のほうは、ぼくの考えでは、もうこれ以上は何の必要もなくなるだろうね。(1) だが前に進んでゆけば事柄がおのずからもっと明瞭に教えてくれるだろう。

プロタルコス　たいへん結構なお言葉です。そのお言葉通りにどうか限界まで話を進めてください。

ソクラテス　それではその前に、或るちょっとしたことについてさらに同意を得ておくとしよう。

プロタルコス　どんなことですか。

ソクラテス　善の定まった本性(2)は、完全無欠であるのが必然かね、それとも完全無欠(3)でないのが必然かね。

プロタルコス　あらゆるもののうちで最も完全無欠ですよ、ソクラテス。

D **ソクラテス**　ではどうかね。善は十分自足的であるのかね。

プロタルコス　もちろんです。そのことにかけてはすべての存在に優越しているのです。

ソクラテス　だが思うに、このことこそは善について何としても言わなきゃならんよ。つまりそれを知るものは皆、それを選び取ってみずからに所有せんと欲しては、渉猟し、希求するのであって、さまざまな善

---

(1) ここで議論は急転して、「言論への美しき途」が要求していた快楽と知性思慮の包括的な分節化、種類分けの作業はそのままのかたちでは行なわれないことになり、読者は、今までの仰々しく難解な議論は何だったのかという思いを抱かされる。しかしソクラテスがここで夢か何かにかこつけて持ち出す論点は、対話冒頭から望見されていたものであり、その

論点を確立する具体的な議論をここで思い出したという設定である。解説二一一－二一四頁参照。

(2) ἡ τἀγαθοῦ μοῖρα という表現は五四C一〇、六〇B三－四にも見られる。μοῖρα は「分与されたもの、分け前」からさらに「人生における各人の分け前、運命、運命によって割り当てられた持ち前」という意味をもつ。「善のモイラ」というのは「(運命によって)定められた善というありよう(本性、資格、位階、役割など)」ということで、Bury は μοῖρα は (allotment by) destiny と dignity の観念を併せ持っていると註記している。ἡ τἀγαθοῦ φύσις および τἀγαθόν とほぼ互換的で、「善というもの」のペリフラシス。

(3)「完全無欠」と訳した原語は τέλεος (τέλειος) で、「傷や欠陥がなく、それ自体として十全な、完全な」という意味の語であり、つぎの ἱκανός「十分な、自足的な」と意味内容自体は重複しない。(ただし、善として完全であれば、当然また十分で何物にも不足しないと考えられているようである。)アリストテレスの『ニコマコス倫理学』一〇九七a一五－b二一においては、さまざまな行為や技術における善が、「他の事柄がそれのためになされるところのもの、目的(テロス τέλος)」として規定された上で、そのテロスがテロスとして「十全な、完全な」という意味で、τέλειος やその比較級・最上級が用いられ、もっとも十全な目的が最高善、すなわち幸福であるとされている。τέλεος (τέλειος) は τέλος (終局、目的)の派生語ではあるが、τέλεος の語自体を、「目的となる、終局の、究極的な」とは訳しづらい。もしそのような意味であれば、三番目の「それを知るものは皆、それを選び取って自らに所有せんと欲しては、渉猟し、希求する」という基準と重複してしまう。

きものを伴って成し遂げられる事柄を除き、(1) それより他の何ものをも顧慮しないのだ。

プロタルコス　その言葉に反対することはできません。

E ソクラテス　では快楽の生と思慮の生をそれぞれ切り離して見ることによって、考察し、判定するとし
よう。

プロタルコス　どういうことですか。

ソクラテス　快楽の生のなかに思慮を同居させず、思慮の生のなかに快楽を同居させないようにするのだ。
なぜならもしそれらのどちらかが善だとしたら、それはもはや他の何ものをもけっして必要とはしないはず
21 だからね。そして必要としていることが明らかになるようなら、それはもはやわれわれにとって真に善なる
ものではないだろう。

プロタルコス　ええ、あり得ません。

ソクラテス　それならきみを例にとって、その中でそれらを吟味にかけて試してみようか。

プロタルコス　はい、ぜひとも。

ソクラテス　では答えてくれたまえ。

プロタルコス　言ってください。

ソクラテス　きみは、プロタルコス、全生涯にわたって最大の快楽を楽しみつつ生きることを受け入れるだろうか。

プロタルコス　もちろんです。

ソクラテス　もしそれを全面的に享受するなら、果たしてまだ何かが必要だと考えたりするだろうか。

プロタルコス　いいえ、けっして。

ソクラテス　しかし見てごらん、考え慮ること、知性をはたらかせること、必要必然を推理計算すること、
B そしてそれらの同類であるかぎりのもの、そういったものがきみには少しも必要じゃないなんてことはまさかないだろうね。

プロタルコス　またなぜそんなものが必要でしょう。だって嬉しくて悦んでいるという状態を享受しているのなら、すべてを享受しているはずでしょうから。

ソクラテス　そうするとそんなふうに生きるなら、きみは一生涯いつも最大の快楽を味わって嬉しく悦んでいられるのだね。

プロタルコス　もちろんです。

ソクラテス　だがねえ、知性や記憶や知識や真なる思いなしを所有していないとなると、まず第一に、自

（1）ソクラテスはここで、「善」の資格ないし条件の三番目として、「それを知るものは必ずそれを選び取る」ということを述べているのであり、それはすでに十分自足的だと言われてもいるので、Bury の指摘するとおり、「それより他の何物をも顧慮しない」とか、ましてや「さまざまな善きものと一緒に成し遂げられる事柄を除き」ということは余計なことのように思われる。また、「それを知るもの」は中性単数で、人間（ἄνθρωπος 男性名詞）に限られてはいない。テキスト註（20D8-10）および補註A「一、ピレボスの快楽主義（2）」参照。

(21) 分が嬉しいのか嬉しくないのかというまさにそのことがきみにはわからない、というのが必然であるはずだ。
あらゆる思慮を欠いた空っぽの状態なんだから。

プロタルコス　必然です。

C ソクラテス　また同様にだよ、記憶を所有していないとなると、かつて嬉しく悦んでいたということも覚
えていないし、その時々の直接的な快楽が生じても何の記憶も残らないのが必然なのだ。また真なる思いな
しを所有していないなら、嬉しい気持ちでいながら嬉しいと思いなすことがないし、推理計算を欠いている
なら、将来を展望してどうしたら嬉しい気持ちでいられるだろうかと推し計ることも不可能で、それは人間
の生を生きるのではなく、何かクラゲみたいなものの、あるいはおよそ貝殻つきの体を持つ海洋生物のたぐ
D いの生を生きることになるというのが必然なのだ。そうではないかね。それともそれら以外に他のことを考
えることができるかね。

プロタルコス　できません。

ソクラテス　するとそのような生をぼくたちは果たして選ぶことができるだろうか。

プロタルコス　ああソクラテス、まったくもって何も言えないところに、その議論は今や私を放り込んだのです。

ソクラテス　それならまだ気を緩めないで、つぎにはまた知性の生を取り上げて、見てみるとしよう。

プロタルコス　どのような生だとおっしゃるんですか。

ソクラテス　思慮と知性と知識と、そしてあらゆることのあらゆる記憶を所有してはいるが、快楽には大

E にも小にも全然与ることなく、苦痛についてもまた同様で、そういった情態すべてをまったくこうむらずに生きるということを、ぼくたちの誰にせよ、もし受け入れることができるなら、というのだ。

プロタルコス　いやソクラテス、それら快楽と知性のどちらの生も私としては選べるものではありませんし、他の者にだってけっしてそうは見えないだろうと思います。

22 **ソクラテス**　ならプロタルコス、両者から混合されて共同のものとなった、両者一緒の生はどうかね。

プロタルコス　あなたが言われるのは快楽と、知性および思慮とが一緒になった生ですか。

ソクラテス　そのとおり、そういったものの生のことをぼくは言ってるのだ。

プロタルコス　それはもう誰もが、さっきのどちらよりもそちらのほうを優先して選ぶでしょう。そしてさらに言えば[1]、或る者は選ぶが、或る者は選ばないなんてことはないのです。

ソクラテス　では当面の議論において今ぼくたちに帰結するのは何か、ぼくたちにはわかっているんだね。

プロタルコス　はい、それはもう。とにかく三つの生が提示されたのですが、そのうちの二つはどちらも、

B 人間であれ動物であれ、何ものにとってもそれだけで十分なものでもなければ選ばれ得るものでもないのです。

ソクラテス　すると当然、それらについては、双方どちらも善を持ってはいなかったことがすでにもう明らかなのだね。もし持っていたなら、それは十分であり完全無欠であり、そしてすべての植物や動物によっ

（1）テキスト註（22A6）参照。

(22) て選ばれるものであったはずだからねえ。いやしくも、生涯を常にそのように生きることが植物[1]や動物に可能なのだとすれば。そしてそれ以外を選ぶ者がもしわれわれの中にいたとしたら、それは真に選ばれるべきものの本性に逆らって、無知か、あるいは何か幸福ならざる必然のために、不本意にも摑み取ってしまったのだろうからねえ。

プロタルコス　ええ、確かにそういうことのようですね。

C **ソクラテス**　それではピレボスの神様を善と同一だと考えてはならないこと、このことはもう十分に言われたとぼくには思われる。

ピレボス　ああソクラテス、きみの知性だって善ではなく、同じ訴えを受けるはずのものだろうからな。

ソクラテス　おそらくそうだろう、ピレボス、ぼくの知性なら。しかし真実にして神的な知性についてはそうではなく、何か別のありようがあるとぼくは思うのだ。そこで優勝の栄誉については、知性のために共同の生に対して異議を唱えることはまだしないが、二等賞についてはぼくたちはどうすることになるのか、
D 見て考察しないといけない。というのはおそらくその共同の生について、ぼくたちはそれぞれ、一方は知性を、他方は快楽を、それの原因であると申し立てるだろうし、そうなると、善はそれら両者のどちらでもないだろうが、人によっては、おそらくはそれらのどちらかが原因だと考える者もいるだろうからだ。そこでそのことについてなら、ぼくはピレボスに対してなおもっと闘い抜くだろう。その混合的生において、その生がそれを取り込むことによってこそ選ばれ得るものとなり、また善きものとなっているもの、それがそもそも何であるにせよ、そのものによりいっそう親近で、よりいっそう類似しているのは快楽ではなく知性で

E あり、この論からすれば、快楽は一等賞にもまた二等賞にも与る資格があるなどとは真実にはけっして言われないだろう、とこう主張することによってだ。いや、ぼくたちが今、ぼくの知性をいささかなりとも信頼すべきなら、三等賞にだって遠く及ばないね。

プロタルコス　いや確かに、ソクラテス、今はもう私には、快楽は今のあなたの議論によってまるでぶん殴られたみたいに倒れてしまったと思われます。ええ、優勝の栄誉については、そのために闘って地面に転
23 がされてるんですから。でも、思うに、知性のほうは、優勝争いに名乗りを挙げなかったのは賢明だったと

（1）『ピレボス』で「植物」という語が用いられるのはこの箇所だけである。後代の挿入の可能性も含め、不審に思われるが、そもそも快楽の生が最善の生であったなら、植物もそれを選んだだろうという想定そのものが、反事実的想定とはいえ、了解しがたい。プラトンは『ティマイオス』七七A以下で、植物も生命機能に与っている以上、生き物（ゾーオン）と呼ばれねばならないこと、そしてその生命機能は魂の第三の種類（欲望的部分）のそれに限られ、欲求と共に快苦の感覚を持つことを強調的に指摘しているので、「善はそれを知るすべてのものによって選ばれる」ということは、植物についても認められなければならないだろう。快への欲求は記憶を前提する（三五C－D）ので、何らかの低次の知的作用が考えられる。しかしその生はクラゲや貝のそれとどう違うというのだろうか。快楽の生が最善の生ではないことは、それがクラゲや貝にではなく、「人間（および高等動物？）にとって」選ばれうるものでないことによって決定されたのである。生き物の欲求と選択の論点は、ピレボスの快楽説の根拠の一つとして、善の一つの条件（資格）に関して導入されたのであるが、その論点が最善の生の想定にまで並行移動されるところに違和感の所以がある。しかしこの混乱はプラトンのものではなく、プラトンはまさにそのこと、つまりすべての生き物が快を選ぶという観察から最善の生の何であるかを導出しようとする思考の混乱を揶揄しているのであろう。本篇末尾六七B参照。

(23) 言うべきです。[1] 快楽と同じ目にあっていたでしょうからね。それでもし快楽が二等賞まで奪われるとなると、自分を恋い慕う者たちに対してまったく面目を失うことになるでしょう。彼らにだってもはや同じように美しくは見えなくなるでしょうからねえ。

ソクラテス　するとどうかな。快楽はもう放免してやって、厳格な吟味を施し、論駁して苦痛を味わわせるなんてことはしないほうがいいのだろうか。

プロタルコス　おかしなことをおっしゃいますね、ソクラテス。

B **ソクラテス**　快楽に苦痛を味わわせるなんて、不可能なことを言ったからかね。

プロタルコス　それだけじゃなくってですね、私たちの誰一人として、あなたがこの問題を言論によって最後まで究め尽くさないうちは、あなたを解放しないだろうということを、分かっておられないからですよ。

ソクラテス　何ということを、プロタルコス。残りの議論ときたら長くって、今となってはどうやらまったく容易ならざるものなんだよ。実際また別の工夫が必要だと思われる。[2] 知性のために二等賞目指して前進するとなると、今までの議論とは異なるものを飛び道具みたいにして持つ必要があるのだ。たぶん幾つかは同じものもあるだろうがね。やらなきゃならないかね。

プロタルコス　もちろんです。

*

C **ソクラテス**　それの出発点はだね、よくよく慎重に措定するよう試みるとしよう。

プロタルコス　どんなのですか。
ソクラテス　万有のうちに今存在するものすべて(3)を二つ、いやむしろ、よかったら三つに分けて捉えよう。
プロタルコス　どのようにして分けるのか、教えてください。
ソクラテス　さっきの議論から幾つかを取るんだ。
プロタルコス　どんなのをですか。
ソクラテス　神は存在するもののうち或るものを「無限」として、また或るものを「限［限度］」としてお示しになったとぼくたちは言っていたはずだ。
プロタルコス　ええ、そうです。
ソクラテス　ではそれらを種類のうちの二つとして、三つめはそれら両者から合成される、或る一つのものを置くとしよう。だがまてよ、種類ごとに分けて合算するのに、ぼくときたら何か頓馬な人間に見えるねえ。
プロタルコス　おやおや、何をおっしゃるんですか。
ソクラテス　四つめの類もなお加えて必要なように思うのだ。
プロタルコス　何なのか言ってください。

D

(1) 補註A「二、ソクラテスの立場」参照。
(2) テキスト註 (23B7) 参照。
(3)「万有のうちに今存在するものすべて」については解説二四二−二四五頁参照。

ソクラテス　先の二つを相互に混合するその原因を見ておくれ。そしてそれをあの三つに加えて四つめとしてくれたまえ。

プロタルコス　そうすると、分解の力を持つ何か五つめもあなたにはさらに必要になるんじゃないでしょうか。

ソクラテス　ひょっとするとね。しかし今のところは要らないと思う。だがもし何かその必要が出てきた
E ら、きみはぼくが五つめのを追いかけても了解してくれるだろう。

プロタルコス　ええ、もちろん。

ソクラテス　ではまず四つのうちの三つを切り分けて、そのうちの二つについて、そのどちらもが多に引き裂かれ散らばっているのを見た上で、今度はそれぞれを一へと総合するというやりかたで、それらの各々がそもそもいかにして一であり、多であったかを認識するように努めるとしよう。

プロタルコス　それらについてなおもっと明確に言ってくださるなら、おそらくついていけるでしょうがね。

ソクラテス　ならば言おう。ぼくが提示した二つとはさっきのと同じもので、一つは無限、他の一つは限
24 度を持つもの(1)だよ。で、無限は或るしかたで多であるということを教示するよう試みよう。限度を持つもののほうはしばらく待たせておけばいい。

プロタルコス　ええ、待っているでしょう。

ソクラテス　ではよく見たまえ。きみに見ろと言うのは、厄介で異論を呼ぶものではあるのだがね、しかしまあ見てごらん。まず、「もっと熱い」と「もっと冷たい」について、そこに何らかの限度を認めることができるかどうか見るのだ。あるいはそれらの類そのものに「もっと（多く）、もっと（少なく）」(2)ということが宿っていて、それがそこに宿っているかぎり、終局が生じるのをけっして甘受しはしないのかどうかを。
B なぜなら終わりが生じたなら、それらもまた終息してしまうのだからねえ。

プロタルコス　真実この上ないお言葉です。

ソクラテス　しかるにいつだって、「もっと熱い」の中にも、「もっと冷たい」の中にも、「もっと（多く）、もっと（少なく）」が内在している、とぼくたちは主張する。

プロタルコス　ええ、まさしく。

ソクラテス　ならばいつだって、それらが終局を持つことはない、と言論はぼくたちに告知するのだ。そして実際、無終のものであるからにはだよ、まったくもって無限なるものにそれらはなるのだ。

（1）「限度を持つもの」というのは先に挙げられた四つの類のうち、三つめの「無限と限度から合成される何か一つのもの」ではなくて、二つめの「限（限度）」のこと。

（2）「もっと（多く）、もっと（少なく）」（*τὸ μᾶλλον καὶ ἧττον*）の*μᾶλλον*と*ἧττον*は、英語だと比較級を作るときのmoreとlessに相当し、双方向性をもった「もっと」である。「もっと何々」の「何々」の部分が、反対の方向性をもつという以外には限定されていないので、「もっと（多く）、もっと（少なく）」と訳しておく。読むときはカッコの部分をとばして「もっと、もっと」と読んでもらいたい。数・量・程度などの大小をいうC五の*τὸ πλέον καὶ ἔλαττον*を「もっと多い、もっと少ない」と訳す。

(24) プロタルコス　もうものすごくそうですよ、[1]ソクラテス。

C ソクラテス　いやあ、可愛いねえ、プロタルコス、よくぞ答えて思い出させてくれた。今きみが口にした
その「ものすごく」も、また「そっとやさしく」だって、「もっと（多く）、もっと（少なく）」と同じ力を持
っているのだ。なぜって、それらが内在するところでは、何にせよ、それがはっきりどれだけかあることを
許さないで、いつだってそれぞれの振る舞いのなかに「もっと多い」と「もっと少ない」を作り出し、それ
をもっと穏やかなものと較べてもっとすごいものに、また反対にもっとすごいものと較べてもっと穏やかな
ものに仕上げるのであり、「はっきりどれだけ」を消し去るのだからね。なぜなら今さっき言われたように
だよ、「はっきりどれだけ」を消し去らないで、それと「適度」とが「もっと（多く）、もっと（少なく）」や
D 「ものすごく」や「そっとやさしく」の居場所のうちに生じるのを許すなら、それら自身が自分たちの居た
自分たちの場所から流れ出ることになるのだからね。実際、「はっきりどれだけ」を受け入れたら、もはや
もっと熱くももっと冷たくもあることはないだろう。「もっと熱い」は常に進み出ては留まることなく、「も
っと冷たい」も同様だが、「はっきりどれだけ」は立ち止まり、前進を止めるものなのだから。かくしてこ
の論によれば、「もっと熱い」は、またその反対のものも共に、無限なるものとなるだろう。

プロタルコス　確かにそのようです、ソクラテス。でも、あなたが言われたように、その話についていく
E のは容易ではありません。まあこれについては、[2]何度も繰り返して語られれば、おそらくは、問う者と問わ
れる者とが十分に調和して響き合うさまを開示してくれることでしょう。

ソクラテス　いや、よく言ってくれた。そうするように努めなければならないね。しかし今は無限の本性

の徴表としてこのことをぼくたちは受け入れるのかどうかをよく見てくれたまえ。あらゆる道を踏破して話を長引かせるわけにはいかないのだから。

プロタルコス　どんなことをですか。

ソクラテス　「もっと（多く）、もっと（少なく）」生成変化し、「ものすごく」や「そっとやさしく」や「あ

（1）「ものすごくそうです」と訳した καὶ σφόδρα γε の σφόδρα は、「激しい、強烈な、度外れな」といった意味の σφοδρός の副詞形で、σφόδρα γε や σφόδρα μὲν οὖν のかたちで同意、肯定の返事に用いられる。プロタルコスが返答にこの表現を用いるのはこの箇所が最初であるが、ソクラテスがこれを「無限」の類を規定する徴表として採用したあとでは、プロタルコスはさらに一一回これを使用しており、通常の副詞としても一度使っている。『ピレボス』とページ数がほぼ同じ後期対話篇の『ソピステス』と『ポリティコス』の応答者の場合はそれぞれ五回と四回であり、少しページ数の多い『テアイテトス』ではテオドロスとテアイテトスが一回ずつであるから、プロタルコスは断然多い。しかもそのほとんどが、対話が三分の一を過ぎて快楽の分析批判に入ってからの使用である。『ピレボス』では「強烈な快楽（αἱ σφοδραὶ ἡδοναί）」が快楽分析・快楽批判の主要なターゲットであり、快楽の本質的性格である「無限」を規定するのにも σφόδρα が利用されるので、キータームとして σφόδρα, σφοδρός の使用頻度が高いのは当然だが、それに共鳴するかのように、先の同意表現も含め、通常の強意の副詞としての使用頻度も高いのである。（『ピレボス』では変化形を含めた σφοδρός, σφόδρα の使用数は、『ソピステス』『ポリティコス』の八回、七回に対し、三七回に達する。）これは πέρας 関連の語の使用にも認められるプラトンの意識的な措辞の工夫であり、直接のキータームとしての使用のほかに、通奏低音のようにその語をあたりに響かせるわけである。したがって訳文においても、日本語としては少し違和感を与えるかもしれないが、σφόδρα はなるべく「すごく」と訳出するようにした。

（2）テキスト註（24D9）参照。

25 まりにも」やそういったものすべてを受け入れるとぼくたちに見えるかぎりのものはだねえ、先ほどの論に
従って、それらすべてを一つにということで無限の類の中に置かなければならないのだ。その論によって、
ぼくたちは、散らばり、引き裂かれているものを総合して、可能なかぎり何か一つの本性をそこに刻印しな
ければならないと言っていたのだ。覚えているかね。

プロタルコス　ええ、覚えています。

ソクラテス　ではそれらを受け入れないで、それらと反対のものすべてを受け入れるもの、それはまず
「等もしくは等しさ[1]」であり、「等」のつぎには「二倍」であり、およそ数に対する数、尺度に対する尺度の
B 比であるものすべてなのだが、それらすべてを「限度」へと割り当てるなら、ぼくたちは上手にそれをやっ
たと思われるだろう。それともきみはどう言うかね。

プロタルコス　お見事ですよ、ソクラテス。

ソクラテス　よし、では三つめとして、それら両者から混合されたものはどんな形姿を持っているとぼくたちは主張するのだろうか。

プロタルコス　それは、思うに、あなたが私に教えてくださることでしょう。

ソクラテス　いや神様なのさ、それは。いやしくもぼくの祈りに神々のどなたかが耳を貸してくださるなら。

プロタルコス　じゃあお祈りして、よく見てください。

ソクラテス　見ているさ。それでちょうど今、神々のどなたかがね、プロタルコス、ぼくたちに好意を示してくださったように思うのだ。

C　**プロタルコス**　それはどういうことですか。どんな霊験を使われたんですか。

ソクラテス　教えるよ、はっきりとね。きみはぼくの話についてきたまえ。

プロタルコス　とにかく話してください。

ソクラテス　確かついさっき、「もっと熱い」と「もっと冷たい」というのを口にしたと思うんだが。どうだね。

プロタルコス　はい。

ソクラテス　ではそれらに、「もっと乾いた」と「もっと湿った」、「もっと多い」と「もっと少ない」、「もっと速い」と「もっと遅い」、「もっと大きい」と「もっと小さい」、そして先ほどの話で「もっと（多く）、もっと（少なく）」を受け入れる本性のものとして一つにまとめたかぎりのものをつけ加えたまえ。(2)

D　**プロタルコス**　無限の本性のことをおっしゃってるんですね。

（1）「等もしくは等しさ」以下のすべては、「それらと反対のものすべて」ではなく、「それらと反対のものすべてを受け入れるもの」である。

（2）テキスト註（25C10-11）参照。

ソクラテス　そうだ。でだね、そのつぎにそれのなかに限度の一族を混ぜ合わせるのだ。

プロタルコス　どういう一族ですか。

ソクラテス　ついさっきも、無限の一族を一つにまとめあげたように、限度の相を持つものの一族も総合しなければならなかったのに、総合しないままだったそれさ。[1]だがおそらく今からだって同じことをすることになるだろうよ。もしそれら両者が総合されることによって、かの一族もまた明白になるのならばね。[2]

プロタルコス　どういう一族なんですか、そしてどういう意味なんでしょう。

E ソクラテス　等や二倍の一族、および相反するものが相互に食い違っているのを終息させ、そこに数を内在させて、度の合った、協和したものに仕上げるかぎりのものの一族だよ。

プロタルコス　わかりました。それらを混ぜ合わせると、そのそれぞれの場合に何らかの生成物が生じるとおっしゃってるように思われますから。

ソクラテス　それは正しい受け止め方だね。

プロタルコス　それなら話を続けてください。

ソクラテス　病気の時にはそれらの正しい共同が健康というものを生み出したのではないかね。

26 プロタルコス　ええ全面的にそうです。

ソクラテス　高いのと低いの、そして速いのと遅いのにおいても、これらは無限のものであるわけだが、その同じことが言えるのではないか。その正しい共同が限度を作り上げると同時に、音楽全体を最終的に組織づけたのだ。

プロタルコス　ええ、この上なく見事に。

ソクラテス　しかるにまたそれは、冬の嵐や炎暑のうちに生じては、多くの過度と無限を取り去って、節度あると共に度に適ったものを作り上げもした。

B

プロタルコス　もちろんです。

ソクラテス　するとそれらから季節その他、美しいもののすべてがぼくたちに生じてきたのではないか、無限なるものと限度を持つものとが混ぜ合わされることによってね。

プロタルコス　はい、そうです。

ソクラテス　そして他にも言い残したものは無数にある。たとえば、健康な美しさや強さ、そして魂の中

註（25D5-E5）を参照。

（1）「限度の相をもつものの一族は総合しないままだった」というのは、二五A－Bでは、無限の場合のように色々な事例を拾い上げてゆくということをしないで、わずかな事例を挙げただけで簡単に一括して限度の類に割り当てたことを指していると考えられる。

（2）「だがおそらく今からだって同じことをすることになるだろう」というのはどういうことか、「それら両者」および「かの一族」とは何を指すのか、ソクラテスの「それは正しい受け止め方だね」までの行文は理解困難である。テキスト

(26) にもまた別に、きわめて多くのきわめて美しい資質がある。なぜなら、かの女神[1]は、おお、美しきピレボスよ、万人に宿るすべての傲慢と邪悪とを見そなわし、彼らのうちには快楽にも飽食にもいかなる限度もないのをご覧になって、限度を持つものとして法と秩序を定められたのだ。そしてきみのほうは、彼女は彼らを
C 衰弱死させるなどと主張するが、ぼくのほうは、その反対に、彼らの安全を守ってくださると言うのだ。だがプロタルコス、きみにはどう思われるかね。

プロタルコス　私としては大いに、ソクラテス、わが意を得たりと思っています。

ソクラテス　ではこれで、それら二つのものをぼくは述べたのだ、もしきみも分かってくれてるならね。

プロタルコス　ええ、でも分かってると思いますよ。一つは無限を、二番目の一つは在るものの中の限度のことをおっしゃってるように私には思われますから。ですが三番目としてあなたが何を教示しようとされてるのか、すごく分かってはいませんね。

ソクラテス　驚いたね、きみときたら、三番目の一族[2]の数の多さのために気圧されてしまったんだなあ。
D とはいえ、無限にしたって多くの類を繰り出したんだが、それでも「もっと（多く）」とその反対の類で封印されることで一つのものとして現われたのだ。

プロタルコス　本当にね。

ソクラテス　また限度にしてもだよ、ぼくたちは、それが多くの類を持っていたとか[3]、本来一つではなかったなどと言って駄々をこねたりはしなかった。

プロタルコス　ええ、どうしてそんなことをするでしょう。

ソクラテス　そう、けっしてそんなことはしなかった。そうじゃなくて、きみは、先の二つから生まれる子孫の全部、限度を伴って仕上げられた尺度から存在へと生成した一族(4)、これをぼくは一つと置いて、それ

(1)「かの女神」とは「(無限と限度の)正しい共同」が神格化されたもので、「女神ハルモニアー」が想定されているという理解が大勢であるが、「女神アプロディテ」を指すとする解釈もあり、最近ではD. Fredeがこれを主張している。ソクラテスが突然ピレボスに向かって、「かの女神は」と切り出すシークウェンスからまず連想されるのは、何といってもピレボスがヘードネーと同一視していたアプロディテであるし、ソクラテスはその同一視に反対していたのであるから、ソクラテスがここで女神の真実の職能を主張することは十分に理解できるし、対話篇のドラマツルギーとしても面白い。しかしこの箇所の原文は色々な読み方が可能なこともあって、どちらかに確定するのはむずかしい。(Fredeの訳文は明快だが、一体どういうギリシア語をどう読んだら、その訳文ができあがるのか、訳者にはよくわからない。)テキスト註(26B7-C1)参照。

(2)「三番目の一族」の原語は τῆς τοῦ τρίτου γενέσεως。Stallbaumらが正しく注意しているように、τοῦ τρίτου γένους に等しいペリフラシス。二六E一の「『作るもの』というのは」と訳した ἡ τοῦ ποιοῦντος φύσις などと同様。γένεσις には「一族、家系」の意味がある。

(3)テキスト註(26D4)参照。

(4)生成が存在への生成であることは自明だから「存在へ」というのは余計だとか、尺度(μέτρον)はペラスを付与して適度なもの(μέτριον)を作り出す側ではないかとか、やや疑問の残る表現だが、二七Bで「それら(無限と限度)から混合されて生成した存在」と言い換えられているので了解できる。なおプラトンのイデア論の公式とも言うべき生成(ゲネシス)と実在(ウーシア)の峻別に対比して、これらの表現のゲネシスとウーシアの結合にイデア論の廃棄や修正を読み取ろうとする解釈が過去に行なわれたが、多くの論者が指摘するように、少なくともこれらの文言の読解としては見当外れのものである。この箇所のウーシアは明らかに何か特殊な存在論的意味を付与されたウーシアではなく、普通の意味での「存在」であって、プラトンがそのようにごく普通にこの語を使用している例は数多く認められる。

を三つめだと言っていたと言えばよいのだ。

プロタルコス　わかりました。

E ソクラテス　さて、三つに加えて、何か四つめの類を考察すべきだとあのときぼくたちは言っていた。その考察は共同でやるのだがね。というのも見てくれたまえ、生成するものはすべて何らかの原因によって生成するのが必然だと、きみは思うかどうか。

プロタルコス　思いますよ。だってそれなしにどうして生じることがありましょうか。

ソクラテス　では「作るもの」というのは、名前を除けば、「原因」と何も違わず、「作るもの」と「原因」とは一つであると言われて然るべきではないか。

プロタルコス　然るべきです。

27 ソクラテス　そしてまた「作られるもの」と「生成するもの」にしても、今のと同様、名前を除けば、何ら違いはないのをぼくたちは見出すだろう。それともどうかね。

プロタルコス　その通りです。

ソクラテス　作るものは本性上常に主導し、作られるものはかのものにつきしたがって生成するのだろうか。

プロタルコス　はい、そうです。

ソクラテス　だとすれば原因と、原因によって生成の中へ隷属するものとは別物であり、同一ではないのだ。

プロタルコス　もちろん。

ソクラテス　では生成するものと、生成するものがそこから生成してくるところのものとは、全部で三つの類をわれわれに提供したのではないか。

プロタルコス　大いにそうです。

B ソクラテス　するとそれらすべてを製作するもの、つまり原因は四つめのものであり、それは十分に先の三つとは別物であることが判明しているとぼくたちは言うのだね。

プロタルコス　ええ、確かに別物です。

ソクラテス　四つのものが区別されたのだから、記憶のためにそれらを一つずつ順に数え上げるのが正しい手順のはずだ。

プロタルコス　もちろん。

ソクラテス　それでは、まず最初に「無限」、二番目は「限度」、それから三つめとして「それらから混合されて生成した存在」を言うよ。そして「混合と生成の原因」を四つめとして言えば、調子を外しているな
C んてことにはならないだろうね。

プロタルコス　ええ、なりません。

ソクラテス　さあそれでは、このあと、ぼくたちの議論は何かね。何を意図してここまでやって来たのだ

(27) ろうか。こういうことだったのではないかな。ぼくたちは二等賞が快楽のものになるのか、思慮のものになるのかを尋ねていたのだ。そうじゃなかったかね。

プロタルコス　そうでしたよ。

ソクラテス　するとそれら〔四つの類〕をそのように切り分けたからには、おそらくはもう、第一位と第二位についての判定にもいっそううまく決着をつけられるだろうね。ぼくたちは最初そのことについて争っていたのだが。

プロタルコス　ええ、おそらく。

D ソクラテス　ではいいかね。ぼくたちは快楽や思慮よりも、混合された生が勝利するとしていたのだ。そうではなかったかな。

プロタルコス　そうでした。

ソクラテス　その生がいかなるものであり、どのような類に属するものなのか、ぼくたちには見えるのではないか。

プロタルコス　ええ、もちろん。

ソクラテス　そして思うに、それは三つめの類の部分であるとぼくたちは言うだろう。なぜならその類は何か任意の二つの混合ではなくて、[1] およそ無限なるもののすべてが限度によって縛られることによる混合物であり、かくしてこの勝利者たる生は正当にかの類の一部分となるだろう。

プロタルコス　この上なく正当です。

E ソクラテス　よし、それでは、ピレボスよ、きみの生はどうかな。それは快適で混じりっけなしというわけだがね。先に述べたどの類の中にあると言われれば、正しく言われることになるだろうか。だがきみの意見を開陳する前にこういうことに答えてくれたまえ。

ピレボス　まあ言うがよかろう。

ソクラテス　快楽と苦痛は限度を持つのかね、それとも「もっと（多く）、もっと（少なく）」を受容するものに属するのかね。

ピレボス　いかにも、「もっと（多く）」を受容するものに属するのだ、ソクラテス。快楽は、数においても、「もっと（多く）」ということでも無限でなかったとしたら、全部が善ではなかっただろうからなあ。(2)

28 ソクラテス　苦痛にしても全部が悪ではなかっただろうねえ、ピレボス。だからさ、ぼくたちはさまざまな快楽に何か善の一端を付与するものとして、無限の本性以外の何か他のものを探索しなければならないのだよ。では快楽と苦痛はきみの言うとおりいまだ限定されないものの類に属するとしておこう。(3) だが思慮と知識と知性は、一体、前に言われたもののどの中に今置いたら、プロタルコスにピレボス、神の御心に反しないでいられるだろうか。というのも、今問われていることについてうまくやれるかやれないかで、ぼくたちには小さからぬ危険があるという気がするのだ。

（1）テキスト註（27D8）参照。
（2）テキスト註（27E8）参照。
（3）この文は底本の改訂案通りに訳し、快楽と苦痛が無限の類に入ることの確認と解する。テキスト註（28A3-4）参照。

(28) B **ピレボス**　それは、ソクラテス、きみがきみの神を勿体つけて祭り上げてるからだ。

ソクラテス　きみだって、ご同輩、きみの神様をそうしてるんだからねえ。だがとにかく、ぼくたちは問われていることに答えなくてはいけない。

プロタルコス　ソクラテスの言うとおりですよ。彼に従うべきです。

ピレボス　プロタルコス、きみがぼくの代わりに答えることを選んだのではなかったのかね。

プロタルコス　ええ、確かに。でも私は今ほとんど途方に暮れてるんです。それでソクラテス、あなたみずからが私たちのために予言者になってくださることを要求します。私たちがあなた側の競技者に関してとんでもない過ちを犯して、調子っぱずれな声を発するといけませんからね。

C **ソクラテス**　従わなきゃなるまい、プロタルコス。きみが命じているのはけっして難しいことでもないしね。さてぼくは、知性と知識がいかなる類に属するかを尋ねながら、ピレボスが言ったように、本当に、勿体をつけたおふざけできみを困惑させたのだった。

プロタルコス　まったくもってそうですよ、ソクラテス。

ソクラテス　しかしまあ簡単なことなのだ。なぜってすべての知者たちが、知性はわれわれの天空と大地をしろしめす王者なのだと声を合わせて主張しているのだから[1]。そのことによって本当に彼ら自身を勿体なくもありがたい存在に祭り上げてだねえ。そしておそらくは彼らの言なるやよし、というところなのさ。だがもしよければ、長いほうの経路をとって、その類自体の考察をすることにしよう。

D **プロタルコス**　思い通りにお話しください、ソクラテス。嫌がられはしないかと私たちのために話の長さを勘案したりなどせずにね。

ソクラテス　よく言ってくれた。ではまあこんなふうに問いかけて始めることにしよう。

プロタルコス　どんなふうにですか。

ソクラテス　どちらかね、プロタルコス、森羅万象、すなわちこのいわゆる宇宙全体を宰領しているのは理《ことわり》を欠いたでたらめの力であり、行き当たりばったりのものなのだと言おうか、それとも反対に、われわれの先人たちが述べたごとく、何か驚嘆すべき知性と思慮がこれを統括して舵取りしていると言ったものだろうか。

（1）「すべての知者たちが声を合わせて」というのは言葉の綾で、知性を万物の秩序原理とした人としてまず思い浮かぶのはアナクサゴラスである。『パイドン』九七で彼のこの説が言及されるとき、それはソクラテスにとって、自然学遍歴の果てに遭遇した特別な、けっして一般的ではない啓示的教説であった。アリストテレスは『形而上学』九八四bにおいて、知性が自然全体にも秩序の原因として内在していることを語った人は、それ以前の自然学者たちが酔ってくだを巻いている傍らで一人しらふのように見えただろうと言い、アナクサゴラスがそれを主張したことは明白だが、ヘルモティモスなる人が彼より早くそれを言ったとし、さらに神話的宇宙論にも視野を広げて、ヘシオドスやパルメニデスに言及するなどしている。むろんアナクサゴラス以後にその説を唱える者もいただろう。しかし「すべて」ということはない。

E プロタルコス　驚きましたねえ、ソクラテス、その二つは天と地ほども違いますよ(1)。あなたが言われた一方のは敬虔でもないと私には思われますしね。他方、知性がそれらすべてを秩序づけているとする主張のほうは、宇宙〔恒星天〕や太陽や月や星々やおよそすべての周転の眺めにふさわしいものですし、私としてはそれらについてけっしてそれより他のことは言えないし、考えられないでしょうから。

ソクラテス　じゃあきみは間違いなくこう望むんだね、ぼくたちもまた先人たちに賛同し、それらがそう
29 であると一緒になって主張することを。そしてただ他人ごととして危険なしに語らねばならないと思うにとどまらず、もし手強いのが出てきて、それらはそんなではなく、秩序なんかないのだと主張するなら、共に危険をおかしてその非難を分かち持とうというのだね。

プロタルコス　もちろんそうしたいと思うのです。

ソクラテス　さあそれではそれらについて、ぼくたちのために登場してくる議論をよく見てくれたまえ。

プロタルコス　言ってください。

ソクラテス　ぼくたちは、すべての動物の身体という自然を構成しているもの、すなわち火と水と気息〔空気〕と、そして言うところの嵐に揉まれる船乗りたちのように、陸《おか》〔土〕を目にするのだ(2)。それらが組織的な構造においてあるのをね。

B プロタルコス　ええ、いかにも。だって私たちは今の議論のなかで、本当に難問の嵐に揉まれてるんですから。

ソクラテス　さあ、では、われわれのところにある構成物質(3)のそれぞれについて、つぎのことを把握した

まえ。

プロタルコス　どんなことをですか。

ソクラテス　われわれのところに内在しているそれらの各々は、量も少しだし、質も劣っていて、いかにしても全然純粋じゃあないし、その自然本性にふさわしい力も持ってはいない。まあ一つの例で把握して、

---

(1) 原文は「同じものは何一つない」という簡単なもので、テキストの改訂や、「知性はどの類に属するか」という難しい問いとの違いが言われているとする解釈（Hackforth）などが提案されているが、Buryが紹介するMaguireと同様、続いて μὲν と δὲ によって導入される二つの説の違いに言及しているのだと解する。Gosling もそのように理解しており、この箇所の彼の註記は適切である。

(2) 底本は、「嵐に揉まれた船乗りたちは陸《おか》を目にする」といった諺的表現を想定する Stallbaum に従って、φασὶν を二つのコンマで挟んでいる。Bury のように前のコンマを外して χειμαζόμενοί に続けると、「嵐に揉まれた船乗りたちの言い草じゃないが、陸《おか》が見えるぞ」ということになる。

(3)「われわれのところにある構成物質」と訳した原語はたんに「われわれのところのもの（τὰ παρ' ἡμῖν）」。火、水、空気、土の四物質のことであるが、プラトンは冠詞 τὰ のあとの名詞を明示するのを一貫して避けている。これら四物質はエンペドクレス以来、一般に、それら自体は生成変化しないストイケイオンやアルケー（元素ないし構成要素）として扱われているが、プラトンは『ティマイオス』六八B－Cにおいて、これらが万有の構成要素であるなどとはとんでもない、ストイケイオン（字母）どころかシュラベー（音節）にすらあたらない複合的なものだと厳しく批判している。ソーマは「身体」の意味がまず第一で、この箇所でもその意味で使用されているので、ストイケイアを使えないとなると、四物質を指示する適切な語が見当たらないということであろう。しかし「われわれのところのもの」では漠然としているので、「構成物質」という語をあてておく。多くの英語訳は elements と訳しているが、これは今述べたように、プラトンの意向を無視するものである。

(29)
全部について同じことを理解するがいい。たとえば、火はわれわれのところにもあるはずだし、万有のうちにもある。

プロタルコス　ええ、そうです。

C
ソクラテス　それでだね、われわれのところの火は量も少なく、力も弱く、質も劣るけれども、万有のうちにある火は数量においても美しさにおいても、およそ火のもとにあるすべての力において驚嘆すべきものなのだ。

プロタルコス　ええ、おっしゃることはまったく真実です。

ソクラテス　ではどうかね。万有の火がわれわれのところの火によって養われ、そこから生成し、増大するのか、それとも反対にかのものによって、ぼくの火もきみのも他の動物たちのもそういったことすべてを持つのだろうか。

プロタルコス　それは答えるまでもない質問ですよ。

D
ソクラテス　適切な答えだね。思うにきみは、動物たちのうちにある此処《ここ》の土と万有のうちにある土についても、ぼくが少し前に尋ねていた他のもの全部についても、同じことを言ってくれるだろうから。そう答えるだろうね。

プロタルコス　ええ、誰だって他の答えをしたら、けっしてまともな人間には見えないでしょう。

ソクラテス　ああ、ほとんど誰にしたってね。さてこのあとだが、引き続き、ついてきたまえ。つまりだね、ぼくたちは今挙げたそれらすべてが一つところに集まっているのを見て、身体と名づけたのではないか。

E プロタルコス　ええ、そうです。

ソクラテス　ではわれわれが宇宙と呼んでいるこのものについて、同じことを把握したまえ。つまりそれは、同じそれらのものから構成されているのだから、同じ意味で身体であるだろう。

プロタルコス　しごく正しいお言葉です。

ソクラテス　するとその身体から、全体としてわれわれのところの身体が養われているのかね。それともそれがわれわれのところの身体から養われて、それらについて今しがた述べたかぎりのもの(1)を受け取り、持っているのだろうか。

プロタルコス　それもまたソクラテス、問われるまでもない質問ですよ。

30 ソクラテス　ではどうかな。これなら問うだけの値打ちがあるだろうか。それともきみはどう言うかね。

プロタルコス　どんなのか言ってください。

ソクラテス　われわれのところの身体は魂を持っているとぼくたちは言うのではないか。

プロタルコス　ええ明らかに、そう言うでしょう。

ソクラテス　どこから取って持っているのだろうか、ねえプロタルコス。もしも万有の身体が、われわれの身体と同じ、だがあらゆる点でなおもっと美しいものを持っていてだよ、まさに有魂の「魂を持つ」もので

(1)「それらについて今しがた述べたかぎりのもの」は、Bury が註記しているように、二九Cの「そういったことすべて」、つまり「養われること」に続いて言われている「生成すること」や「増大すること」。

(30) はなかったとしたら。

プロタルコス　明らかに、他のどこからでもありませんね、ソクラテス。

ソクラテス　うん確かに、プロタルコス、かの四つのもの、限度と無限と共通者と、そしてあらゆるもの
B のうちに第四のものとして内在している原因の類だがね、(1) その原因の類はわれわれのところの構成物質のうちには魂を授け、身体の鍛錬とそれが躓き倒れた場合の医療とを作り、また他の場合にも種々の造作と整備を施して、すべての、またありとあらゆる知恵よと呼ばれているのだが、その原因の類がだよ、同じそれらの構成物質が天の全体に巨大な塊層をなして、しかも美しく純粋なまま存在するというのに、それらの中にこの上なく美しく、この上なく尊い本性のものたち(2)［が存在するよう］工夫するのを怠っただなんて、そんなふうにはどうもぼくたちには思われないからねえ。

C **プロタルコス**　ええ、そんなのは全然理屈に合わないでしょう。

ソクラテス　そこでそれがそうでないとすると、ぼくたちはかの言説に伍してつぎのように言えばいいだろう。すでに何度も言ったことだが、この宇宙万有には無限もたくさんあり、限度も十分にある、そしてそれらの上に何か卑しからぬ原因があって、それは暦年と季節と暦月を整然と調え、秩序づけたのであり、知恵とも知性とも呼ばれるのがこの上なく正当であろう、とね。

プロタルコス　確かにこの上なく正当です。

ソクラテス　しかるに知恵と知性は魂なしにはけっして生じないだろう。(3)

プロタルコス　ええ、そうです。

D
ソクラテス　するとゼウスの本性のうちには王者の魂が、［その魂のうちには］王者の知性が原因の力によって生じるのであり、他の神々においては他の美しいものが、それをどう呼ぶかはそれぞれの神のお気に召すままに従うとして、(4)そういった美しいものが生じるのであるときみは言うだろう。

プロタルコス　はい、大いに。

ソクラテス　ではその説がぼくたちによってただ空しく語られたと思ってはいけないよ、プロタルコス。いやその説は、知性が常に万有を支配していると言明したあの昔の人々に味方して、共に闘おうとするものなのだ。

プロタルコス　ええ、そうです。

---

(1) 四つの類が列挙されたあと、最後の原因の類だけを主語とする不定詞構文が「ぼくたちには思われないからねえ（οὐ …… δοκοῦμέν）」に接続して終わる破格構文（anacoluthon）である。

(2) 「この上なく美しく、この上なく尊い本性のものたち」という複数形は、三〇Dで述べられるように、ギリシアの伝統的な神観念に従って、複数の神々の魂が考えられていることを示している。

(3) 『ティマイオス』三〇B、『ソピステス』二四九Aにも同様の論点が見られる。

(4) ゼウスの魂や知性が「王者の、王の威厳をもつ」と呼ばれるように、他の神々の魂にもそれぞれに美しい性格が備わっていると考えられ、それをどう記述するかは神々自身に委ねるということ。一二Cで述べられた神の呼称のことではない。『パイドロス』二五二C以下で神々の性格について述べられていることに関連づけて理解できるかもしれない。「ゼウス」は全体としての宇宙万有の比喩的もしくは宗教的表現であり、「他の神々」については星々がイメージされていると考えられる。三〇Aの「うん確かに、プロタルコス」からここまでのソクラテスの言葉は難解である。解説二四九－二五二頁参照。

E ソクラテス　他方またぼくの問いに対しては、知性は万物の原因と言われるものの類に属するという答えを提供してくれたのだ[1]。実際、きみはぼくたちの答えを今はもう確かに手に入れているのだからねえ。

プロタルコス　はい、持っています、十二分に。もっとも、あなたは私を出し抜いて気づかないうちに答えを出されましたがね。

ソクラテス　それはね、プロタルコス、戯れ[2]は時として真面目な仕事からの休息になるからさ。

プロタルコス　上手におっしゃいましたね。

31 ソクラテス　さあそれではもう、ねえ、きみ、知性がどの類に属し、どんな力を持つものなのか、今やぼくたちにはほぼ適切に明らかにされたのだ。

プロタルコス　はい、まったく。

ソクラテス　そして快楽についても同様に、それの類はもうとうの昔に明らかになったのだ。

プロタルコス　ええ、そうです。

ソクラテス　それでは両者についてそれらのことも忘れないようにしよう。つまりだね、知性は原因と親近なものであり、ほとんどその類に属するが、快楽はそれ自身無限であり、自分のうちに始めも中も終わりも自分からは持たず、けっして持つことはないであろう類に属するということだ。

B プロタルコス　忘れませんよ。もちろんです。

*

ソクラテス　ではつぎにぼくたちは、それら両者の各々は何のうちにあり、生じるときにはどういう状態変化を通じて生じるのかを見なければならない。(3) まずは快楽からだ。それがどの類に属するのかを先に吟味したのと同様、そういったこともまず快楽から先にやるのだ。だがまた苦痛を切り離しては、快楽を十分に吟味することはできないだろう。

C

プロタルコス　いや、そのように進まなければならないのなら、そのように進みましょう。

ソクラテス　ではそれらの生成について、きみにはぼくと同じように見えているかね。

プロタルコス　どういうことがですか。

ソクラテス　快楽と苦痛は、共に共通の類のうちに生じるのが自然本来だとぼくには見えるのだよ。

プロタルコス　「共通の」ということで、ねえソクラテス、先ほど述べられたもののうちの一体どれを言

(1) テキスト註（30D10-E2）参照。

(2)「戯れ（パイディア）」というのは、二八Aでソクラテスが提起した「思慮と知性と知識は四つの類のうちのどれに属するのか」という問いについて、「長いほうの経路をとって、その類自体の考察をする」ことによって、プロタルコスも気づかないようなしかたでその答えを与えたというまさにそのことを指している。宇宙万有を秩序づけ宰領する原因としての知性を論ずる、深遠かつ重大な逸脱的議論を戯れだったと言うことは、『パイドロス』の「魂のミュートス」を含むソクラテスの第二の恋の話（二四四―二五七）が「戯れにうたわれた（二六五C）」と言われるのと同様のこととして理解できる。

(3) 快楽についてはこれ以降、種々の快楽がどこに、どのようなパトスによって生じるかの分析がなされるが、知性については、そのような考察はなされない。本篇に幾つか見られる、実現されない予告、構想の一例であろう。

(31) おうとしておられるのか、私たちに思い出させてくださいよ。

ソクラテス　それはもうできるかぎりそうするがね。しかしきみには驚かされるねえ。

プロタルコス　嬉しいお言葉です[1]。

ソクラテス　それでは共通の類とは四つのうちの三つめに言っていたものだと了解しておこう。

プロタルコス　無限と限度のあとにおっしゃったものですね。あなたはそのなかに健康を、また思うに調和もお置きになりました。

D ソクラテス　たいへん嬉しい言葉だね。だが今はもう最大限に精神を集中してくれたまえよ。

プロタルコス　まあおっしゃってください。

ソクラテス　では言うが、われわれ生き物において調和が緩んで解かれると、その時には自然状態の弛緩解体とともに苦痛の生成が起こるのだ。

プロタルコス　おっしゃったのはいかにもありそうなことです。

ソクラテス　だが逆に調和的結合がなされて、調和自身の自然本来のありかたへと回復する時には、快楽が生じるのだと言わねばならない。この上なく重大なことについて、わずかな言葉で、できるだけ手早く言わねばならないのならね。

E プロタルコス　私としては正しくおっしゃったと思いますがね、ソクラテス、その同じことをなおもっと明確に言うように努めましょうよ。

ソクラテス　では誰にも馴染みがあって明らかなものなら、ごく容易に理解できるだろうね。

プロタルコス　どういったものでしょうか。

ソクラテス　空腹は弛緩解体であり苦痛であるだろうね。

プロタルコス　はい。

ソクラテス　だがそれに対して食物の摂取は逆に充足となるのであり、快楽だね。

プロタルコス　はい。

32 ソクラテス　また渇きは崩壊であり、苦痛であるが、しかし逆にその干からびたところを満たし潤す水分
の効能は快楽である。また自然状態に外れた分断や分解は、暑熱のもたらす諸状態がそれだが、苦痛である
のに対し、自然状態に沿った回復と冷却は今度はまた快楽なのだ。

プロタルコス　ええまったく。

ソクラテス　凍えにしてもだね、それによって生き物の持つ水分が自然本性に外れて凝固するのが苦痛で
あり、だが逆にそれらが同じ状態へと回復されて溶解されるなら、その自然本性に沿った進行過程が快楽な
のだ。そして要約して、つぎのように主張する言説がきみにとって適度かどうか見てくれたまえ。ぼくがさ
B きほど述べた、無限と限度から自然本来的に有魂のものとして生じたという種類[2]だがね、それが崩壊すると

（1）第三の類を表わす「共通の」という語はここで初めて使用されたので、プロタルコスは分かっていて確認を求めたのだと思われる。この前後のやりとりはちょっとした「くすぐり合い」といった感じである。

（2）第三の「共通の類」のうち、特に生物の身体、もしくはその調和的自然状態のこと。

(32) きにはその崩壊が苦痛であり、他方それら自身の本性への進行過程、その復帰過程がまた逆にあらゆるものにとって快楽だというのだ。

プロタルコス　そうだとしましょう。大体の筋は通っているように思われますから。

ソクラテス　そうするとそれは苦痛と快楽の一つの種類であり、それぞれそういった状態変化において生じるのだと措定することにしようか。

プロタルコス　そう措定されたものとしましょう。

C **ソクラテス**　それでは魂それ自身がそういった情態を予期する場合、快い情態に先立って願望されるものは快く、胸弾ませるが、苦しい情態に先立って予想されるものは恐ろしく、苦痛を与えるのだとしたまえ。

プロタルコス　ええ確かにそれは快楽と苦痛のまた別の種類ですからね。身体からは離れて魂それ自身が予期することによって生じるものというのは。

ソクラテス　正しく理解してくれたね。実際、ぼくの考えによれば、それらは[1]どちらもが清浄無雑で、ま
D た苦痛および快楽の混入なしに生じるように思われるから、それらにおいて、快楽をめぐる問題が明確になるだろうと思うのだ。すなわち快楽はその類が全体として歓迎されうるのか、それともぼくたちはそのことを先に挙げられた諸類のうちの何か別のものに認定すべきなのか、そして快楽と苦痛に対しては、ちょうど熱や冷やそういったもののすべてに対するのと同様、それらは善きものではなく、時によって、ものによって、またそのありようによって善きものの性格を受け入れるのだとして[2]、ある時は歓迎すべきだが、ある時は歓

迎すべきでないのか、そういった問題が明確になるだろうと思うのだ。

プロタルコス　この上なく正しいお言葉です。今追究されているものは何かそんなふうに苦労して対処されなければならないということですね。

E **ソクラテス**　それならまず最初はこれを一緒に見てみようじゃないか。もし言われているとおり本当に、それらの自然状態が壊される時に苦痛があり、元の状態が回復される時に快楽があるのなら、壊されることも回復されることもないものについては、そういう状況の場合、それぞれの生き物のうちには一体どういう状態がなければならないのかを考えるとしよう。格別に心を集中して言ってくれたまえ。そういう時、すべての生き物は大にも小にも何の苦痛も感じないし、何の快楽も感じないというのがまったくの必然ではないだろうか。

プロタルコス　ええ必然です。

（1）「それら」が指示するのは、⑴すぐ直前で「身体から離れて魂それ自身が予期することによって生じるもの（単数形）」と言われた予想的快楽および苦痛の二者か、あるいは⑵身体の崩壊・回復過程に伴って生じる快苦、および魂自身の予期に伴う予想的快苦の二種類かの二通りが考えられる。訳者は⑵であろうと思うが、しかしどちらをとっても「それらは……思われるから」と訳した分詞句は理解困難である。テキスト註（32C6-7）参照。

（2）テキスト註（32D6）参照。

33 ソクラテス　ではそのような状態が、悦んでいるものの状態からも苦しんでいるものの状態からも区別されて、何かわれわれの第三の状態としてあるのだね。

プロタルコス　はいもちろん。

ソクラテス　さあそれでは、その状態のことをしっかりと覚えておくんだ。それを覚えているかいないかはぼくたちにとって快楽の判定のために少なからぬ意味を持つのだからね。だがその状態について或るちょっとしたことを、もしよければ、はっきりさせておくとしよう。

プロタルコス　どういうことかおっしゃってください。

ソクラテス　考え慮ることの生を生きるのには、いいかね、そういうふうであっても何の支障もないということだ。

B プロタルコス　悦ぶことも苦しむこともない生のことをおっしゃってるんですね。

ソクラテス　さっき生の比較をしていたときに、知性をはたらかせ、考え慮る生を選ぶものには大にも小にも悦ぶということがあってはならないと言われたのだからね。

プロタルコス　ええ確かに、そんなふうに言われました。

ソクラテス　ならばそんなふうに生きることがかのものには可能だろう。またもしそれがあらゆる生のうちで最も神的な生であるとしても、たぶん少しも変じゃあない。

プロタルコス　ええ、とにかく神々が悦んだり、その反対だったりするなんて似つかわしくありません。

ソクラテス　まったくもって似つかわしくないよ。確かにそのどちらが生じてもみっともないことなのだ。

C だがまあそのことは、議論に何か関係があるようなら、またあとでさらに考察することになるだろう。そして一等賞のための得点にできないようなら、二等賞を目指して知性のためにそれを加算することになるだろう[1]。

プロタルコス　しごく正しいお言葉です。

ソクラテス　そこでさらに、快楽のもう一つの種類というのは、ぼくたちはそれを魂それ自身に属すると主張していたのだが、その全部が記憶を通じて生じているのだ。

プロタルコス　どのようにでしょうか。

ソクラテス　記憶とはそもそも何であるかを先に把握し直す必要があるように思われる。そして記憶よりもなお先に、今度は感覚の何たるかを把握しなければならないらしい。もしそういった事柄が然るべきしかたで何とかぼくたちに明らかになるべきものならばね。

D **プロタルコス**　どのようにとおっしゃるんですか。

ソクラテス　われわれの身体にそのつど生じる受動状態のうち、或るものは魂にまで到達する前に身体の中で消え去ってしまって、魂を何の影響も受けないままにしておくのだが、或るものはまた身体と魂の両方

（1）神的な生との類似性を二等賞争いにおける知性の得点とするためのさらなる考察、というのは行なわれない。

を通って進行し、ちょうど振動のように何事かを両者それぞれに固有かつ共通(1)なものとして送り込むのだと
したまえ。
プロタルコス　そうだとしましょう。
ソクラテス　では一方は両者を通って進まないのでわれわれの魂には気づかれず、他方は両者を通って進むので気づかれずにはいない、とこう言うならば、ぼくたちはしごく正しい言い方をすることになるだろうね。
E **プロタルコス**　もちろんです。
ソクラテス　そこでその「[魂が]気づいていない」ということで、ぼくがそこに忘却の発生を言っているなどとはけっして考えてはいけないよ。忘却とは記憶の退去であるが、今言われている場合だと、記憶はまだ生じてはいないのだから。ありもせず、まだ生じてもいないものについて、何らかの消失が起こるなどと主張するのはおかしなことだ。
プロタルコス　ええもちろん。
ソクラテス　それならただ名前[表現]を変えさえすればよろしい。
プロタルコス　どのように。
ソクラテス　魂が身体の振動に影響を受けない場合の「魂が気づいていない」ということに対して、それ
34 をきみは今忘却と呼んでいるが、「無感覚」と名づければいい。
プロタルコス　わかりました。

ソクラテス　だが魂と身体とが一つの状態変化のうちに一緒になって、一緒に動かされることについては、その動きをまた「感覚」と名づけるなら、きみは作法に外れた声をあげることにはならないだろう。

プロタルコス　この上なく真実なお言葉です。

ソクラテス　ではぼくたちが感覚をどのように呼びあらわそうとするのか、もうわかったのではないか。

プロタルコス　ええもちろん。

ソクラテス　それでは感覚の保全が「記憶」であると言えば、ぼくの思うところでは、正しく言うことになるだろう。

B

プロタルコス　確かに正しいですね。

ソクラテス　だが「想起」は記憶とは違うとぼくたちは言うのではないか。

プロタルコス　ええおそらく。

ソクラテス　こういう点において違っているのではないかね。

プロタルコス　どのような点でしょう。

ソクラテス　魂がかつて身体とともに経験したことをだね、それを身体なしに魂自身が自分自身の内において最大限に再把握するとき、その時ぼくたちはそれを「想起する」と言っているはずだ。そうだね。

（1）「固有かつ共通な」というのは奇妙に思われるが、同じ受動状態が魂にも身体にも振動のようにして送られ、両者はそれぞれに固有なしかたでそれを受け取るということであろう。

(34)
プロタルコス　はい確かに。
C
ソクラテス　それからまた、感覚のであれ、あるいはまた学んだことのであれ、その記憶を消失したあとに、それをあとになって再び魂自身が自分自身の内で掘り起こすとき、そういったものすべてもぼくたちは「想起」と言っているはずだ。
プロタルコス　正しいお言葉です。
ソクラテス　では以上のことすべてが何のために言われたのかといえば、それはこういうことだ。
プロタルコス　どういうことでしょう。
ソクラテス　魂が身体とは離れて持つ快楽を、さらにはまた欲求も一緒にだがね、どうにかして最大限かつ能うかぎり明瞭に把握するためなのだ。それら両者は何かしらそういうことを通じて明らかにされるように思われるのでね。
D
プロタルコス　それなら、ソクラテス、今はもうそのつぎの話をしましょう。
ソクラテス　快楽の生成とそのすべての形姿をめぐっては、どうやらじつに多くのことを話題にしながら考察しなければならないようだ。実際、今もまた、欲求とは何であり、どこに生ずるのかをなお先に把握しなければならないように思われるのだからね。
プロタルコス　だったら考察しましょう。そうしたって失うものは何もないでしょうから。
ソクラテス　いやそれらの問題に関して失うものはあるだろうよ、プロタルコス。ぼくたちが今探求しているものを見つけるなら、まさにそれらについての行き詰まりを失くすことになるだろう。

プロタルコス　うまく言い抜けましたね。でもそれに続く話をするようにしましょうよ。

ソクラテス　では今しがたぼくたちは、空腹や渇きやその他そういった多くのものは何らかの欲求であると主張していたのではないか。(1)

E

プロタルコス　いかにもそのとおりです。

ソクラテス　すると一体、それほどにも多く差異のあるそれらを一つの名前で呼んだのは、いかなる同一性に目を向けてのことなのかね。

プロタルコス　ゼウスに誓って、ソクラテス、それを言うのはたぶん容易じゃないでしょうが、でも言わねばなりません。

ソクラテス　では先ほどのあの同じものからもう一度取ってくるとしようか。

プロタルコス　どこからでしょうか。

ソクラテス　「渇いている」という言葉によって、われわれはそのつど何ごとかを言っているはずだよね。

プロタルコス　もちろんです。

ソクラテス　そしてそれは「空っぽである」ということだね。

(1)　三一E―三二Aにかけて空腹、渇き、凍えが取り上げられたが、それらが欲求であるということは言われていない。プラトンの勘違いであろう。

プロタルコス　ええもちろん。
ソクラテス　さて、渇きは欲求なのだね。
プロタルコス　はい、飲み物への。
35 ソクラテス　飲み物への、だろうか。それとも飲み物による充足への、だろうか。
プロタルコス　私が思うに、充足への、ですね。
ソクラテス　したがって、どうやら、われわれのうち空っぽである者は現にこうむっている状態と反対のものを欲求するということのようだ。空っぽなので充たされることを求めるわけだからね。
プロタルコス　そのことはこの上なく明確です。
ソクラテス　するとどうなんだろう。初めて空っぽになる者は感覚によってであれ、あるいは記憶によってであれ、どこかから充足に思いを致すというようなことがあるだろうか。それは今現在経験しているのでも、過去にいつか経験したのでもないものに思い至るということなんだけれど。
プロタルコス　あるはずがありませんね[1]。
B ソクラテス　しかるにだよ、欲求する者はといえば何かを欲求するのだ、とぼくたちは言う。
プロタルコス　ええもちろん。
ソクラテス　だが現にこうむっている受動状態については、それを欲求することはない。彼は渇いていて、それは空っぽの状態であって、彼が欲求するのは充足なのだから。
プロタルコス　ええ。

ソクラテス　充足ということにだね、どうにかして思い至るのはその渇いている者に属する何かだろう。
プロタルコス　必然です。
ソクラテス　だが身体には不可能だ。それは空っぽの状態にある当のもののはずだからね。
プロタルコス　ええ。
ソクラテス　すると残るのは魂が充足に思い至るということだ、むろん記憶によって。なぜなら他の何によってできるだろうか。
C
プロタルコス　他には何もないと言ってよいでしょう。
ソクラテス　ではそれらの議論からどんな帰結がぼくたちに生じているか、ぼくたちには分かっているだろうか。
プロタルコス　どんなことですか。
ソクラテス　身体の欲求というものが生じることをこの議論はぼくたちに対して否定しているのだよ。
プロタルコス　どのようにして。

(1)「初めて空っぽになる者には感覚や記憶によって充足に思いを致すということは起こりえない」ということがここで確認されながら、すぐあと(B九—C一)で「魂が記憶によって充足に思い至るのだ」と言われるのは一見矛盾しているように思われ、Apelt が指摘し、Hackforth が賛意を表しているとおり、直ちには了解しがたい問題性が含まれている。そして基本的には Hackforth の解釈が正しい。補註F参照。

(35)

ソクラテス　あらゆる生き物の行動への着手は、身体が現にこうむっている受動状態とは反対的なものであることを、その議論は告げている。

プロタルコス　ええまったく。

ソクラテス　そして現在の受動状態と反対的なものへと導く衝動こそは、受動状態と反対的なものの記憶があるはずだということを明らかにしているのだ。

プロタルコス　はい確かに。

D

ソクラテス　したがって議論は欲求対象への導き手である記憶を指し示すことによって、あらゆる生き物のすべての衝動と欲求が、すなわちその行動原理［初動］が、魂に属することを露わにしたのだ。

プロタルコス　正当なことこの上なしです。

ソクラテス　したがってわれわれの身体が渇くとか飢えるとか、そういったことの何かをこうむるなどということを、言論は断じて認めないのである(1)。

プロタルコス　真実この上なしです。

E

ソクラテス　では同じそれらのことについて、なおこのことも把握しておこう。というのは、言論はほかならぬそれらにおいて、何か或る種類の生を明らかにすることを欲しているようにぼくには思われるのでね。

プロタルコス　何において、またどういう生についてそうおっしゃるんですか。

ソクラテス　充足されることと空っぽになること、そしておよそ生き物の生の保全と消滅に関するあらゆる事柄において、そしてわれわれの誰かがそのどちらかの状態に置かれると、その変化に応じて苦痛を覚え、また或る時は悦ぶのだとすれば、ということだ。

プロタルコス　それはそういうことですよ。

ソクラテス　で、それらの中間の状態に置かれるならばどうだろう。

プロタルコス　中間の状態ってどういうことですか。

ソクラテス　現在の状態変化によって苦痛を覚えてはいるが、それらが生じるとその苦痛が止むだろうという快いことを思い出していて、しかしまだ充足されてはいないという場合だ。そういう時はどうだろう。
36 彼はそれらの受動状態の中間にいると言おうか、それとも言わないでおこうか。

プロタルコス　それはそう言いましょう。

ソクラテス　それで彼はそもそも苦しんでいるのか、悦んでいるのか、どちらかね。

プロタルコス　ゼウスに誓って、悦ぶなんてとんでもない、いいえ、何か二重の苦痛によって苦しんでいるのです。身体の点ではその受動状態において、他方また魂の点では期待に含まれる何らかの渇望によって。

ソクラテス　プロタルコス、きみはどうして二重の苦痛だなんて言ったのかね。われわれの誰かが空っぽ
B の状態のとき、充足されるであろうという明らかな望みのうちに置かれている時もあれば、また反対に望みのない状態の時もあるのではないか。

（1）欲求としての「渇く」や「飢える」について言われていて、身体が「空っぽの状態になる」ということではない。

(36) プロタルコス　それは大いにそうです。

ソクラテス　すると充足されるであろうとの望みを抱いている場合、彼は記憶によって快を感じているが、その[1]時は同時に空っぽの状態にあるのだから苦痛を感じているのだと、きみだって思わないわけにはいくまいね。

プロタルコス　それはそう思うのが必然です。

ソクラテス　ならばそういう時には人間や他の動物たちは苦しんでいると同時に悦んでいるのだ。

プロタルコス　そのようです。

ソクラテス　だが空っぽの状態で充足を射当てる望みのない場合はどうだろう。その時は苦痛に至る二重

C の状態変化が生じるのではないだろうか。そして先ほどきみはそれを見て単純に二重だと考えたのだ。

プロタルコス　いかにもおっしゃるとおりです、ソクラテス。

ソクラテス　ではそれらの受動状態についての今の考察をこういうふうに用いることにしよう。

プロタルコス　どういうふうにですか。

ソクラテス　ぼくたちはそれらの苦痛や快楽は真実のものだと言うのだろうか、それとも虚偽のものだと言うのだろうか。あるいは或るものは真実だが、或るものはそうではないのだろうか。

プロタルコス　でもどうして、ソクラテス、快楽や苦痛が虚偽であったりできるでしょう。

ソクラテス　でもどうして、プロタルコス、恐怖は真実か虚偽かであり、予期は真実かそうでないか、あ

るいはまた思いなしは真実か虚偽かであることができるのだろうか。

D プロタルコス　思いなしについては私だってまあ同意するでしょうが、他のそれらについては同意できないでしょう。

ソクラテス　きみの主張はどういうことかね。いやしかし、ぼくたちはまったく容易ならぬ言論を揺り起こしたらしいぞ。

プロタルコス　おっしゃるとおりです。

ソクラテス　だがそれはこれまでなされてきた議論にうまく関係するのかどうか、ねえ、かの御仁《ごじん》(2)のご子息よ、それを考察しなければならない。

プロタルコス　ええそれはたぶんそうですね。

ソクラテス　それなら他の長々しい議論なり、あるいは何であれ適正な関連なしに語られることにはさよならしなければいけないね。

プロタルコス　正しいやりかたです。

E ソクラテス　さあ、ではぼくに言ってくれたまえ。というのも今ぼくたちが提示したその同じ難題については、驚異の念がいつもずっとぼくを捉えて放さないのだ。さあきみはどのように主張するのかね。虚偽の、

(1)「その時」についてはテキスト註(36B5-6)参照。

(2)「かの御仁」と訳したのは、直訳すれば「かの人」であるが、目の前にいるピレボスのことで、彼への揶揄として言われていると解する。補註G参照。

だがまた或るものは真実の、快楽があるのではないのかね。

プロタルコス　どうしてそんなことがありましょうか。

ソクラテス　じゃあきみの主張によれば、夢であれ現であれ、また狂気の時も錯乱状態の時も、悦んでいるように思われるけれどもけっして悦んではいないとか、苦しんでいるように思われるけれども苦しんではいないとかいうような人は一人もいないのだ。

プロタルコス　ええ、それらはすべてそういうことだとわれわれすべてが了解しているのです。

ソクラテス　果たしてそれは正当にだろうか。それともそれらがそう言われるのは正当なのか正当でないのか考察すべきだろうか。

プロタルコス　考察すべきです。私としてはそう申し上げたいですね。

37 **ソクラテス**　では快楽と思いなしについて今言われていることをもっと明確に規定するとしよう。ほら、われわれには何かを思いなすということがあるだろうね。

プロタルコス　ええ。

ソクラテス　快を感じることもだね。

プロタルコス　ええ。

ソクラテス　そしてまたその思いなされるものは或る何かなのだね。

プロタルコス　もちろんそうです。

ソクラテス　快を感じる者がそれによって快を感じるその当のものもそうだね。

プロタルコス　ええ、まったく。

ソクラテス　そうすると、思いなす者は、正しく思いなすにせよ、間違って思いなすにせよ、とにかくその本当に思いなしているということを失うことはけっしてないだろう。

B **プロタルコス**　もちろんそんなことはありません。

ソクラテス　すると快を感じる者もまた、正しく感じるのであれ、間違って感じるのであれ、明らかに、快を感じているというそのことをけっして失くしはしないだろう。

プロタルコス　はい、それもまたそのとおりです。

ソクラテス　ではわれわれの思いなしは虚偽にも真実にもなるが、他方快楽は真実のものしか生じようとしないというのは、一体どのようにしてなのか、思いなしも快楽も、本当に思いなしている、本当に悦んでいるということは両者共に等しく保持する定めであるのにだよ。これを考察しなくてはならない。

プロタルコス　ええ考察すべきです。

C **ソクラテス**　思いなしには虚偽と真実が付随していて、それゆえに思いなしはただ思いなしであるのみならず、真偽どちらかの形容を持つ思いなしになるのだということ、そのことを考察すべきだときみは言うのだね。

プロタルコス　ええ。

ソクラテス　そしてそれに加えてだよ、まったくのところ、われわれにとって他のものごとは何らかの形

(37) 容をもつのに、快楽と苦痛はただそれ自身であるばかりで、何の形容も持たないのかどうか、そのことについてもぼくたちは意見を一致させねばならない。

プロタルコス　明らかにそうです。

ソクラテス　しかしそのことなら見るのに何の困難もない。つまりそれら両者が何らかの形容を持つということはだね。なぜならぼくたちはもうとっくに、両者それぞれ、つまり快楽と苦痛が大きくも小さくも、またものすごくもなると言ったのだから。

D プロタルコス　はい、まったくそのとおりです。

ソクラテス　そしてもしもだよ、それらのどれかに、ねえプロタルコス、悪がつけ加わるようなら、そのようにして思いなしは悪いものとなり、快楽もまた悪いものになるとぼくたちは言うだろうね。

プロタルコス　それはむろんそうでしょう、ソクラテス。

ソクラテス　では正しさなり(1)、正しさと反対の性格なりがそれらのどれかにつけ加わるとしたらどうかね。思いなしが正しさをもつならば、ぼくたちはむろんそれを正しい思いなしと言うだろうし、快楽にしても同様だろうね。

プロタルコス　それはもう必然です。

E ソクラテス　だがもし思いなされる事柄が的外れのものだとしたら、その時その思いなしは的を外しているのだから、正しいものでも正しく思いなしているものでもないことに同意すべきだろうか。

プロタルコス　もちろんです。

ソクラテス　何らかの苦痛なり快楽なりにしても、そのことで苦しんでいる、あるいはその反対であったりする当の事柄について、それが的外れであるのを目にする場合はどうだろう。ぼくたちは「正しい」とか「有用な」とか何か立派な名前をそれにつけるだろうかね。

プロタルコス　いやそれはできません。いやしくも快楽が的外れの過誤を犯すだろうというからには。

ソクラテス　そしてまた快楽はしばしば正しい思いなしではなく、虚偽［の思いなし］を伴ってわれわれのところに生じるように思われるのだ。

プロタルコス　もちろんです。そして思いなしについてはですね、ソクラテス、その時そういう場合にそ
38 れを「虚偽の」と言いますが、快楽そのものに「虚偽の」という形容をつけて呼ぶ人など誰もいないでしょう。

ソクラテス　おや、プロタルコス、この度は快楽側の議論のために張り切って頑張るじゃあないか。

プロタルコス　そんなのじゃなくってですね、ただ世間で耳にするままを言ってるだけですよ。

ソクラテス　だが正しい思いなしと知識を伴った快楽はぼくたちにとって、虚偽と無知を伴ってしばしば
B ぼくたち一人一人のうちに生じる快楽と何の違いもないのだろうか。

プロタルコス　確かに少なからぬ違いがあるように見受けられます。

ソクラテス　では両者の違いの観察へと向かうことにしよう。

（1）この「正しさ」は、「誤り、間違い」に対する「正しさ」である。「正義」「正当」の意味の「正しさ」ではない。

(38)

プロタルコス　あなたに見えているとおりに先導してください。

ソクラテス　ではこういうふうに導くよ。

プロタルコス　どういうふうにですか。

ソクラテス　思いなしはわれわれにとってあるいは虚偽であり、あるいはまた真実であるとぼくたちは言うのだね。

プロタルコス　そうです。

ソクラテス　しかるにそれら思いなしに、今しがたぼくたちが言っていたように、快楽と苦痛はしばしば相伴うのだ、つまり真実の思いなしと虚偽の思いなしとにね。

プロタルコス　はい、まったく。

ソクラテス　われわれの思いなしとそして思いなすべくあれこれ考えようとすることは、(1)そのつど記憶と感覚とから生じるのではないか。

C

プロタルコス　ええ、いかにも。

ソクラテス　するとそれらについてわれわれは必然的にこういう状態にあると考えるのだね。

プロタルコス　どういう状態にですか。

ソクラテス　誰か人が遠くから見ていてあまりはっきりとは見えていない場合、彼は自分の見ているそのものについて判断を下したがるということがしばしば起こるときみは主張するだろうか。

プロタルコス　はい、するでしょう。

ソクラテス　そのあとでその人はこんなふうに自分で自分に問いかけるのではないかね。
プロタルコス　どんなふうにですか。
D ソクラテス　「岩の傍らの何かの木の下に立っているように見えるそれは一体何なのか」。そういうことを人は自分自身に向かって言うだろうときみは思うかね。彼が何かそういったものが自分に現われてくるのを目にした時には。
プロタルコス　ええ、そうですね。
ソクラテス　ではそのつぎにそういう人は、返答するつもりで自分自身に向かって、もしうまく答えるなら、「あれは人間だ」と言うだろうね。
プロタルコス　はい、いかにも。
ソクラテス　またうまくやりそこなった場合には、「見えているのは誰か牧人たちの作になる彫像である」と言うだろう。
プロタルコス　ええ、確かに。
E ソクラテス　そしてもし傍らに誰かがいるとなると、彼は自分自身に向かって言ったまさにそのことを、

（1）「思いなすべくあれこれ考える」と訳した διαδοξάζειν は プラトンではここだけにしか見られない語なので、Badham や Apelt によって改訂が試みられているが、Bury が言うように、このあと続いて語られるような「自己自身との対話（διαλέγεσθαι）としての思考」を意味していると解しておく。

今度はその人に向かって声にまで出して発言するだろうね。そしてそのようにして、ぼくたちがさっき思いなしと呼んでいたものは言表（ロゴス）になったのだ。
プロタルコス　ええ、そうです。
ソクラテス　だが彼が一人だけでその同じことを自分自身を相手に考える場合には、時にはもっと長い時間にわたって自分自身の中を歩むのである。
プロタルコス　はい、まったく。
ソクラテス　ではどうだろう。それらについてぼくの頭に浮かんでいることがきみには浮かんでいるかね。
プロタルコス　どんなことでしょうか。
ソクラテス　そういう時われわれの魂は何か紙みたいなものに似ているとぼくには思われる。
プロタルコス　どういうふうにですか。
39 **ソクラテス**　記憶が感覚と落ち合って一緒になる場合に、それらとそれらに付随する受動状態とが、その時われわれの魂の中でまあ言ってみれば言葉を書き込むようなことをするのだとぼくには見えるのだよ。そしてそれが真実を書きつけるなら[1]、真実の思いなしが生じ、またそこから言表もわれわれのうちで真実なものとなって生じてくる。だがわれわれのところのそういった筆記者が虚偽を書く場合には、真実とは反対のものが生起するのだ。
B **プロタルコス**　まったくもってそうだと思いますし、おっしゃったことをそのとおり受け入れます。
ソクラテス　ではもう一人別の職人がその時、われわれの魂の中に登場するのも受け入れるかね。

プロタルコス　何の職人ですか。

ソクラテス　絵描きだよ。彼は筆記者のつぎに、それら語られたことの似姿を魂の中に描くのだ。

プロタルコス　彼はまたどのように、そしてどういう時にそれをすると私たちは言うのでしょう。

ソクラテス　人が視覚や、あるいは他の感覚から、その時思いなされ語られることを導き出して、その思
C いなされて語られたことの似姿を何らかのしかたで自分自身のうちに眺める場合だよ。それともそういうのはわれわれのところに生じることではないのかね。

プロタルコス　そういうことはすごくあります。

ソクラテス　すると真実の思いなしと真実の言表の似姿は真実だが、虚偽のものの似姿は虚偽なのではな

（1）テキスト註（39A1-6）参照。記憶が感覚と結びついた時に、それらに付随する（それらをめぐって、あるいはそれらのところにある）パテーマタとは何なのかについて、Hackforthはパテーマタをfeelingsと訳し、恐怖や自信や怒りなどであると註記している。しかしGoslingは、恐怖や怒りは快楽と同じく真偽の別がいかにして生じるかが問題とされるレベルのものであり、その真偽の基礎となる絵姿のさらに基礎となる言表を書き込むのが「感覚＋記憶＋パテーマタ＝筆記者」なのだからという理由でその解釈を斥け、このパテーマタは三四C以下で、記憶と感覚を介した欲求の分析において前提された二通りのパテーマであると説明している。つまり、その場合の感覚は現在の身体的パテーマの感覚であり、記憶は過去の充足時のパテーマの記憶であって、それらのパテーマのことだと解するのである。このほうが簡単でよいと思うが、「感覚と記憶」に「それらに付随するパテーマタ」を付加したのは、その感覚と記憶の中身に言及したにすぎないということになる。

(39) いか。

プロタルコス　はい、全面的に。

ソクラテス　では以上のことをぼくたちが正しく述べたのであれば、それらについてなおこのことも考察するとしよう。

プロタルコス　どういうことをですか。

ソクラテス　現在あるものと過去にあったものについて、そういったことをそのように経験することはわれわれにとって必然だが、未来のものごとについてはそうでないのかどうかというのだ。

プロタルコス　それはあらゆる時について同様ですよ。

D ソクラテス　それでは魂そのものを通じての快楽や苦痛は、身体を通じての快楽や苦痛に先立って生じるだろうということが先ほど言われたのだが、そうするとあらかじめ悦んだり、あらかじめ苦しんだりすることは未来の時に関して生じるものであるということが、ぼくたちに帰結するのではないだろうか。

プロタルコス　この上なく真実です。

ソクラテス　すると少し前に、われわれの内部に生じるとしていた書き物や絵姿についてはどちらかね。
E それらは過去と現在の時に関するものではあるが、未来の時に関するものではないのかね。

プロタルコス　それはもうすごく関係しますよ。

ソクラテス　きみが「すごく」と言うのは、将来これからの時間に向かってある場合には、それらすべてが願望であり、他方われわれはまた全生涯を通じて常に願望でいっぱいだからかね。

40

プロタルコス　ええまったくその通りです。

ソクラテス　さあそれでは、今言われたことに加えて、このことにも答えてもらおうか。

プロタルコス　どういうことですか。

ソクラテス　正しくて敬虔で善き人というのは、そもそもまったく、神に愛される人ではないか。

プロタルコス　ええ、そうです。

ソクラテス　だがどうだろう。不正で全面的に悪しき人は先の人とは反対なのではないか。

プロタルコス　はい、もちろん。

ソクラテス　しかるにぼくたちが今言ったように、人間は誰でも多くの願望でいっぱいになっているのだね。

プロタルコス　そうです。

ソクラテス　またぼくたちが願望と呼ぶところのものは、ぼくたち各人の魂の内にある言表なのだね。

プロタルコス　はい。

ソクラテス　そしてまた描かれた絵姿でもある。(1) そして人はしばしば自分に黄金が惜しみなく与えられ、そのことで多くの快楽が生じているのを目にする。さらにまた彼は自分が自分自身にいたく満足して悦んでいる姿がそこに描かれているのを見さえするのだ。

(1) テキスト註（40A9）参照。

(40) B プロタルコス　そうです。

ソクラテス　するとそれらの言表や絵姿について、善き人々には大抵の場合、彼らは神に愛される人々であるのだから、そこに書かれていることが真実のこととして提供されるが、悪しき人々には大抵の場合、その反対が生じるのだと主張しようか、それともしないでおこうか。

プロタルコス　それはもう大いに主張すべきです。

ソクラテス　それなら悪しき人々にとっても、快楽が絵姿に描かれてそこにあることには何の変わりもないけれど、しかしそれらは虚偽のものだということになるはずだ。

プロタルコス　はい、もちろん。

C ソクラテス　したがって人間のうちで邪悪な人々は、多くの場合、虚偽の快楽で悦び、善き人々は真実のそれで悦ぶのだ。

プロタルコス　必然この上なしのお言葉です。

ソクラテス　すると今の議論によれば、人々の魂のうちには虚偽の快楽が存在するのだ。といってもそれは真実の快楽を真似ることでますます滑稽なものになっているのだし、虚偽の苦痛もまたご同様なのだがね。

プロタルコス　ええ、存在します。

ソクラテス　さてそこで、そもそも思いなす人にはいつだって、思いなすということが本当にあったのだが、しかしそれは現にあるものにも過去にあったものにも、また未来にあるであろうものにも基かないことが間々あるのだ。

プロタルコス　はい、まったく。

D　ソクラテス　そしてそれらのことこそが、思うに、虚偽の思いなしと間違って思いなすということを、その時作り上げるものだったのである。そうではないかね。

プロタルコス　そうです。

ソクラテス　ではどうだろう。かのもの〔思いなしや思いなすこと〕において見られたそれらと対になる状態を、苦痛と快楽にも付与すべきではなかろうか[1]。

プロタルコス　どういうことでしょう。

ソクラテス　どんなにいい加減にでも、とにかくそもそも悦んでいる人にはいつだって、悦んでいるということが本当にあったのだが、しかしそれは現にあるものにも過去にあったものにも基かないことが間々あり、しばしば、そしておそらくは最も多くの場合、将来けっして生じないだろうことに基いているということだよ。

プロタルコス　ええ、ソクラテス、それらもまたそうあるのが必然です。

E　ソクラテス　では同じ議論が恐怖や憤慨やそういったものすべてについてあてはまるのではないだろうか。そういったものすべては時として虚偽のこともあるという議論がね。

プロタルコス　ええ、まったく。

（1）テキスト註（40D4-5）参照。

ソクラテス　だがどうかね。思いなしが悪いとか有益だとかいうことを、それが虚偽のもの［や真実のもの］[1]になるということ以外の意味で言えるだろうか。

プロタルコス　言えませんね。

ソクラテス　思うに、快楽にしたって、ぼくたちは、虚偽のものということ以外の何か他の意味で、それを悪しきものであるなどと考えたりはしないだろう。

41 プロタルコス　あなたがおっしゃったのはまったく逆様ですよ、ソクラテス。苦痛や快楽を虚偽ゆえに悪しきものだとする人なんてほとんど皆無と言っていいでしょう。それらが虚偽とは別の多大な悪と一つに落ち合う場合に、悪しきものだとするのです。

ソクラテス　では悪しき快楽、すなわち邪悪さゆえにそのようなものである快楽のことは、もう少しあとで、そうするのがよいとまだなおぼくたちに思われるなら、述べることになるだろう[2]。だがわれわれのうち
B にまた別のしかたで数多く内在し、しばしば生じる虚偽の快楽について話さなければならない。判定のためにおそらくそれを利用するだろうからね[3]。

プロタルコス　もちろんです。もしもそういうものがあるのなら。

ソクラテス　それはあるさ、プロタルコス、ぼくの考えるところではね。そしてそういう見解[4]がぼくたちのところに居座り続けるかぎり、論駁を受けずにいるなんてことは不可能だ。

プロタルコス　結構ですね。

ソクラテス　それでは今度はまたその議論に向かって、競技者たちのように身構えることにしよう。

プロタルコス　そうしましょう。

C　ソクラテス　そこでだがね、もし覚えているなら、少し前にぼくたちは、いわゆる欲求なるものがわれわれのうちにある時、その受動状態において身体は魂から別れ、切り離されてあるということを言ったのだ。

プロタルコス　覚えていますし、そういうことが前に言われました。(5)

ソクラテス　それで魂は身体が置かれているのとは反対の状態を欲求するものであり、他方その苦痛なり、

---

(1)「有益だ」に対応すべき「真実の」が欠けているので、「有益だとか」を削除してもよいが、容易に理解できることなので、底本のまま残し、訳文には「真実のもの」を補足しておく。

(2)悪しき快楽を特に取り上げて論じることはなく、ただ六三D－Eで最大の快楽、最も強烈な快楽と言われるものが、無分別やその他の害悪を連れて来るものとして、最善の生のための混合から排除されるだけである。

(3)虚偽の快楽の問題が逸脱的議論として取り上げられたのは、三六Cにおいて、身体における苦痛と予想的快苦との二重の状態変化について、それらの快楽や苦痛は真実か虚偽かという問いが提出されたのがきっかけである。虚偽の快楽の存在を指摘する二番目の議論として、その二重の状態変化がここで取り上げられ、三番目の議論に関連づけて「気難しい人々」が導入されることによって、二等賞争いの判定に直結する混合的快楽の析出へと議論が移行してゆくことになる。解説二五七－二六二頁参照。

(4)「そういう見解」とはプロタルコスの「もしそういうものがあるのなら」という言葉に含まれる「虚偽の快楽なんて存在しない」という考え。補註I参照。

(5)三四C－三五D参照。しかしその箇所では、欲求や衝動が、身体からは独立した魂それ自身のイニシアチブによるものであることが論じられていて、身体が魂から切り離されるということは明示的に言われてはいない。

(41) ［苦痛の状態からの］受動変化による何らかの快楽なりを差し出すのが身体だったのではないか。

プロタルコス　ええ、確かに。

ソクラテス　ではそういう場合に起こることを算定したまえ。

プロタルコス　教えてくださいよ。

D **ソクラテス**　では言うが、そういうことがある場合には、苦痛と快楽が一緒に並べて置かれるということが起こるのだ。そして反対的なものであるそれらの感覚もまた一緒に相並んで生じるのであり、そのことはついさっきも明らかになったことなのだ。

プロタルコス　はい、確かにそうです[1]。

ソクラテス　ではこういうことも先ほど言われて、ぼくたちの同意事項になっているのではないかね。

プロタルコス　どういうことですか。

ソクラテス　それら両者、つまり苦痛と快楽は、「もっと（多く）、もっと（少なく）」を受け入れるということと、そしてそれらは無限なもの［の類］に属するということだ[2]。

プロタルコス　言われましたよ。もちろんです。

ソクラテス　するとそれら［無限なものである］快苦を正しく判定するどんな工夫があるだろうか。

E **プロタルコス**　一体どのような判定でしょうか。

ソクラテス　何かそういった場合にそれらを判定しようとするぼくたちの望みが、いつでも、それらのどれがお互いと比較して、つまり苦痛が快楽に対して、苦痛が苦痛に対して、快楽が快楽に対して、どれがより大きいか、どれがより少ないか、どれがもっとで、どれがよりすごくなのかを識別したいと望むものならば、ということなんだがね。(3)

プロタルコス　いえ、それらはそういうことですし、私たちが判定したいと望むのはそのことです。

ソクラテス　ではどうかね。視覚の場合には、遠くから見たり近くから見たりするために、大きさの点で真実がぼやかされて、虚偽を思いなすように仕向けられるが、同じそのことが苦痛と快楽の場合には起こらないだろうか。

42

プロタルコス　それはずっと多く起こりますよ、ソクラテス。

ソクラテス　すると今や少し前とは反対の事態が生じたのだ。

プロタルコス　どういう意味ですか。

ソクラテス　あの時は思いなしのほうが虚偽と真実とになることで、同時に苦痛と快楽とを自分たちのところのその［虚偽か真実かの］性質で染め上げたのだった。

B

プロタルコス　本当にそのとおりです。

ソクラテス　だが今はだね、快苦自身が遠くから見られたり近くから見られたりすることでそのつど姿を

(1) 三六A―B。

(2) 二七E―二八Aおよび三一A。五一頁註(3)参照。

(3)『プロタゴラス』三五七以下で、このような快苦の比較、測定を行なう技術としての知識が導入され、単純な快善同一説と組み合わされて、「徳は知識である」という主張のために用いられている。

(42) 変え、また一緒に相並んで置かれるので、快楽は苦痛と対照されてもっと大きく、もっとすごく見えるし、苦痛はまた快楽と対照されることで快楽の場合とは反対に見えるのだ。(1)

プロタルコス　それらのことからそういう事態が生じるのは必然です。

C **ソクラテス**　それでは両者それぞれが実際にあるよりも大きく見えたり小さく見えたりしている差の部分、その実際にあるのではなくて見えているだけの部分をそれぞれから切り取るなら、きみはそれを正しく見えているとは言わないだろうし、それに対応する快楽と苦痛の部分が正しく真実なものとして生じているなどと敢えて主張することもまたけっしてないだろうね。

プロタルコス　ええ、もちろんです。

ソクラテス　ではそれらに引き続き、生き物においてそれらよりもっと多く現われ、存在する(2)虚偽の快楽と苦痛を、もしこの針路をとって遭遇するものなら、ぼくたちは見ることになるだろう。

プロタルコス　どんな快楽と苦痛のことを、そしてどういう意味でそうおっしゃるのですか。

D **ソクラテス**　各々のものの自然状態が何らかの合成や分解や充満や虚脱や増大や縮小によって壊される時、苦しみ、痛み、悩み、その他およそそういった名前を持つものすべてがそれに伴って生じる、ということが何度も言われたはずだが。

プロタルコス　はい、そのことは何度も言われました。(3)

ソクラテス　だがそれらが自身の自然状態へと回復される時、その回復過程こそがまた快楽であるとぼくたちはみずから納得して承認したのだ。

プロタルコス　ええ、正当に。

ソクラテス　だがわれわれの身体においてそういったことが何一つ生じないとしたらどうだろう。

プロタルコス　でも、ソクラテス、どんな時にそんなことが起こるでしょうか。

ソクラテス　きみの今の質問は、プロタルコス、議論には何の関係もないね。

E

プロタルコス　一体どうしてですか。

ソクラテス　ぼくがぼくの質問をもう一度きみに問い質しても、きみに邪魔されることはないからだよ。

プロタルコス　どんな質問ですか。

（1）「快楽の場合とは反対に見える」というのは、直接には、D. Frede の訳のように、「もっと小さく、軽度に見える」ということであろう。しかし Hackforth は、「あるいはまた逆に、苦痛は快楽と比較されることでそのように見える」と訳しており、「もっと大きく、すごく見える」と解しているようである。ここに指摘されている状況を正確に押えようとすると結構むずかしいが、「快楽は苦痛と対照されてもっと大きく、もっとすごく見える」というのは、幾通りか考えられる場合の一つを言っているのであろう。

（2）この三番目の虚偽の快楽についての「生き物において前の二種類の虚偽の快楽よりももっと多く現われる」という言葉は、「苦しんでいないことが快いと言う人々」についてのものとは思われない。おそらくソクラテス（プラトン）の頭の中では、この三番目の虚偽の快楽と接続し、重なり合うかたちで、苦痛と混じり合った混合的快楽としての虚偽の快楽が考えられているのであろう。解説二六一頁参照。

（3）三一D－三二B、三二E、三五E。

ソクラテス　だからもしもだね、そういったことが生じないとしたら、プロタルコス、とぼくは言うだろう、一体そこから必然的にぼくたちに帰結することは何なのかね。

プロタルコス　身体がどちら側にも動かされることがないとすれば、とおっしゃるのですか。

ソクラテス　そうだ。

プロタルコス　それなら明らかにこういうことですよ、ソクラテス。つまり、そういう場合にはいかなる快楽も苦痛もけっして生じはしないでしょう。

43 ソクラテス　この上なく見事に言ってくれたね。だがまあ、ぼくが思うに、きみが言いたいのはこういうこと、つまり、賢者たちが言うように、そういったことの何かが常にわれわれに起こるのが必然だということだね。万物は常に上へ下へと流転しているのだから(1)。

プロタルコス　ええ、彼らは確かにそう言っていますからね。そしてつまらぬ戯言《ざれごと》を言っているとは思われません。

ソクラテス　そりゃあそうさ。現につまらぬ人たちなんかじゃないのだから。しかし実際のところ、その論の襲来をぼくは回避したいと思うのだ。そこでこういうふうにして逃げようと考えているのだが、きみもぼくと一緒に逃げたまえ。

プロタルコス　どのようにしてか言ってください。

ソクラテス　「それでは、そのことはそのとおりだとしよう」とこう彼らに対しては言うことにしてだね、

B きみのほうは答えてくれたまえ。果たして何かの生き物が受ける受動変化のすべてを、その受動者［である

生き物」は常に感覚するのかどうか、そしてわれわれは自分自身の身体が大きくなることや、何かそういった受動変化をこうむることに気づかないことはないのかどうか、それともまったくその反対なのかどうか。

プロタルコス　それはもうまったく反対ですよ。われわれはそういったことすべてにほとんど気づかないのです。

ソクラテス　するとぼくたちが今さっき言った、上へ下への変化が生じるなら苦痛と快楽を生み出すということは、ぼくたちによって上手には言われなかったことになる。

プロタルコス　ええそうです。

C **ソクラテス**　こういうふうに言えば、その言明はもっと美しく、もっと論難されがたいものになるだろう。

プロタルコス　どのようにですか。

ソクラテス　大きな変化はわれわれに苦痛と快楽を作り出すが、適度で小さな変化になると今度はそれらのどちらも全然作り出さないというふうにだ(2)。

---

(1) いわゆる「万物流転説」は、この箇所の他に、『クラテュロス』四三九D以下および『テアイテトス』一五二D以下においても、ヘラクレイトスを含む多くの人々の説として導入され、『ソピステス』二四六A以下で「形相の友たち」の生成についての見解とされているものもその同じ説であると考えられる。これらの対話篇におけるそれぞれの問題連関の中での取り扱いを通じて、プラトンがどのような意味でどの程度、この見解にコミットしているのかいないのかは、「プラトンの哲学」にとって、きわめて重要で興味深い、だが扱いのむずかしい問題である。

(2) 『ティマイオス』六四B－D参照。

(43) プロタルコス　そのほうが、ええソクラテス、さっきのよりも正確です。

ソクラテス　ではそれらがそうであるならば、先ほど言われた生がまた戻ってくるだろう。

プロタルコス　どのような生ですか。

ソクラテス　ぼくたちが苦痛もなければ悦びもなしと言っていた生だよ。(1)

プロタルコス　本当におっしゃるとおりです。

ソクラテス　さあではそれらのことからわれわれには三通りの生があるとしよう。一つは快く、また別の
D は苦しい生で、また一つがどちらでもない生だ。あるいは他に、きみはそれらについてどのように主張するだろうか。

プロタルコス　私としてはそれより他の主張はいたしません。それらの生は三つあるのです。

ソクラテス　では苦痛を感じていないことは悦んでいることと同じではないだろうね。

プロタルコス　もちろんです。

ソクラテス　それなら全生涯を苦痛なしに終えることがあらゆることのうちで最も快いという言葉を耳にする時、そのつどきみは、そのようなことを言う人は一体何を言おうとしているのだと受け止めるのかね。

プロタルコス　その人は苦しんでいないことが快いのだと言っているように、私には思われます。

E ソクラテス　ではぼくたちに三つのものがあるとして、それは何でもいいのだが、綺麗な名前を用いるほうがいいから、一つは金、一つは銀、三つめはそのどちらでもないものだとしたまえ。

プロタルコス　しました。

ソクラテス　そのどちらでもないものがそれらのどちらかに、つまり金か銀かになる手立てがぼくたちにあるかね。
プロタルコス　どうしてまたそんなことがありましょうか。
ソクラテス　したがって中間の生が快いとか苦しいとか言われる場合、人がそのように思いなすなら、けっして正しく思いなされてはいないだろうし、そのように言う人がいるなら、正しく言われてもいないだろう、正しい言論に従えばね。
プロタルコス　もちろんです。
ソクラテス　ところが実際には、ねえきみ、人々がそういうことを言ったり思いなしたりしているのをぼくたちは見たり聞いたりするのだ。
プロタルコス　ええまったくです。
ソクラテス　すると彼らは、自分たちが苦しんではいないその時に、自分たちは悦んでもいると思っているのだろうか。
プロタルコス　とにかくそう言ってはおりますね。
ソクラテス　それならその時悦んでいると思っているのだ。そうでなかったら、そう言いもしなかっただ

44

(1) 三二E―三三Cで、悦んでいるのでも苦しんでいるのでもない「第三の状態」を念頭に置いておくことが、快楽の判定のために少なからぬ意味をもつと言われていた。

(44) ろうから。

プロタルコス　そのようですね。

ソクラテス　では確かに彼らは悦ぶということについて虚偽を思いなしているのだ。いやしくも苦しまないことと悦ぶことそれぞれの本性が別々のものだとすれば。

プロタルコス　そして確かにそれは別々のものだったのです。

ソクラテス　それならぼくたちとしてはどちらを選ぼうか。それらは今さっき言われたようにわれわれの
B ところに三つあるとするのか、それとも二つだけ、つまり人間にとって苦痛は悪しきものであり、苦痛からの解放は、そのことがまさしく善きことなのだから、快いと呼ばれているとするのか。

プロタルコス　どうしてソクラテス、今そのことを私たち自身によって問題とするのでしょうか。だって私にはわからないのです。

ソクラテス　本当にきみは、プロタルコスよ、ここに居るこのピレボスの敵となる人々のことがわかっていないのだからね。[1]

プロタルコス　でも彼らを何者だとおっしゃるんですか。

ソクラテス　自然に関する事柄において辣腕の者たちだと言われていて、彼らは［そういったものは］そもそも全然快楽なんかではないと主張するのだ。[2]

プロタルコス　では何なのですか。

C ソクラテス　それらはすべて苦痛からの脱出であって、それを今ピレボス一派の者たちは快楽と名づけているというのだ。

プロタルコス　それであなたは私たちが彼らに従うことをお勧めになるんですか、それともどうなんでしょう、ソクラテス。

ソクラテス　勧めはしないさ。ただ何か卜占者のようなものとして彼らを利用してはどうかというのだ。彼らは技術によってではなく、何かその卑しからぬ天性に特有の気難しさのようなものによって予言するのだが、そういう天性をもつ彼らは快楽の力をひどく憎んで、快楽には何一つ健全なところはなく、したがってそれがもつその魅惑のはたらきそのものも快楽なんかではなく、まやかしにすぎないとまでみなしている
D 人たちなのだ。そこできみは、まだ他にもある彼らの気難しい見解もさらに考察した上で、彼らをそういう点で利用すればいいだろう。そしてそのあとで、どういうものがぼくには真実の快楽であると思われるのかを聞くがいい。両方の議論から快楽の力を考察して判定のために提供できるようにね。

プロタルコス　正当なお言葉です。

---

(1) Bury, Hackforth に従って、文末の疑問符をピリオドに変える。プロタルコスの「だって私にはわからないのです」という言葉を受けて、「確かにきみはわかっていないね」と多少からかった感じである。底本の読みだと γάρ はやや唐突な質問を導入するときの小辞で、「おや、本当にきみはピレボスの敵となる人々のことがわからないのかね」といった意味になる。

(2) テキスト註（44B9-10）参照。「自然に関して辣腕の、気難し屋の人々」がプラトンの同時代の誰を指しているのかいないのかの詮索については解説二五九頁参照。

ソクラテス　では彼らをいわば戦友として、その気難しさの足跡をたどりながら、追跡するとしよう。というのは彼らは何かこういうことを言っているようにぼくは思うのだ、どこか上のほうから話を始めてね。
E つまりもしわれわれが何にせよ何かの形相の本性を見たいと望むなら、たとえば「硬さ」のそれを見たいのだとすると、いちばん硬いものに目を向けるならそのほうが、硬さにおいて何等級も下のつまらないものに目を向けるよりいっそうよく理解できるのではなかろうかと言うのだ。さあでは、プロタルコス、きみはぼくに対すると同様、その気難し屋たちにも答えなければならないよ。

プロタルコス　ええもちろん。そして私としては彼らに「その大きさ〔度合い〕において第一等のものに」と言うでしょう。

ソクラテス　すると快楽の類についても、それが一体いかなる本性を持つのかを見たければ、ぼくたちは
45 何等級も下の快楽に目を向けるべきではなくて、その度合いとすごさ〔強烈さ〕において一番だと言われているものに目を向けるべきではないだろうか。

プロタルコス　その点では今や誰もがあなたに同意するでしょうね。

ソクラテス　では身近な快楽であって、しかも快楽のうち最大でもあるもの、というのをぼくたちはしばしば口にするが[1]、それは身体をめぐる諸快楽だろうね。

プロタルコス　もちろんです。

ソクラテス　それらが、より大きくあったり、なったりするのは、病気で弱っている人たちにおいてだろうか、それとも健康な人たちにおいてだろうか。だが慌てて答えてつんのめったりすることのないように用

B 心しよう。どうかするとぼくたちは、健康な人たちにおいてだと言いそうだからね。

プロタルコス　ありそうなことです。

ソクラテス　で、どうだろう。快楽のうちでは、それへの欲望があらかじめ最大になるようなものが他を凌駕するのではないか。

プロタルコス　それは真実です。

ソクラテス　だが熱病にかかっている人々やそういった病状にある人々は、より多く渇きを覚えたり悪寒を感じたり、身体を通じてこうむるのが常であるかぎりの受動状態をこうむっており、またいっそう多く欠乏状態にあり、そして充足されるといっそう大きな快楽を味わうのではないかね。それともぼくたちはそれを真実ではないと主張するのだろうか。

プロタルコス　今そう言われてみると、そのことは明らかだと思われます。

C **ソクラテス**　するとどうかね。もし人が最大の快楽を見たいと欲するなら、健康ではなくて病気のところに赴いて考察しなければならない、とぼくたちが言うなら、ぼくたちが正しく言っているのは明らかだろうか。だが、いいかね、ぼくがきみに、すごく病んでいる人たちは健康な人たちよりもっと多く悦ぶのかどうかなどと考えて尋ねているとは思わないように。そうではなくて、ぼくは快楽の大きさ［度合い］を、そしてそういった事柄における「ものすごく」というのはそのつど一体どこに生じるのかを求めているのだと考え

（1）テキスト註（45A5）参照。

(45) てくれたまえ。ぼくたちは、最大の快楽がいかなる本性をもち、そんなものはそもそも全然快楽なんかじゃないと主張する人々は[1]、それを一体何だと言うのかを、理解しなければならないと言っているのだからね。

D プロタルコス　ええ、でも大体は、あなたのお話についていっていますよ。

ソクラテス　プロタルコス、ついてくるだけじゃあなくって、すぐにきみは指し示してもくれるだろう。だってまあ答えたまえ。きみはより大きな快楽を——と言うのは多くの快楽ではなくて、「すごく」と「もっと」において超出した快楽という意味だがね——節度ある生活よりも、思い上がった態度のうちに見るだろうね。だが精神を集中して言ってくれたまえ。

プロタルコス　いえ、あなたの言われることはわかりました。そしてその違いが多大であるのも見えています。だって節度ある人々のほうは、諺になっている言葉もそのつど彼らを引き戻すのに対して、つまり「度を過ごすなかれ」ということを勧告する言葉ですが、彼らはそれに従うのです。ところが、節操がなく
E 思い上がった人々はというと、ものすごい快楽が彼らを捉えて狂気に至らしめ、叫び声まであげさせるのです[2]。

ソクラテス　お見事。それでもしそういうことなら、明らかに魂と身体の何らかの劣悪さにおいて、むろん卓越性においてではなくてだよ、快楽は最大のものに、そしてまた苦痛も最大のものになるのだ。

プロタルコス　ええ、確かに。

ソクラテス　それではそれらのうちの幾つかを取り上げて、一体どういうありようをしているために、ぼくたちはそれらを最大のものだと言ったのかを考察しなければならない。

46 プロタルコス　そうしなければなりません。
ソクラテス　ではつぎのような病気の快楽がどういうありようをしているのか考察したまえ。
プロタルコス　どういう病気のでしょうか。
ソクラテス　みっともない病気の快楽だよ。そしてさっきぼくたちが気難しいと言っていた人々はそれらを全面的に嫌っているのだ。
プロタルコス　どんな快楽ですか。
ソクラテス　皮膚病のかゆみをこすって癒すこととか、そういった、他に別段の治療処置を必要とはしないようなもののことさ。つまりその場合の受動変化は、やあこれは、神々にかけて尋ねるが、一体、何事としてわれわれのうちに生じるのだと言おうか。快楽なのかね、それとも苦痛なのかね。
プロタルコス　それは何か悪しき混合物としてですね、ソクラテス、生じているように思われます。
B ソクラテス　いや、ぼくがこの論を持ち出したのは、何もピレボスに当てつけてのことじゃあない。そうではなくって、それらの快楽やそれに連なるものなしには、ねえプロタルコス、つまりそれらが観察される

(1) テキスト註（44B9-10）参照。
(2) 原語の *περιβόητος* は *περιβοάω* から派生した動詞的形容詞で、⑴能動的意味「狂乱の叫び声をあげる」と⑵受動的意味「世に喧伝される、有名な、特にその悪名、悪評において」の二通りの意味がある。訳者は四七Aにも「破廉恥な奇声」ということが言われているので⑴を採って訳出したが、Stallbaum や Paley に従って⑵を採ると、「世間で悪い評判を立てられるような者に仕立て上げるのです」ということになる。

(46) ことがなければ、今追求されている問題に決着をつけることはほとんど不可能だろうからなのだ。

プロタルコス　それならそれらと同族の快楽に向かって進まねばなりません。

ソクラテス　混合ということで共通性をもつ快楽のことを言っているのだね。

プロタルコス　ええ、そうです。

C ソクラテス　さてその混合だが、身体にそった身体そのものにおける混合もあれば、魂自身が主体となる、
魂における混合もある。また魂と身体に帰属する混合もあって、そこでは苦痛が快楽と混ぜ合わされて、そ
の一緒になったものが或る時は快楽と呼ばれ、或る時は苦痛と呼ばれるのを見出すことだろう。

プロタルコス　どういうことでしょうか。

ソクラテス　人が自然状態への回復過程かその崩壊過程の途中にあって、或る時は凍えているのを暖めら
れたり、時には熱を出して冷やされたりしてだね、相反する受動変化を同時に受け取るようなことがあると、
ぼくが思うに、一方は保持し、他方からは解放されたいと切望するものなのだ。そしてかのいわゆる「酸っ
D ぱさと混じり合った甘さ」[1]が、逃れがたい力をもってそこに現在し、いらいらした気分とまた後には獣めい
た物狂おしさを作り出すのだよ。

プロタルコス　まったく本当です、今言われたことは。

ソクラテス　そういった混合は、同等の快楽と苦痛から成る場合もあれば、片方がより大きい場合もある
のではないかね。

プロタルコス　ええ、もちろん。

ソクラテス　では苦痛のほうが快楽よりも大きくなる場合の混合は——先ほど言われた皮膚病のそれがそうだし、くすぐられる時のそれもそうなのだが——そういった混合は苦痛を快楽と並べて一緒に提示するのだと言いたまえ。すなわち、身体内部に沸き立つような熱があったり、炎症を起こしていたりして、こすっ
E たり掻いたりするだけでは［患部にまで］届かず、ただ表面部分を解きほぐすだけ、という場合、そういう時にはその表面部分を火にあてたり、また困惑のあまりその対極の状態に変化させることによって、時として途方もない快楽が与えられることもある。だがまたある時には凝固状態のところを無理やり分解したり、分散しているところを凝固させたりすることで、快楽と混ぜ合わされた外側部分の苦痛に対比して、それが快と苦のどちら側に傾いたものであるにせよ、それとの対比においてその反対のものを内側部分にもたらすの
47 である(2)。

プロタルコス　ええ、本当におっしゃるとおりです。

ソクラテス　それではまた、そういった混合すべてにおいて快楽がより多く混ぜられている場合には、混入された苦痛の部分がくすぐりを与え、穏やかないらだちを作り出す一方、またはるかにずっと多く注ぎ込

---

(1) レスボス島ミュティレネの女流詩人サッポーの有名な語「甘酸っぱい *γλυκύπικρον*」(「断片」四〇（Bergk））が念頭に置かれていると思われる。

(2) ここのソクラテスの台詞の文章は、ギリシア語も内容も不安定で難解である。テキスト註（46D7-47A1）参照。

(47) まれている快楽の部分が強い興奮をもたらし、時には跳び上がらせたりもするのではないか。そして、ありとあらゆる表情、ありとあらゆる格好、ありとあらゆる息遣いをあしらって仕上げを施し、まったくの狂態と破廉恥な奇声までも作りこむのではないかね。

B **プロタルコス**　はい、まったく。

ソクラテス　おまけに、ねえきみ、自分で自分のことを、そういう快楽が気持ちよくってもう死にそうだなどと言わせたりもするし、他の者からもそう言われるようにするのだ。そしてそういう快楽というものは、放縦で愚かな人であればあるほど、それだけいっそう全面的に時も選ばず追い求めるのであって、それを最大の快楽と呼び、その快楽のなかで最大限永続的に生きる者を最高に幸せな人に数え上げたりもするのだ。

プロタルコス　ええ、ソクラテス、あなたは多くの人々が目にし、その思いとなっていることのすべてをすっかり話されました。

C **ソクラテス**　それは、混合的快楽が、身体自体の表層と内部に共通する受動状態において生じる場合だけのことだよ、プロタルコス。だが魂が、快楽に対しては同時に苦痛を、また苦痛に対しては快楽をというふうに、身体が差し出すのとは反対のものをぶつけてきて、両方が一つの混合物になるという場合の快苦については、［言い残したことがある。つまり］先ほど詳しく述べたのは、［身体において］空っぽになると魂は充足を欲求し[1]、充足への願望を抱いては悦ぶものの、［身体において］空っぽの状態にあるので苦しむということだ
D ったが、その時はつぎのことについて証人の前で言明するということはしなかった。そこで今それを言うことにしよう。つまり、数え切れないくらい多くあるそういったことのすべてにおいて、魂が身体に対してみ

ずからを差異化することによって、苦痛と快楽の一つの混合が生じて落ち合うのであるとぼくたちは言うのだ。

プロタルコス　そうおっしゃるのはしごく正しいように思われます。

ソクラテス　そこでだね、苦痛と快楽の混合のうちまだ一つ、ぼくたちに残されているものがある。

プロタルコス　どういうのが残っているとおっしゃるのでしょうか。

ソクラテス　魂がしばしば自分で自分に取得する、とぼくたちが言っていた混合のことだ。(2)

プロタルコス　まさにそのことを、私たちはどのようにして主張するのですか。

ソクラテス　怒り、恐怖、渇望、悲嘆、愛欲、負けん気、妬み、およびそういった類のものについてだがね、それらは魂それ自身がもつ何らかの苦痛であるということに、きみは同意するのではないか。

E

プロタルコス　はい、私としては。

ソクラテス　ではそれらが途方もない快楽に満たされているのをぼくたちは見出すのではないだろうか。それとも

［憤怒は］聴き者の胸をも荒立て、

（1）テキスト註（47C6-7）参照。
（2）該当するのは四六C一だけである。

また滴り落つる蜜よりもはるかに甘い[1]

48 という詩行や、悲嘆や渇望において苦痛のなかに混入されている快楽のことを思い出す必要があるかね。

プロタルコス　いいえ、それらは確かにそうですし、それ以外のありようになることはないでしょう。

ソクラテス　そしてまた悲劇の見物にしても、そのとき人々は同時に悦びを感じつつ涙を流すのだが、きみは覚えているだろうね。

プロタルコス　ええ、もちろん。

ソクラテス　だが喜劇を観る場合のぼくたちの魂の状態については、果たしてきみは、そこにおいてもまた苦痛と快楽の混合があるのを知っているかね。

プロタルコス　よくは知りませんが。

B ソクラテス　まったく、容易なことではないからね、プロタルコス、そこにおいてそのつど起こるそのような情態変化を理解することは。

プロタルコス　容易じゃありませんよ、私に思われるかぎりではね。

ソクラテス　しかしそれが暗くてぼんやりしたものであるなら、それだけいっそうしっかりとそいつを捕まえてやろうじゃないか。ほかの場合でももっと容易に苦痛と快楽の混合を見て取ることができるように。

プロタルコス　どうぞおっしゃってください。

ソクラテス　さっき言われた「妬み」という名前だがね、それは魂が持つ何らかの苦痛であるとするかね。それともどうだろう。

プロタルコス　それで結構です。

ソクラテス　だがしかし、妬む人というのは、隣人が害悪をこうむることで快を感じもするのが観察されるだろう。

C プロタルコス　それはすごくそうです。

ソクラテス　「無知」は害悪であり、われわれが「馬鹿な」と呼ぶ性状もそうだ。

プロタルコス　ええ、もちろん。

ソクラテス　それらのことから「滑稽さ」とはいかなる本性のものなのかを見るがいい。

プロタルコス　まあとにかく言ってください。

ソクラテス　何らかの性状の名前で呼ばれるとすれば、要するにそれは或る害悪なのである。それはまた害悪全体のうちで、かのデルポイの銘文によって言われているのとは反対の情態を持つものでもある。

プロタルコス　ええソクラテス、「汝自身を知れ」のことをおっしゃってるんですね。

D ソクラテス　いかにも。そして明らかにだね、それと反対のものとは「けっして自分自身を知らないこと」だとその銘文は言うことだろう。

---

(1) ホメロス『イリアス』第十八歌一〇八―一〇九行。底本は引用部分の中にあった数語を引用部分の前に移し、ἐν をつけ加えた上で、それらを削除することを提案している。削除しなければ、引用部分の前の「それとも」のあとに「憤怒や怒りの場合のそれ、つまり」が入る。

(48)

プロタルコス　ええ、もちろん。

ソクラテス　まさにそれを、プロタルコス、三通りに切り分けるよう努めたまえ。

プロタルコス　どのようにですか。私にはとてもできないことですからね。

ソクラテス　ではきみは、ぼくが今それを分割しなければならないと言うんだね。

プロタルコス　言いますとも。そしてただ言うだけではなくて、要求もするのです。

ソクラテス　自分自身に無知な人々は、誰でも必然的に三つの点において、その情態をこうむるのではないかね。

プロタルコス　どういうことでしょうか。

E

ソクラテス　まず第一は金銭においてだが、自分が実際にそうであるよりも、もっと金持ちだと思いなすこと。

プロタルコス　たしかに多くの人たちがそういう情態を持っていますね。

ソクラテス　だが自分たちのことをもっと背が高く、もっと美しく、およそ身体に関するすべての点で、自分たちの実際よりすぐれていると思っている人たちは、それよりもっと多くいるのだ。

プロタルコス　はい、まったく。

ソクラテス　そして断然最多数の人たちが、ぼくが思うに、三つめの種類において、つまり魂の内にあるものに関して、まったくの間違いを犯しているのだ。徳の点で、実際にはそうでないのに、自分たちはもっとすぐれた人間だと思いなすことによってね。

49 プロタルコス　それはもう、すごくそうです。

ソクラテス　だが諸徳のうちでは知恵について、大衆は何としてでもそれにしがみつき、争いとひとりよがりの偽物の知恵に満たされているのではないか。

プロタルコス　ええ、そのとおりです。

ソクラテス　そのような情態を全体として害悪であると言う人があるなら、その言葉は正しいだろう。

プロタルコス　はい、ものすごく。

ソクラテス　それではそれをまださらに二つに分割しなければいけないよ、プロタルコス、もしぼくたちが子供じみた妬みに目を向けることによって、快楽と苦痛の奇妙な混合を観察しようとするのならね。する
B ときみは、どういうふうに二つに切り分けるのかと言うだろう(1)。自分自身について愚かにもそのような虚偽の思いなしを思いなすような人たちすべてについては、他のすべての人々の場合と同様、彼らのうちの或る者たちには肉体の強さと力が相伴い、或る者たちにはそれと反対のものが付随する、というのがこの上なく必然だとぼくは思うのだ。

---

(1) T写本の読みを採る底本に従って「するときみはどういうふうに二つに切り分けるのかと言うだろうね。」と訳した文を、Buryをはじめ、多くの校訂者たちはB写本に従って、プロタルコスの台詞として割り当てている。

ソクラテス　それではそれをまださらに二つに……観察しようとするのならね。

プロタルコス　どういうふうに二つに切り分けるとおっしゃるのですか。

ソクラテス　自分自身について……必然だとぼくは思うのだ。

(49) プロタルコス　必然です。

ソクラテス　それではそのように分割したまえ。そして彼らのうち、弱い上に、そういう［自分自身について虚偽の思いなしをもつような］人間であり、人から馬鹿にされても仕返しする力のない者たち、そのような者たちが滑稽な者たちであると主張するなら、きみは真実を語ることになるだろう。他方、仕返しする力があって強い人々のことを、恐ろしく憎らしい人々であると言うなら、彼らを形容する最も正しい言葉をきみ
C は自分自身に与えることになるだろうね。なぜなら強い人々の無知は憎らしく醜いのであるが——実際それは、それ自身もそれの似像(1)であるかぎりのものも、［当人のみならず］隣人たちに対してだって危害を加えるのだからね——他方、非力な無知はぼくたちに、滑稽な人々の配置と本性とを引き当ててくれたのだから。

プロタルコス　おっしゃったことはこの上なく正当です。しかしですね、それらのうちにある快楽と苦痛の混合は、私にはまだ判明ではありません。

ソクラテス　それなら妬みとはそもそもどういうものかをまず最初に摑まえるがいい。

プロタルコス　とにかく言ってください。

D ソクラテス　何らかの苦痛は、そしてまた快楽もだが、不正不当なものだろうね。

プロタルコス　そのことは必然です。

ソクラテス　敵が害悪をこうむっていることで悦ぶのは、不正なことでも妬み深いことでもないのではないか。

プロタルコス　ええ、そうです。

ソクラテス　だが親しい人たちの害悪を目にして、苦痛を感じず、悦ぶということが時としてあるが、それは不正なことではないかね。
プロタルコス　もちろんです。
ソクラテス　さて無知はすべての人にとって害悪であるとぼくたちは言ったね。
プロタルコス　正当にもね。
ソクラテス　では親しい人たちのひとりよがりの知恵やひとりよがりの美しさや、先ほど三つの種類において生じるのだと言って詳しく述べたもののすべては、非力なものであるかぎりは滑稽であり、力のあるものであるかぎりは憎らしいのであるが、今言ったとおりにぼくたちは主張しようか、それともしないでおこうか。つまり、親しい人たちのそういう性質が他人に危害を加えないものとして提示されるとき、それが滑稽さであるということなのだが。
E
プロタルコス　いかにもそのとおりです。
ソクラテス　だがそれは無知である以上、害悪であるということにぼくたちは同意するのではないか。
プロタルコス　それはもうすごく。
ソクラテス　ではそれを見て可笑しがるとき、ぼくたちは悦んでいるのかね、それとも苦しんでいるのかね。

（1）「似像」というのは、劇の登場人物など、創作上の事柄を指していると考えられる。

50 **プロタルコス**　明らかに悦んでいるのです。

ソクラテス　親しい人たちの害悪ゆえに快を感じることについて、そういうことをさせるのは妬みであるとぼくたちは言っていたのではないかね。

プロタルコス　必然です。

ソクラテス　するとぼくたちが親しい人たちの滑稽な様子を見て可笑しがるとき、言論が言うにはだね、ぼくたちはまた快楽を妬みに混ぜているのであり、苦痛に快楽を混合しているのだ。なぜなら、妬みが魂の苦痛であることはぼくたちによってとっくに同意されているし、他方、笑うことは快楽であって、そういう時にはそれら両者が一緒に生じているのだからねえ。

プロタルコス　真実です。

B **ソクラテス**　では今や言論は、葬送歌においても悲劇や喜劇においても、そしてそれはただ舞台の上ばかりでなく、人生のありとあらゆる悲劇と喜劇においても、また他にも無数の事柄において、苦痛が快楽と一緒に混ぜ合わされていることを告知するのである。

プロタルコス　たとえ勝利に執着して何とか反対しようとする人がいるとしても、そのことに同意しないのは不可能です。

C **ソクラテス**　しかるにだね、ぼくたちは怒りや渇望や悲嘆や恐怖や愛欲や負けん気や妬みや、その他そういったたぐいのものを提示して、それらにおいて、今何度も言われているものが混合しているのを見出すだろうと言っていたのだ。そうではないかね。

プロタルコス　ええ、そうです。

ソクラテス　たった今詳しく規定されたことすべては、悲嘆と妬みと怒りについてであることがぼくたちにはわかっているのだね。

プロタルコス　わからないでどうしましょう。

ソクラテス　すると残されていることがまだ多くあるわけだね。

プロタルコス　ええ、まったく。

ソクラテス　それでそもそもきみは、ぼくがきみに喜劇における混合のことを教示した一番の理由を何だ

D

と考えているのだろうか。それは恐怖や愛欲やその他の場合の混合だって簡単に指摘できるという心証をきみにもってもらうためではないのかね。きみが［喜劇について］それをみずからに得心したなら、もはやそれら他の場合にまで進んで話を長引かせることのないようにぼくを放免してくれなくてはいけない、いやむしろ、ただ単純にこのこと、つまり身体は魂とは別にでも、また魂は身体とは別にでも、そして互いに共同してでも、そういった情態において、苦痛と混ぜ合わされた快楽でいっぱいになっていることを得心してくれなくてはいけないという、そのための証しとしてではないのかね。さあだから言ってくれたまえ。きみはぼくを放免するのか、それとも真夜中までやるのか。だがまあちょっとしたことを言えば、きみから解放の許

E

可を取りつけられるだろうと思うのだ。つまり、明日になればそれらすべてについてきみに説明しようという気持ちになるだろうが、今はピレボスが命じている判定を目指して、残りの議論に乗り出したいということなのだ。

プロタルコス　結構なお話です、ソクラテス。でも残っているかぎりのものについては、どうかあなたのお好きなやりかたで最後までやってください。

ソクラテス　それでは何やらやむを得ない成り行きで、混合された快楽に続いては、当然、今度は混合されない快楽に向かうのが本来だろう。

51 プロタルコス　大いに結構ですね。

ソクラテス　ではぼくとしては、仕切り直して、ぼくたちのためにそれらを明らかにするよう努めるとしよう。というのもぼくたちは、すべての快楽は苦痛の休止にほかならないと主張する人々に全面的に従うのではなくて、さっき言ったように、彼らを証人として利用するのだからね。つまり、或る快楽は快楽だと思われてはいるが、実際には全然快楽なんかじゃないことや、また或る別の快楽は大きくて同時に数も多く現われるが、しかしそれらは苦痛とか、身体と魂の窮状に関わる最大の苦悶の終息とかと一つに混ぜ合わされたものであることの証人としてだよ。

B プロタルコス　それで何をまた、ソクラテス、真実の快楽として捉えれば、正しく考えることになるのでしょう。

ソクラテス　美しいと言われている色や形、大多数の匂いや音、その他それの欠如は感覚されず、苦痛もないが、その充足は感覚され、快を与えることになるもの、そういったものにおける快楽だよ。

プロタルコス　それらがそうであることを、ソクラテス、私たちはまたどのように言うのでしょうか。

C ソクラテス　確かに、ぼくの言ってることは直ちに明白というものではないが、しかし明らかにするよう努めなければならない。形の美というのにしても、ぼくが今言おうとしているのは、動物の美とか何かの絵画の美といった、多くの人々が想定するだろうようなものではなくて、言論が語るにはだね、「直線とか、曲線とか、それらからコンパスを使って、また物差しや曲尺《かねじゃく》を使って作られる平面や立体のことを言っているのです」ということなのだ、もしきみがぼくの言うことをわかってくれるならね。つまりそれらは他のもののように何らかの観点で美しいというのではなくて、常にそれら自身において本性的に美しく、何らか
D 固有の快楽を備えていて、その快楽は皮膚を掻いて得られる快楽などとは似ても似つかぬものなのだ。そして色もまたその特性を備えている。だがぼくたちはこの議論の言うことがわかるだろうか、それともどうかね。

プロタルコス　わかろうと努めてはいます、ソクラテス。でもあなたも、なおもっと明確に言うように努めてください。

ソクラテス　では音声のうち、滑らかで透明な音、何か一つの純粋な調べを響かせる音は、他のものとの関係で美しいのではなく、それら自身がそれら自身において美しいのであり、それらと同じ生まれの快楽もまた、そこにつき添っているのだと言うとしよう。

プロタルコス　確かにそういうのもありますからね。

E ソクラテス　また匂いのところにあるものは、それらほど神的な快楽の類ではないが、しかしそこ〔匂いの快楽〕には苦痛が不可避的に混ぜられているわけではないことや、そのことがわれわれにどのように、また

どこに生じているのか[1]を考えて、ぼくはその全体を先のものたちと対になるものとするのだ。だがとにかく、きみが理解してくれているなら、それらがぼくたちの言おうとする快楽の二つの種類である[2]。

プロタルコス　ええ、理解しています。

52 **ソクラテス**　ではなお更にだね、それらに加えて、学業における快楽を置くとしよう。その快楽は学ぶことへの飢渇を前提せず、したがってまた学業への飢渇ゆえに生じる苦痛も初めっから持たないのであると、もしひょっとしてぼくたちに思われるのであればね。

プロタルコス　いえ、おっしゃるとおりだと私も思います。

ソクラテス　ではどうかね。学問知識で満たされたけれども、後になって忘却のせいでそれらが失われるという場合、きみはその喪失のなかに何らかの苦痛を認めるだろうか。

プロタルコス　いいえ、何の苦痛もありません、自然的事態そのものにおいては。でもその状態変化に対

B する何らかの勘考においては認められますよ。つまり、奪われてからそれが必要だというので苦しむ場合です。

ソクラテス　しかるにだね、何とも楽しいお言葉ではあるが、今ぼくたちが話に決着をつけようとしてるのは、勘考を離れた自然的事態だけの変動そのものについてなのだ。

プロタルコス　それなら、私たちの学業においては、いつの場合も苦痛なしに忘却が起こるとあなたがおっしゃるのは、忘却しがたい真実[3]です。

ソクラテス　それなら、それら学業の快楽は苦痛と混じり合ってはおらず、またけっして多くの人々では

なくて、きわめて少数の人々の所有になるものだと言わなければならない。

プロタルコス　もちろんそのように言うべきです。

C
ソクラテス　それでは、純粋な快楽と大体は不純なと言われて然るべき快楽とをすでに適切に区別し終えたところで、すごく強烈な快楽には「度外れ」、そうではない快楽には逆に「適度」という規定を議論においてつけ加えることにしよう。そしてまた「大きい」とか「ものすごい」とかを受け入れる快楽については、そのようなものになるのが度々であってもたまにであっても、それらはかの「無限」の、そして身体と魂を

(1) 匂いの快楽には苦痛が不可避的に混ぜられてはいないこと、またそのことがどこでどのようにしてそうなるのか、については、『ティマイオス』六五Aにおいて、「自分自身（の自然状態）からの退行と虚脱化は小刻みなものとして受け取るが、その充足はいっきであり大規模だというものは、虚脱化の過程は感覚されないけれども、充足は感覚しうるものになり、魂の死すべき部分に対しては苦痛を与えることなく、極度の快楽をもたらす」ということが言われている。また『国家』第九巻五八四Bでは、「苦痛から生じるのではないような快楽」として匂いにおける快楽があげられ、それらは「先立って苦痛を感じはしなかったのに突然途方もない大きさのものとして生じ、止んだあとにも全然苦痛を残さない」と説明されている。

(2)「先のものと対になる」というのは、「色や形や音における純粋な快楽に準ずる」というほどの意味で、「混合的快楽と対置される」というのではない。「快楽の二つの種類」は色、形、音における純粋な快楽を「神的な快楽」としてまとめたものと、それらほど神的ではない「匂いの快楽」との二つである。

(3) ギリシア語では真実（ἀλήθη）と忘却（λήθη）とが語呂合わせになっている。「忘却しがたい」はその感じを多少でも写すための訳者によるつけ加えである。

(52) 通じて「もっと（多く）、もっと（少なく）」という方向に運ばれていく類に属するのであり、(1) 他方、そうでない快楽は適度なものの類に属するのだとしよう。

D

プロタルコス　この上なく正しいお言葉ですよ、ソクラテス。

ソクラテス　そこで以上のことに加えて、そのつぎには、それらの快楽についてこのことを詳しく見なければならない。

プロタルコスどんなことをでしょうか。

ソクラテス　真実というものに対して、一体何がそのことに寄与する［その資格に与る］と言わねばならないのか。(2) 純粋で清浄無雑で十分なことかね、それともすごく強烈とかたくさんとか大きいとかいったことかね。(3)

プロタルコス　何を一体、ソクラテス、意図してのお尋ねなんでしょうか。

ソクラテス　快楽と知識について何一つ吟味し残すことのないようにと思ってのことさ。それら快楽と知識のそれぞれについて、その或るものは純粋だが、また或るものは純粋ではないのだとしたら、それぞれのうちの純粋なものが判定の場に進み出て、ぼくやきみやここにいる皆のためにその判定をいっそう容易にしてくれるようにということだ。

E

プロタルコス　しごくもっともなお言葉です。

ソクラテス　さあでは、純粋であるとぼくたちが言うすべての類について、こんなふうに考えておくことにしよう。まずそれらのうちの何か一つを取り上げて考察しよう。

53 プロタルコス　何を取り上げましょうか。

ソクラテス　まず最初に、もしよければ、白の類を見るとしよう。

プロタルコス　いいですとも。

ソクラテス　白の純粋さとはどのようにして、またいかなるものとしてわれわれのもとにあるのだろうか。最大にして最多であるものか、それとも最も混じりっけのないもの、いかなる色のいかなる別の部分もそこに内在してはいないものか、どちらかね。

プロタルコス　明らかに、最も清浄無雑であるものですよ。

B ソクラテス　正しい答えだね。それでぼくたちはそれを、プロタルコス、白いもののすべてのうちで最も真実なものであり、同時にまた最も美しいものだとするのではないだろうか。最も多いものをでも、最も大きいものをでもなくってだよ。

プロタルコス　確かにおっしゃるとおりです。

ソクラテス　したがって、少しの純粋な白のほうが、混合された多くの白よりも、もっと白く、同時にまたもっと美しくもなればもっと真実なものにもなる、とぼくたちが主張するなら、まったくもって正当な言

(1) 五二C六の女性冠詞 τῆς を削除する。テキスト註（30D10-E2）参照。

(2) 直訳すると「何が真実に対して（向かって）あると言わねばならないのか」であるが、Hackforth と同様、Stallbaum の解釈に沿って訳した。テキスト註（52D6）参照。

(3) テキスト註（52D7-8）参照。

(53) い分になるだろう。

プロタルコス　それはもうおっしゃるとおりです。

ソクラテス　ではどうだろう。快楽についての議論のためには、そういった類例は多くは必要ないだろう
ね。いや、すべての快楽もまた、苦痛の混じらぬ純粋なものでありさえすれば、小さいものが大きいものよ
C り、わずかなものが多くのものより、もっと快く、もっと真実で、もっと美しいものになるだろうと今直ち
に考えるなら、ぼくたちにはそれでもう十分なのだ。

プロタルコス　ええ、それはもうすごくそうですし、類例もそれで十分です。

ソクラテス　だがこういうのはどうかね。ぼくたちは快楽についてこういう説を耳にしたことはないだろ
うか。快楽には常に生成（ゲネシス）があるだけで、それの存在（ウーシア）ということはそもそも全然ない[1]、
というのだ。実際、或る洗練された人たちがまたその説をぼくたちに告知しようと努めているのであって、
ぼくたちは彼らに感謝しなければいけない。

プロタルコス　一体なぜでしょう。

ソクラテス　ちょうどそのことを、きみに対してさらに質問を重ねることで、最後まで説明しようと思う
D んだがね、親愛なるプロタルコス。

プロタルコス　とにかくおっしゃって、訊いてください。

ソクラテス　何か二つのものがある。一方はそれ自身がそれ自身においてあるもの、他方は常に自分以外

のものを希求するもの。
プロタルコス　それら二者をどのように、また何だとおっしゃるのですか。
ソクラテス　一方は常にこの上なく厳かなるものとしてあり、他方はかのものより劣れるもの［かのものに不足するもの］だ。
プロタルコス　なおもっと明確に言ってもらいたいですね。
ソクラテス　ぼくたちは容姿も精神もすぐれた少年たち（パイディカ）と、彼らに求愛する男らしく勇敢な恋人たち（エラスタイ）とを共に目にしている。(2)
プロタルコス　それはもうすごく。
ソクラテス　それでは彼らに似たものを、彼らは二つなのだから別の二つを、ぼくたちが「在る」と言っているすべてのもののもとに追い求めればよろしい。
E
プロタルコス　なお三度目を言いましょうか。あなたの言おうとすることを、ねえソクラテス、もっと明

(1) この「快楽生成説」については解説二六七―二七二頁参照。
(2) ἀνδρεῖος は字義通りには「男の、男らしい」であり、また徳性としての「勇気ある」をも意味する。「真に男らしい男は、（女性ではなく）心身ともにすぐれた少年を恋する」ということは、『饗宴』や『パイドロス』の処々に語られている。ここでソクラテスが「少年愛（パイデラスティア）」を比喩的類例として持ち出し、プロタルコスが直ちに了解するのは、ピレボスと、プロタルコス自身を含む取り巻きの少年たちへの揶揄の意味合いを持つように思われる。しかし「美しきピレボス」と少年たちとの関係、特にプロタルコスとの関係はよくわからない。解説二〇二頁参照。

確に言ってください。

ソクラテス　何も込み入ったことじゃあないよ、プロタルコス。ただ言論がぼくたちをからかってるのさ。だがそれが言ってるのは、在るものの一方は常に何かのために［生じて］あり、他方は、その常に何かのために生じるものがそのつどいつもそれのために生じるところの、その当のものである[1]、ということなのだ。

プロタルコス　どうにかやっと分かりました、何度も言われたのでね。

54

ソクラテス　だがおそらくすぐに、ねえきみ、議論が先へ進めば、ぼくたちにはもっと分かるようになるだろう。

プロタルコス　ええ、もちろんです。

ソクラテス　ではまた別のこういう二つを摑まえるとしよう。

プロタルコス　どういうのですか。

ソクラテス　あらゆるものの生成が何か一つのものとしてあり、それの存在がまた別の一つとしてある。

プロタルコス　それら二つを私はあなたから受け入れます。存在と生成ですね。

ソクラテス　そのとおり。ではそれらのどちらがどちらのためにあると主張しようか。生成が存在のためにかね、それとも存在が生成のためにかね。

プロタルコス　存在の名で呼ばれているそれが、まさにそのあるところのものであるのは生成のためかどうかを、今あなたはお尋ねなのですね。

ソクラテス　そのようだね。

B プロタルコス　神々にかけて、あなたは私に何かこういうことを問うておられるのでしょうか。つまり「さあ、プロタルコス、ぼくに言ってくれ、船が造船のためというよりも、造船が船のために生じるときみは主張するのかどうか」とか、その他それと同様の事柄すべてをです。

ソクラテス　まさにそのことを言っているのだ、プロタルコス。

プロタルコス　それならなぜ自分で自分に答えてあげないのですか、ソクラテス。

ソクラテス　そうしていけないわけは何もないがね。しかしきみも議論に参加したまえ。

プロタルコス　ええ、それはもう。

C ソクラテス　そこでぼくは主張するのだが、薬やすべての道具類やあらゆる材料は生成のために万人に供給されるのではあるが、その生成はそれぞれ別々にそれぞれ何か別の存在のために生成するのであり、生成の全体は存在全体のために生成するのである。

プロタルコス　ええ、明白この上なしです。

ソクラテス　それなら快楽は、もし快楽が生成であるなら、必然的に、何らかの存在のために生成することになるだろう。

プロタルコス　はい、もちろん。

ソクラテス　だがしかし、何かのために生成するものが常にそれのために生成するであろうかのものは、

（1）目的という語を使うなら、「何か他の目的のために生成するもの」と「その目的」とである。

(54) 善の定まった本性［善という資格］[1]において在るのである。そして何かのために生成するものは、いいかね、きみ、また別の本性［資格］のうちに置かなければならない。

プロタルコス　この上なく必然です。

D ソクラテス　ではもしも快楽が生成であるなら、それを善の本性とは別の本性のうちに置けば正しく置くことになるのではないだろうか[2]。

プロタルコス　ええ、たいへん正しい措置です。

ソクラテス　それならこの議論の始めに言ったように、快楽について、生成はあるが、それの存在というものは何にせよ全然ないということを告知した人に感謝しなければいけないのだ。なぜなら快楽が善であると主張する人々を彼が嘲笑することは明らかだからね。

プロタルコス　それはもうすごく。

E ソクラテス　しかるにまた、その同じ人はいつの場合も、生成のうちに終始して事足れりとする人々をも嘲笑することだろう。

プロタルコス　どういうふうに、またどういう人々のことをでしょうか。

ソクラテス　空腹とか喉の渇きとか、およそ生成によって癒されるかぎりのそういった何かを癒されることによって、つまり生成が快楽であるというのでその生成によってだね、悦びを感じる人々、そして渇くことも飢えることもなく、その他そういった受動状態に伴うと言われてよいであろうすべてを身に受けないくらいなら、生きることを拒否するだろうと主張する人々のことだ。

55

プロタルコス　確かに彼らはそんなふうですね。

ソクラテス　さて生成することと相補的に対をなすのは消滅［崩壊、解体］することであるとぼくたち皆が言うだろう。

プロタルコス　ええ、必然的に。

ソクラテス　そこでそういう生を選ぶ人は誰にせよ、消滅と生成とを選ぶことだろう。だがしかし、あの第三の生、つまりそこには悦ぶことも苦しむこともなく、ただ考え慮ることが能うかぎり純粋にそこにあった、あの第三の生を選ぶことはけっしてないのだ。

プロタルコス　ええ、ソクラテス、もし人が快楽をわれわれにとっての善として措定するなら、どうやら、何か多大の不合理が生じる結果となるように思われます。

ソクラテス　そう、多大のね。実際、まだなおこういうふうにもぼくたちは言うのだからねえ。

プロタルコス　どういうふうにでしょうか。

（1）「善の定まった本性（資格）」については二九頁註（2）参照。

（2）快楽を善の本性（モイラ）とは別の本性のうちに置くということは、快楽がいかなる善きものでもないことを主張するものではない。ただたんに、目的として追求されるべき善の本性（資格）を持つものではないということが言われているだけである。

(55) B ソクラテス　身体にも、他の多くのものにも、善きもの美しきものは何一つ存在せず、ただ魂の内にのみ存在し、そしてその魂においても、ただ快楽だけがそのような善きもの美しきものであって、勇気にせよ、節度にせよ、知性にせよ、あるいは魂の持分である他の善きものの何にせよ、何一つそのようなものではない、などということがどうして不合理でないだろうか。そしてなおそのことに加えて、悦ばずに苦しんでいる人は、たとえ万人のうち最も善き人であっても、苦しんでいるその時は悪しき人であり、悦んでいる人もまた、その悦びが大きければ大きいほど、悦んでいるその時にはそれだけいっそう徳の点ですぐれているなどということがどうして不合理でないだろうか。

C プロタルコス　それらのことはすべて、ええ、ソクラテス、能うかぎりこの上ない不合理です。

ソクラテス　さあそれでは、快楽については全面的にあらゆる検査をしようと頑張るのに、知性と知識についてはまったく気乗りしていないみたいだ、などと見られることのないようにしよう。高邁なる精神をもって、どこかにひび割れがないかどうか、満遍なく叩いてみるとしよう。それらのうち能うかぎり純粋な本性のものを見きわめた上で、それらと快楽との最も真実な部分を、両者に共通の判定のために用いるようにするのだ。

プロタルコス　正しいやりかたです。

D ソクラテス　さてさまざまな学びにおける知識のうち、ぼくが思うに、一方はものを作り出すことに関わるものであり、他方は教育と養育に関するものだ。それともどうかね。

プロタルコス　そのとおりです。

ソクラテス　では手仕事技術的な知識において、それらの一方はより多く知識に与るが、他方はより少ない知識しかそこにないのかどうか、そして前者のほうをきわめて純粋なるもの、後者のほうは比較的不純なものとみなさねばならないのかどうかを、まず最初に考察するとしよう。

プロタルコス　ええ、そうしなければなりません。

ソクラテス　それではそれら手仕事技術の各々に含まれる指導的な知識を切り離して捉えるとしよう。

プロタルコス　どのような知識をどのようにしてでしょうか。

E ソクラテス　たとえば、諸技術のすべてから算術や測定術や計量術を取り去るならばだね、それぞれの技術の残りの部分は、まあ言ってみれば取るに足りないものになるだろう。

プロタルコス　ええ、取るに足りないものでしょうね。

ソクラテス　実際、それらを取り去ったあとに残るのは、擬えて推断すること、そして経験とある種の修練によって感覚を研ぎ澄ますことぐらいだろう。つまり当て推量の術が持つ諸機能を併せ用いることによっ
56 てだが、練習と労苦を重ねてそれらの機能が力を発揮した場合には、多くの人々はそれらに技術の名を冠したりするのである。

プロタルコス　おっしゃることはこの上なく必然です。

ソクラテス　そこで［そういったもので］いっぱいだと言ってよいのはまず音楽であって、調べを整えて協和を作るのに測定具を用いず、修練による当て推量をもってするのである。そしてそれの部分である笛術の

(56) 全体も、変動する一つ一つの音の高低の度合いを当て推量で捕まえるので、明確でないものがいっぱい混ざって、確固たるものは少ししかないということになる。[1]

プロタルコス　まったくそのとおりです。

B ソクラテス　そしてまた医術も農事も航海術も統帥術も同様の事情であるのをぼくたちは見出すだろう。

プロタルコス　ええ、まったくです。

ソクラテス　だが建築術となるとだよ、思うに、たいへん多くの測定具や大工道具を使うので、それらが多大の精確さをそれにもたらし、それを他の多くの知識よりもっと技術性のあるものにしているのだ。

プロタルコス　どのようにしてでしょう。

ソクラテス　船を建造する場合や家を建てる場合や、その他材木を扱う技術の多くにおいてだよ。思うに
C そういったものは、物差しや釘糸コンパスや二股コンパスや墨糸や、そして精妙に作られたある種の曲尺を用いるのだからね。[2]

プロタルコス　ええ、まったく、おっしゃるとおりです、ソクラテス。

ソクラテス　それでは世に言う諸技術なるものを二つに分けて措定するとしよう。一方は音楽と軌を一にする諸技術で、その仕事において精確さに与ることのより少ないもの、他方は建築術と軌を一にして、より多く精確さに与るもの。

プロタルコス　はい、そうしましょう。

ソクラテス　だがそれらのうちで最も精確なのは、今さっき最初に挙げた諸技術である。

プロタルコス　算術や、それと一緒に先ほど口にされた諸技術のことをおっしゃっているように私には思われます。

D ソクラテス　いかにも。だが、ねえ、プロタルコス、それらもまた二通りあると言うべきではないかね。それともどうだろうか。

プロタルコス　どういうものだとおっしゃるのですか。

（1）テキスト註（56A3-7）参照。

（2）ここに挙げられた測定具や工具のうち、「物差し（κανών）」と「釘糸コンパス（τόρνος）」は「曲尺（γωνία）」と共に、五一Cで平面や立体を作る道具として挙げられていた。それぞれ直定規、コンパス、角定規に相当するものと考えられる。しかし τόρνος には旋盤や轆轤《ろくろ》の意味もある。五一Cでは具体的な工作物というよりはそういった物における平面図形や立体図形が問題にされていたのに対し、ここでは船や家を作る場合の道具であるから、そちらの意味かもしれない。また「二股コンパス」と訳した διαβήτης も、「それに当てて削ってまっすぐにする」というような、κανών に近い用例もあり、Liddle & Scott は「大工や石工の使う物差し」というような意味項目も与えている。「墨糸」と訳した στάθμη は錘をつけた糸や紐に墨を染み込ませて垂らし、まっすぐな線を引くというようなものであろう。だが最後の「ある種の曲尺」と訳した προσαγώγιον は何かよくわからない。ヘシュキオスやスーダの辞典では曲がった棒や木片をまっすぐにする万力や型枠のようなものとして説明されているが、「精確さをもたらすための精妙な道具」というここでの要件には合致しないように思われる。では何かというとはっきりせず、語の意味から、とにかく何かにそれを当てて測るなり、線を引くなりするものと思われ、丸い木材の太さを測るキャリパスのようなものか、γωνία よりもっと精妙で、しかし同じように角（角度、斜線）を作るための物差しではないかといった推定がなされている。ここに挙げられたこれらの道具については、要するに、それがどんなものかあまり明確にはわからず、たとえわかっても、現代の道具の名前でぴったりと対応させることはできない。

ソクラテス　まず算術について言えば、大衆の持つ算術が何か別のものとしてあり、哲学する人々の持つ算術がまた別にあると主張すべきではないか。

プロタルコス　一体どのように、或る別の算術を識別した上で、また別の算術を置くのでしょうか。

ソクラテス　小さからぬ境目があるのだよ、プロタルコス。数に携わる人々のうち、一方の人々はどうやら不等なものを一［単位］として、たとえば軍隊も二つ、牛も二つ、ごく小さなものでも、あるいはあらゆ
E るもののなかで最も大きいものでも二つ、というふうに数えているようだ。だが他方の人々は、無数にある一［単位］のうちのどの一にせよ、他のどの別の一とも全然違いはないとされるのでなければ、けっして彼らに従いはしないだろう。

プロタルコス　あなたは数に携わる人々のうちにある小さからぬ違いをたいへん見事におっしゃいましたよ。だから算術が二通りあるというのは理に適っています。

ソクラテス　ではどうだろう。建築術や商いにおける計算術や測定術は哲学において研究される幾何や計
57 算と比べてだね、どうかね、［計算術と計算、および測定術と幾何との］それぞれを一つと言うべきか、それとも二つと置こうか。[1]

プロタルコス　私が投票するなら、今までの議論に従って、それらのそれぞれは二通りあるとしたいですねえ。[2]

ソクラテス　正しい答えだ。だがぼくたちは何のためにそれらのことを議論の真ん中に持ち出したのか、きみは気づいているかね。

プロタルコス　ええ、たぶん。でも今お尋ねになったことはあなたに表明してもらいたいと思います。
ソクラテス　それなら、ぼくにはこの議論は、これを語り始めたときと同様に、快楽に対応するものをここにおいても探しながら、快楽と快楽がそうであったように、或る別の知識は他の知識よりもっと純粋であ
B るのかどうかという問題を調べつつ提示しているのだと思われる。
プロタルコス　ええ、そのことならまったく明白です。私たちがそれらの考察に着手したのはそういうことのためだということは。
ソクラテス　するとどうだい。先ほどの議論では、或る別の技術が別の技術よりも、それぞれ別々の対象を扱いながら、もっと明確であったり不明確であったりするのを見出していたのではないかね。
プロタルコス　ええ、そうです。
ソクラテス　またその議論においては、或る技術を同じ一つの名前で呼ぶことによって、それは一つのも
C のだという考えを抱かせたのだが、今度はそれはまさしく二つのものであるとして、それらにおける明確さと純粋さに関して、哲学する人々のその技術は哲学しない人々のそれよりも精確であるのかどうかを尋ねているのではないか。

（1）「建築術や商いにおける計算術や測定術は……」と言いかけて、述語部分を言わないうちに、気が変わって、先に別のことを尋ねようとする文が入りこんでくるという破格構文である。

（2）テキスト註（57A3）参照。

(57) プロタルコス　いかにもそのことを尋ねているように私には思われます。

ソクラテス　それならプロタルコス、きみはそれにどう答えるのかね。

プロタルコス　それはもうソクラテス、私たちは明確さという点で、諸知識の間の驚くほど大きな差異へと到達したのです。

ソクラテス　するとぼくたちはいっそう容易に答えられるだろうね。

プロタルコス　もちろんです。そして答えはこうです。つまり、それらの技術は他の諸技術よりは断然ま
D さっているのですが、それら自身のうちでは、本当の意味で哲学している人々の情熱のもとにあるもののほうが、尺度と数の取り扱いに関して、精確さと真実性の点で、途方もない差をつけているのです。

ソクラテス　仰せにしたがってそういうことだとしよう。そしてきみを信頼して、言論を引きずり回すことにかけては凄腕の連中(1)に対して、元気よくぼくたちは返答するのだ。

プロタルコス　どういうことをでしょうか。

ソクラテス　算術は二つあり、測定術も二つ、そしてそれらと軌を一にする他のそのような技術すべても、名前は一つのものを共有しているが、その二通りのありようを持っているということだ。

E プロタルコス　幸運を祈って、ええ、ソクラテス、あなたが凄腕だとおっしゃる人たちにその答えを与えましょう。

ソクラテス　ではぼくたちはそれらの知識が最高度に精確だと言うのだね。

プロタルコス　ええ、そうです。

ソクラテス　しかしね、プロタルコス、問答の力［哲学的問答法］(2)がぼくたちを撥ねつけるだろうね、もしぼくたちが何か他のものをそれよりも優位に判定するなら。

(1) 一二Cからのソクラテスとプロタルコスの最初の攻防では、快楽という名辞が一つであることを楯に取って、善との関係におけるその多様性を認めようとしないプロタルコスの態度が問題とされ、それは「言論への美しき方途」としての「問答法」と対比される「争論術（エリスティケー）」の流儀に繋がるものであるとされていた。「言論を引きずり回すことにかけて凄腕の連中」というのはそうした争論術的な議論に好んで携わる人々一般に対して言われていて、特定の人物や学派を詮索する必要はないし、また他の対話篇にさらに詳細な情報を求める必要もない。

(2)「問答・対話の力（ἡ τοῦ διαλέγεσθαι δύναμις）」は、ここからあとの議論において見られるように、最も精確な真実を把捉するという点で理論的な数学的諸学をも凌駕する最高位の哲学的技術ないし知識について言われている。この表現は『国家』第六巻の線分の比喩、第七巻の哲学教育のカリキュラムにおいても（五一一B、五三二D、五三三A）用いられており、第六巻では「問答の知識（ἡ τοῦ διαλέγεσθαι ἐπιστήμη）」という表現、第七巻では「問答の行程（ἡ διαλεκτικὴ μέθοδος）」、さらに「問答法、問答術（ἡ διαλεκτική）」が文脈に応じて、それと同一の意味内容をもつ表現として置換的に用いられている。『パイドロス』の「問答の技術（ἡ διαλεκτικὴ τέχνη）」（二七六E）、『ソピステス』の「問答の知識（ἡ διαλεκτικὴ ἐπιστήμη）」も同様で、これらはプラトン研究において「ディアレクティケー（哲学的問答法）」として術語化されて用いられるものの実際の用例である。すなわち「問答、対話（の）」というごく普通の言葉（τοῦ διαλέγεσθαι, διαλεκτικός, ή, όν）に、「最高度に哲学的な（自己自身との対話としての）思惟思考（の）」という特別な意味が込められているのである。我々が期待するほど、διαλεκτική という語だけが術語化されて用いられているわけではないが、しかしまた逆に、「問答の力」や「問答の行程」といった普通の言葉を組み合わせた表現や、場合によってはただたんに「問答すること」という表現が、いわゆる「ディアレクティケー」を指して特殊な意味合いで用いられるものであることも了解しておく必要がある。

プロタルコス　でもそれをまた何だと言わなければならないのでしょうか。

58 ソクラテス　今言われているもののことは、明らかに、誰もがそれを知っているだろう。[1] なぜなら、或る
ものや、真実あるがままにということや、[2] 本来的に恒常不変であるもの、そうしたものに関わる知恵こそが
断然最も真実だということは、いささかなりとも知性が備わっているかぎり、およそすべての人が考えるこ
とだとぼくとしては思うのだからねえ。だがきみはどうかね。そのことをきみはどのように、プロタルコス、
判定するのだろうか。

プロタルコス　私がですね、ソクラテス、常々ゴルギアスから何度も聞かされていたのは、説得の技術が
B すべての技術よりも断然すぐれているということです。なぜならそれは、あらゆるものを自分のもとに、暴
力によってではなく、みずからすすんで隷属させるのであり、あらゆる技術のうちではるかに最善のものな
のだからというのです。でも今は、あなたにもあの方にも反対の姿勢を取りたくはない気持ちです。

ソクラテス　「武器を取って戦う姿勢を」と言いたかったのを、気後れして止めたって感じだねえ。[3]

プロタルコス　それはまあ、あなたがそう思われるなら、そういうことにしていただいても結構です。

ソクラテス　するときみがうまく理解してくれなかったのはぼくのせいなのかね。

プロタルコス　どういうことをですか。

ソクラテス　あのねえ、親愛なるプロタルコス、ぼくとしてはそのことはまだ尋ねてはいなかったのだよ。
C 最大であり最善であり、われわれを益すること最多なるものという点で、どの技術、もしくはどの知識がす
べてにまさっているのかなどとはね。そうではなくて、たとえそれが小さくて、ほんの少ししかわれわれの

役には立たないのだとしても、明確なるもの、精確なるもの、真実この上なきものを考察の対象とする技術なり知識なりとはそもそも一体何であるのかという、そのことが今まさにぼくたちが尋ねている問題なのだ。

テスがそのように発想するのは少し飛躍がありすぎる。

（1）テキスト註（58A1）参照。

（2）テキスト註（58A2）参照。

（3）*ἐναντία τίθεσθαι* は「反対投票する、反対の立場をとる」ということで、これに *ὅπλα* をつけると「敵対して武器を取る」あるいは「武器を置いて、攻撃に移る前の準備態勢をとる」という意味になる。プロタルコスは、「あなたに対してもゴルギアスに対しても武器を取って戦いたくはない」と言おうとして、そのやや過激な比喩的表現が恥ずかしくなって「武器を」という語を外した、というのがソクラテスの言っていることだと思われる。むろん *ἐναντία τίθεσθαι* と *ὅπλα τίθεσθαι* という常用句の *τίθεσθαι* の重なりや、「武器という語を省くこと」が「武器を捨てて逃げる」を連想させることなど言葉遊びによる冗談ではあるが、からかいとしては少し弱いように思う。しかし Hackforth や Gosling のように、本当は「武器を取れ」と勇ましく叫びたかったのを止めた、とまでは読みづらい。*οὔτε ..... οὔτε ..... βουλοίμην ἄν* という否定文のなかの *ἐναντία τίθεσθαι* という言葉だけからソクラ

だがまあ見てごらん(1)。というのも、きみがゴルギアスの技術に対して、人々にとっての有用性という点で、
それに勝利の可能性を与えるなら、きみがかの人に憎まれることはないだろうからね。他方、今ぼくが言っ
た営為に対しては、ちょうどあの時、白色について、たとえ小さくても純粋なものでさえあるなら、たくさ
D んあってもそうではないものより、まさにその最高度の真実性という点において優越しているのだというこ
とを述べたように、今もまた、大いに考察を尽くし、十分に論議を究めたからには、知識の有用性や評判な
どへの顧慮は一切放擲して、いやしくもわれわれの魂の内に、真実を愛し、すべてをそのためになすという
力が、もし何ものか生来のものとして宿っているのならば、その力を詳しく調べて言うことにしよう。その
力こそは知性と思慮の純粋なるものを最も多く所有している、というのがありそうなことだと主張するのか、
それとも、それよりもっと大きな権能をもつ何か別のものをぼくたちは探さなければならないと言うのか、
さあ見てごらん。

E **プロタルコス**　ええ、でも見ていますよ。そして何か他の知識なり技術なりが、それよりももっと真実を
把捉しているなどと認めるのは難しいと思います。

ソクラテス　きみが今言ったことを言ったのは、このこと、つまり、多くの技術およびそれらに従事して
59 いるかぎりの人々は、まずは思いなしを用いて思いなしに関わる事柄を熱心に探求しているのだということ
を考えてのことかね。そして自分は自然について探求していると考える人がいてもだね、わかるかね、きみ、
それはこの宇宙世界における事象がいかにして生じ、いかにして何かの作用をこうむったり及ぼしたりして
いるのかといったことを、生涯かけて探求しているということではないのかね。ぼくたちの主張はそういう

ものだろうか、それともどうだろうか。

プロタルコス　そういうものです。

ソクラテス　ではわれわれのうちのそういう人は、恒常的に在るものではなくて、生成するもの、生成するだろうもの、生成したものをめぐって、自身に労苦を引き受けているのではないだろうか。

プロタルコス　本当におっしゃるとおりです。

ソクラテス　すると精確この上ない真実に照らして、そういった事柄の何かが明確なものになるなどというB ことをぼくたちは主張するだろうか、それらの何一つとして、恒常不変であったことはかつて一度もなかったし、将来もないだろうし、今現在もないのだとすれば。

プロタルコス　いいえ、けっして。

（1）ここからの文章も破格構文で錯綜している。「だがまあ見てごらん」といったあと、その「見てごらん」と言ったことを説明しようとする気持ちから言い始めたことも、ソクラテスの気分の高揚とともに、比較文や条件文や分詞句がつぎつぎと入り込み、対応する述語部分が先送りされて、忘れられる。そして「見てごらん」の目的語は最後の「……と主張するのか、それとも……言うのか」という部分によってようやく与えられるが（訳文の最後の「さあ見てごらん」はこれに合わせて訳者が付加したもの）、これは「（詳しく調べて）言うことにしよう」の目的語にもなっているという具合である。しかし日本語の場合、この錯綜した原文をほぼそのとおりに逐次、訳していくと、あまり違和感のない文章になる。文中の「今ぼくが言った営為に対しては」という文言に対して、結局どうだというのだ？　と気になる読者は多くはないのではなかろうか。

(59) ソクラテス　では何にせよ確固たるものを全然持っていないものを対象として、何にせよ確固たるものがわれわれのもとに生じるということがどうしてありえようか。

プロタルコス　そんなことはけっしてないと私は思います。

ソクラテス　したがって、知性も、いかなる知識も、それらを対象とするかぎり、真実この上なきものを持つことはないのだ。

プロタルコス　確かにそんなことはありそうにないことです。

ソクラテス　さあでは、きみやぼくやゴルギアスやピレボスといったものには、さらばお別れということにして、つぎのことを言論のために厳かに宣言しなければならない。

C プロタルコス　どういうことをでしょう。

ソクラテス　確固たるもの、純粋で真実なるもの、そしてわれわれが清浄無雑と呼ぶところのものがわれわれの所有となるのは、かのものを対象とする場合、すなわち常に同一不変でこの上なく純一な存在を対象とする場合である、あるいはかのものと最も多く同族親近なもの[1]を対象とする場合であるということだ。そしてそれら以外のものは、すべて二番目かそれ以下になると言わなければならない。

プロタルコス　真実この上なしのお言葉です。

ソクラテス　ではそういったものを言い表わす名前のうち最も美しい名前は、最も美しいものに割り当てるのが至当ではないかね。

プロタルコス　そのようですね。

D ソクラテス　知性と思慮とは人が最も高く評価するであろう名前なのではないか。

プロタルコス　はい。

ソクラテス　したがってそれらは、正しい呼称として用いられるように彫琢されて、本当に在るものをめぐる思想のうちに置かれているのである。

プロタルコス　ええ、まったく。

ソクラテス　しかるにまた、ぼくがあの時判定を受けるために提示していたのはそれらの名前以外の何ものでもないのだ。

プロタルコス　もちろんです、ええ、ソクラテス。

＊

E ソクラテス　さあ、ではいいかね。まず思慮と快楽については、ちょうどぼくたちが職工であるかのようにだね、それらから、あるいはそれらにおいて何かを作り上げなければならない素材として、お互いとの混合のためにそこに用意されている、という人があるなら、それは言葉による上手な喩えということになるだろう。

プロタルコス　ええ、まったく。

（1）「かのものと最も多く同族親近なもの」とは何かについては、補註J参照。

ソクラテス　さてそのつぎには、混ぜ合わせに着手すべきではないだろうか。

プロタルコス　もちろん。

ソクラテス　そこでこのことを先に述べてぼくたち自身に思い出させてからそうするのがいっそう適切だろうね。

プロタルコス　どんなことをですか。

60 ソクラテス　先ほども[1]思い出して言ったことだよ。だが結構な諺があって、「よいことは二度でも三度でも」言葉に出して繰り返さなければならないと思うのだ。

プロタルコス　ええ、そうです。

ソクラテス　さあ、ではゼウスに誓って。というのも、あの時言われたことは確かこんなふうに言われたとぼくは思うんでね。

プロタルコス　どんなふうにですか。

ソクラテス　ピレボスはだね、快楽がすべての生き物にとって正しい目標であり、われわれすべてがそれ
を探し当てねばならない、そしてその上さらに、まさにそれこそがあらゆるものにとっての善であり、善と
B 快という二つの名前にしても、それらは何か一つのもの、すなわち一つの本性の上に置かれるのが正しいの
だと主張する。他方ソクラテスは、それらは一つではなくて、名前と同様、二つであり、そして善も快も相
互に異なる本性をもっている、だが善の定まった本性をより多く分け持つのは快楽よりも思慮である、と主
張するのだ。あの時言われたのはそういうことであり、そういうことだったのではないのかね。

プロタルコス　それはもうすごくそうです。
ソクラテス　それではこういうこともまた、あの時だって今だってぼくたちによって同意されるだろうね。
プロタルコス　どんなことでしょう。
ソクラテス　善の本性はこのことによって他から区別されるということだ。
プロタルコス　何によってですか。
C ソクラテス　生き物のうち、生涯を通じて常に全面的にあらゆるしかたでそれが備わるものには、他の何ものももはや全然必要ではなく、それはもう十分なるものを完全無欠に持っている、ということによってだよ。そうではないか。
プロタルコス　はい、そうです。
ソクラテス　そこでぼくたちは言論の上で、両者それぞれをそれぞれから切り離し、快楽は思慮と混じり合わぬように、同様に思慮は最小の快楽さえ持たぬようにした上で、それぞれの生の中に置いて調べてみたのではないかね。

---

(1) 本篇冒頭および一九C以下。いずれの箇所でも本篇開始前に争われたピレボス説とソクラテス説を想い起こして再説し、続いて、最善の生は両者のいずれでもない第三のものであることを、冒頭箇所では可能性として言及し、一九C以下では正式に論ずるということが行なわれていた。ここからの議論では「先ほど」とか「あの時」とか「開始当初」(六一B)とかの言葉によって、この二箇所が区別なく一つのものとして扱われているようである。

プロタルコス　そうでした。

ソクラテス　それであの時、それらのどちらかが何かにとって十分だ、などと思われたりはしなかっただ
D ろうね。

プロタルコス　もちろんです。

ソクラテス　だがもしあの時ぼくたちが何か過ちを犯したというのなら、誰でも構わないから、今もう一
度取り上げて正しく言い直してくれたまえ。記憶と思慮と知識と真なる思いなしを同じ形姿のうちに置き、
そしてそれらを伴わずにだよ、最大のであれ最強烈のであれ、快楽は言うに及ばず、およそ何ものであろう
と、それが自分の所有であること、また所有となることを受け入れるような人がいるかどうかを考察した上
で言い直すのだ。つまり快楽の場合だと、快を感じていると真実に思いなすこともなく、そもそも一体いか
E なる情態を身に受けているのかも識別することなく、またその情態の記憶だっていかなる時間も持続しない
のだとすれば、というのだからねえ。そして思慮についてもその同じことを言ってもらわないといけない。
どんなに束の間でも快楽は全然伴わずに思慮を持つことのほうを、何らかの快楽を伴うよりもよしとする人
がいるかどうか、あるいは何らかの思慮も一緒にというよりも思慮なしに一切の快楽を、というような人が
いるかどうか。

プロタルコス　いませんよ、ソクラテス。それにそのことなら何度もお尋ねになる必要はないのです。

61 ソクラテス　すると完全無欠ですべてのものによって選ばれるもの、すなわち全き意味での善というのは、
それらのどちらでもないだろうね。

プロタルコス　もちろんです。

ソクラテス　それではぼくたちは善を明確に、あるいは何かそれの輪郭なりとも捉えなければならない。先に言ったとおり、何に二等賞を与えるのかを決められるようにね。

プロタルコス　しごく適切なお言葉です。

ソクラテス　では善への或る方途をぼくたちはすでに摑まえているのではないかね。

プロタルコス　どんな方途ですか。

ソクラテス　それはちょうど誰か人を探している場合のようなことだ。その場合、まず彼の住まいについ
B て彼がどこに住んでいるのかを正しく聞き知ったなら、探している人を発見するのに大きな手がかりを得たことになるだろう。

プロタルコス　はい、そうですね。

ソクラテス　実際、今まただよ、開始当初と同様、或る言論がぼくたちに告知してくれたのだ。善の探求は混合されない生においてではなく、混合された生において行なうようにとね。

プロタルコス　ええ、まったく。

ソクラテス　そしてまた混合された生においてのほうが、探求されているものがうまく明らかになる望みは、そうでない生においてよりも、いっそう大きいのだね。

プロタルコス　はい、ずっと。

C ソクラテス　ではさあ、プロタルコス、神々に祈りながら、混ぜ合わせをするとしよう。ディオニュソス

(61) なり、ヘパイストスなり[1]、あるいは神々のどなたにせよ、その混合の大権を司っておられるかたがあるのなら。

プロタルコス　わかりました。

ソクラテス　さらにまた、ちょうどぼくたちが酌人か何かで、傍らに泉があるかのようにだね、そして快楽のそれを蜜の泉に、他方思慮のそれは酒気を帯びず、酔いを覚ますものだから、何かぴりっとした苦味の健康な真水の泉に喩えることもできようが、それらをできるだけ美しく混ぜ合わせることに熱意を燃やさなければいけないのだ。

プロタルコス　ええ、もちろんです。

D ソクラテス　さあ、それではまずもって、すべての快楽をすべての思慮と混ぜ合わせるなら、美しい混合に最もよく成功するということになるだろうか。

プロタルコス　ええ、おそらく。

ソクラテス　しかし安全なやりかたじゃあないね。どうしたら危険の少ない混ぜ合わせができるのか、何かぼくの考えを披露できるだろうと思うんだがね。

プロタルコス　どんな考えか言ってください。

ソクラテス　ぼくたちには快楽も、ぼくたちの思うところではだねえ、或るものが他のものよりいっそう真実に快楽であったのだし、技術もまた或るものが他のものよりいっそう精確であったのだ。

プロタルコス　はい、そうです。

E ソクラテス　そして知識と知識との間にも違いがあって、一方は生成し消滅するものに目を向けるが、他方は、生成消滅することなく、恒常不変で同一を保つ存在に目を向けるのである。そして真実ということに着目するかぎり、ぼくたちは後者のほうが前者よりもっと真実であると考えたのだ。

プロタルコス　まったくおっしゃるとおりです。

ソクラテス　それならまずは、両者それぞれの最も真実な部分を混ぜ合わせて見てみるなら、その混合物はわれわれに最も満足のゆく生活を作り上げて提供するのに十分だろうか、それともそういうのではないものも何かまだなおつけ加える必要があるだろうか。

62 プロタルコス　とにかくそのようにして見てみるのがよいと私には思われますね。

ソクラテス　では正義そのものについてそれが何であるかを思考し、そして知性の洞察に従ってそれを説明できる、そしてさらにその他の存在すべてについても同じように省察しているという人が、ぼくたちには誰かいるとしたまえ。

プロタルコス　ええ、いるとしましょう。

（1）混合を司る神としてディオニュソスが挙げられるのは「酒の神」としてであるが、ヘパイストスについては、「鍛冶の神」として金属などを混合するからという常識的な理解に対して、ここは金属ではなく、あくまでも混酒器にぶどう酒と水を注いで混ぜ合わせるのだから、『イリアス』第一歌五九七行の、神々の宴席でヘパイストスが酌取り役をしている場面からの連想であろうとする解釈（Bury）もある。しかしやはり五九Dで素材を混ぜ合わせて製作する職工の比喩が用いられたことに関連してのものであろう。

(62) B ソクラテス　そこで神的な円や球そのものは説明することができるけれども、この人間の世界のものはといえば、球も色々な円も知らないのだとしたら、しかも家を建てるときにはそれらの円と同じように他の種々の物差しだって使うというのにだよ、(1)［それらを知らないとしたら］その人は十分な知識に与っているということになるだろうか。

プロタルコス　私たちの笑うべき状態を、ねえ、ソクラテス、私たちは話しているのです。ただもう神的な諸知識のうちにだけある状態をね。

ソクラテス　きみが言うのはどういう意味かね。円と同時に偽りの物差しも使う、確固たるのでも純粋でもない技術を一緒に投げ入れて混ぜ合わせなければいけないのかね。

プロタルコス　だってやむを得ませんからね、もし私たちの誰かがいつでも家に帰る道を見出そうとするのなら。

C ソクラテス　音楽もかね。それは当て推量や真似ごとでいっぱいで、純粋さを欠いていると少し前にぼくたちは言っていたんだが。

プロタルコス　やむを得ないと私には思われます。いやしくも私たちの生活が何としてでも生活になるためには。

ソクラテス　じゃあ確かにきみは、まるで門番が群衆に押されたり暴力を振るわれたりして、抵抗できずに門をあけて許容するみたいに、すべての知識が流れ込んできて、劣ったものが純粋なものと一緒に混ぜ合わされるのを望むのだね。

D **プロタルコス**　ええ、ソクラテス、第一級の知識を持ってさえいれば、他のすべての知識を手にしてどんな不都合をこうむるのか、私には分かりません。

ソクラテス　ではすべての知識が、ホメロスがいかにも詩的に「ミスガンケイア」[2]と呼ぶ受容の場に流れ込むのを容認するとしようか。

プロタルコス　ええ、そうしてください。

ソクラテス　それらは容認されたよ。そして今度はまた快楽の泉に向かわねばならない。それら諸知識を混ぜ合わせるのに、最初は真実なものの諸部分を混ぜ合わせることを考えていたのだが、ぼくたちにはそれが許されず、どの知識にもいい顔をして見せたがために、快楽よりも先にそれらが大挙して一つところに流
E れ込むのを認めるはめになったのだからねえ。

プロタルコス　まったくおっしゃるとおりです。

ソクラテス　さあいよいよ、ぼくたちが諸快楽についても考慮すべき時がきた。ぼくたちはそれらもまたすべて一挙に許容すべきか、それともそれらのうちの真実なるものだけをまず最初に流入させるべきなのか。

（1）「しかも家を建てる時にはそれらの円と同じように他の種々の物差しだって使うというのにだよ」と訳した分詞句についてはテキスト註（62B1-2）参照。

（2）原語の「ミスガンケイア（μισγάγκεια）」は複数の谷筋が集まるところ。『イリアス』第四歌四五三行への言及。「受容の場」と訳した ὑποδοχή は『ティマイオス』のいわゆる「コーラー（場）」に対する規定ないし指示表現として用いられている語の一つである。この語は格別にプラトン後期の用語であり、本篇のこの箇所と『ティマイオス』のほかは『法律』でしか用いられていない。

プロタルコス　安全という点からすると、真実の快楽を最初に許容するのが段違いにすぐれています。

ソクラテス　ではそれらは容認されたとしよう。そのつぎはどうかね。知識の場合にもそうしたようにだね[1]、もし何か必然やむを得ない快楽があるなら、それらも混ぜ合わせるべきではないだろうか。

プロタルコス　もちろんです。必然やむを得ないものなんですから。

63 **ソクラテス**　だがさらに、諸技術はすべて、生涯を通じてそれらを知っていることが無害にして有益だったように、今また快楽についてもぼくたちは同じことを言うのだ。いやしくももし、すべての快楽を生涯にわたって楽しむことがぼくたちすべてにとって有用かつ無害だとしたら、すべてを混ぜ合わせるべきだとね。

プロタルコス　それで一体、まさにそれらのことについて、私たちはどのように言いましょうか。どのように致しましょうか。

ソクラテス　ぼくたちに尋ねるんじゃなくてだね、プロタルコス、快楽や思慮たち自身に、お互いについてこのことを聞きただしながら尋ねなければいけないよ。

B **プロタルコス**　どういうことをですか。

ソクラテス　「あなたがたのことを快楽と呼ぶべきか、あるいは他のどんな名前で呼ぶべきか、いずれにせよ、親愛なる方々よ、あなたがたは思慮と離れてよりもあらゆる思慮と共に暮らすことのほうを受け入れるでしょうね」と尋ねるなら、それに対して彼らはこのように言うのが必然この上なしとぼくは思うのだ。

プロタルコス　どのようにでしょうか。

ソクラテス　ちょうど先ほど言われたようなことだがね、「どの種族［類］でも自分だけで孤独に清浄無雑

C でいるということは、とうていできることでもなければ、有益なことでもありません。いえ確かに、一つずつ較べてみて、あらゆる種族のうち一緒に暮らすのに最善なのは、他のすべてを知るとともに、とりわけ私たち一人一人をできるかぎり完全に知ってくれる種族であると私たちは考えるのです」というのだ。

プロタルコス　「そして今のあなたがたの言葉はまことに結構です」と私たちは言うでしょう。

ソクラテス　適切だね。ではそのつぎに今度はまた思慮と知性に尋ねなければならない。「きみたちは混合において快楽の何ものかをなお必要としますか」とぼくたちは知性と思慮にまた尋ねて言うだろうし、「どのような快楽をだろうか」と彼らはおそらく言うだろう。

プロタルコス　ええ、彼らの言いそうなことです。

D **ソクラテス**　だがそのつぎのぼくたちの言葉はといえば、こうだ。「かの真実な快楽に加えて、さらに最

（1）知識の場合に「やむを得ない」として人間的な測量術や音楽およびそれらに類する諸技術諸知識を受け入れたように、ということ（六二B－C）。この「必要にして必然やむを得ない快楽」が何であるかはここでは明言されず、以下の擬人化された知識への問い合わせにおいて、真実で純粋な快楽に加えて彼らが受け入れを承諾する快楽として言及されることになるが（六三E）、「健康と節度を伴うもの」「徳につきしたがうもの」という簡単な言及のみで、詳しくは語られない。広く身体の受動変化に伴う混合的快楽と、人生の悲喜劇における魂の混合的快楽のうちで、そのような適度の限定をもつものということであろう。『国家』五五八D以下の「必要必然な欲求」を参照してもよいが、しかしそこで述べられる身体の自然的欲求は一つの類例であって、「どうしても切り捨てることができない」「有益な」という規定は身体的自然的欲求に限られるわけではない。

大の快楽や最も強烈な快楽もまたきみたちの同居人であることを、きみたちはなお必要としますか。」「どう
してまた、ソクラテス、そんな必要があるだろうか」と彼らはおそらく言うだろう、「その者たちはわれわ
れの住居である魂を狂気によってかき乱すことで、われわれにとって障害となるものを無数に持ち、そして
E そもそもの始めにわれわれが生成するのを許そうとせず、われわれから生まれる子供たちをも大抵は、無関
心ゆえの忘却を［われわれのうちに］作りこんで、まったく駄目にしてしまうものなのだ。いや、あなたが真
実で純粋だと言われた快楽を、われわれのほぼ身内と言ってよいものだとみなしてもらいたい。そしてそれ
らに加えては、健康と節度を伴うもの、そしてまた、あたかも神の従者のごとく、すべての徳の従者となっ
て、どこにでもつき従うかぎりのもの、それらの快楽を混ぜてくれたまえ。しかし、いやしくもできるかぎ
64 り立派で争いのない混合と調合を見届けて、その中で人間においても万有においても何が本来的に善である
のか、それの形姿自体をいかなるものとして予言すべきかを学ぶべく心がけたいと思う者が、いつだって無
分別やその他の害悪を連れて来る快楽を知性と混ぜ合わせるなんてことは、何というかたいへんな不合理だ
ろう」とね。今言われたその言葉は、知性が自分自身と記憶と正しい思いなしのために思慮深く、賢明に答
えたものだと、ぼくたちは主張するのではないだろうか。

プロタルコス　ええ、まったくそうです。

ソクラテス　だがさらにこのことだって必然で、それ以外のしかたで一つのものが生じることはけっして
ないだろう。

B **プロタルコス**　どういうことがですか。

ソクラテス　何にせよ、ぼくたちがそれに真実を混ぜ合わせなければ、そのものが真実に生成することも生じてあることもけっしてないだろう。

プロタルコス　どうしてそんなことがありえましょう。

ソクラテス　けっしてないのだ。だがもしこの混合にまだなお何か必要なものがあるなら、きみとピレボスが言ってくれればいい。ぼくとしては、ちょうど生きている身体を見事に支配することになる何か非物体的な秩序と同様、今のこの議論は十全に仕上げられているように見えるんでね。

プロタルコス　それなら私にもそのように思われているのだと言ってください、ソクラテス。

C ソクラテス　すると今はもうぼくたちは善の住居の玄関に立っていると言っても、おそらくは何らかの意味で正当な言い分だろうね。

プロタルコス　とにかく私にはそう思われます。

ソクラテス　さあではその混合において、何が一体、最も貴重であり、かつまたそのような状態がすべてのものに愛されるものとなっていることの原因であると、ぼくたちには思われるだろうか。というのはそのことを見たなら、そのつぎにぼくたちは、それがより多くの適合性と親近性をもって万有のなかにその位置を占めているのは、快楽に対してなのか知性に対してなのかを考察するだろうからね。

D プロタルコス　おっしゃるとおりです。そうするのが私たちの判定のために一番の得策ですから。

ソクラテス　そしてまたおよそあらゆる混合についてその原因を見て取ることは難しくはないのだ。その原因ゆえに、いかなる混合にせよ、すべてに値するものとなったり、あるいは何の価値もないものになったりするのだが。
プロタルコス　そうおっしゃるのはどういうことでしょうか。
ソクラテス　それを知らない人間はいないはずなんだがね。
プロタルコス　どんなことをですか。
ソクラテス　どんなものにせよ、またいかなるしかたであれ、尺度、および釣り合いの本性を得そこなっ
E た混合はすべて必然的に、混合される素材とともにまず第一に自分自身を滅ぼすのだよ。なぜならそれは混
合ですらなくて、真実には、何か混じり合わぬままに寄せ合わされただけのものであり、そのようなものは
その所有者にはいつだって本当に不幸なめぐり合わせ[1]ということになるのだからねえ。
プロタルコス　この上なく本当です。
ソクラテス　さあ今やぼくたちにとって善は美の本性のなかに逃げ込んでしまった。というのは適度〔尺度に適っていること〕と均斉〔釣り合いがとれていること〕はどこにおいても結局は美および徳になるのだから。
プロタルコス　ええ、そうです。
ソクラテス　そしてまた真実がだよ、その混合においてそれらと混ぜ合わされているとぼくたちは言っていたのだ。
プロタルコス　はい、確かに。
65 **ソクラテス**　したがってもし一つの形姿でもって善を捕獲できないのであれば、美と均斉と真実の三つを

用いて摑まえた上でこう言うことにしよう。それらを一つのものとして、それこそが、混合のうちにあるもの［が善きものであること］の原因だとみなすのがもっとも正当であるだろう、そしてそれが善としてあるがゆえにこそ、その混合はそのような善き混合になっているのだとね。

プロタルコス　ええ、しごく正当です。

B **ソクラテス**　それではもうすでに、プロタルコス、誰だってぼくたちのために十分な判定者になれるだろう。快楽と思慮について、両者のどちらが人間たちのあいだでもまた神々のあいだでも、最善なるものとより多く同族であり、より貴重なものであるのか。

プロタルコス　むろんそうです、でもしかし最後まで言論を尽くすほうがよいのです。

ソクラテス　それなら三者のそれぞれ一つずつについて、快楽と知性に目を向けながら判定するとしよう。それらの各々をより多く同族であるとして割り当てるのは［快楽と知性の］どちらになのかを見なければならないのだからね。

プロタルコス　美と真実と適度についておっしゃってるんですね。

C **ソクラテス**　そうだ。だが最初には真実を取り上げたまえ、プロタルコス。そして取り上げたら、知性と

（1）原語の *συμφορά* は *συμφέρω*（寄せ集める）の名詞形で、「寄せ集めること」が原意である。そこから「出来事、状況」、さらに「幸運、不運両方の出来事」の意味で使用されるが、いちばん普通の意味は「不幸、災厄」である。ここでは「寄せ合わされた」と訳した *συμπεφορημένη* との語呂合わせによって、原意の含みが強調されている。

(65) 真実と快楽とに目を向けて、ゆっくり時間をかけながら、真実とよりいっそう同族なのは快楽なのか、それ
とも知性なのかを、自分自身に答えるのだ。

プロタルコス　でもどうして時間をかける必要がありましょう。だって思うに、両者の違いは大きいので
す。というのも快楽のほうは、世間で言われているところでは、あらゆるもののうちで一番のほら吹きで、
性愛の営みにおける快楽の場合でも、そしてそれこそが最大の快楽だと思われているのですが、快楽はまる
D で子供みたいにほんの少しの分別も持っていないからというので、偽りの誓いでさえ神々から赦されている
というのです(1)。他方、知性は真実と同じものか、あるいはすべてのうちで最もよく類似していて最も真実な
ものなのです。

ソクラテス　それではそのつぎは適度について同じように、快楽が思慮よりも多くの適度を持っているの
か、それとも思慮が快楽よりもなのか考察したまえ。

プロタルコス　その考察にしてもまた簡単なのを提示されましたね。なぜって、およそ在るもののうちで
快楽と大はしゃぎ以上に適度を欠いた本性のものを見出す人はいないでしょうが、知性と知識以上に度に適
ったものもまた何一つ見出すことはないだろうと思うのです。

E **ソクラテス**　見事に言ってくれたね。しかしさらになお三つめを言ってくれたまえ。われわれにとって知
性は快楽の種族よりもっと多く美を分取していて、知性のほうが快楽よりも美しいのかね。それともその反
対なのかね。

プロタルコス　いえ、とにかく思慮と知性についてはですね、ソクラテス、夢であれ現であれ、それがど

こにどのようにしてであろうと、醜く生じることも醜くあることも醜くあるだろうことも、かつて誰一人見たこともなければ、考えたことも、金輪際けっしてないのです。(2)

ソクラテス　そのとおり。

プロタルコス　でも快楽はといえば、そしてそれも大体は最大の快楽についてですが、誰にせよそれらの
66 快楽に耽っているのを私たちが目にするとき、そこには滑稽なもの、あるいは何ものにもまして醜悪なものがつきまとっているのを見るのです。それで私たち自身、羞恥を覚えると共に、そういったことすべては、まるで光がそれらを見てはいけないかのように夜に振り当てることによって、できるだけ見られないようにして隠すのです。

ソクラテス　ではプロタルコス、いたるところに伝令を派遣し、傍らにいる者たちには告知して言うがいい。快楽は第一等の所有物でもまた第二等のそれですらなくて、第一等はどこか尺度のあたりに、つまり適度で時宜をえたものや、そういったものとみなさるべきものすべてのあたりに、恒常的に確保されてあるの

---

(1)『饗宴』一八三Bでも同様のことが言われている。「そしていちばんすごいのは、世の多くの人々が言っているのですが、[恋する者が]誓いをして、その誓いを破っても、彼にだけは神々からの赦しがあるということです。人々に言わせれば、もともと性愛での誓いなんてものは存在しないのですから、ね。」

(2) 原文では二七語からなるこの一つの文のなかに、一〇語の複合否定詞が使われていて、非常に強くてくどい否定文になっている。

(66) だとね。[1]

プロタルコス　今までの議論からすると、確かにそう思われます。

B ソクラテス　そして第二等はだね、均斉のとれた美しいものや完全無欠で十分なるものやまたその一族に属するかぎりのすべてのもののところにある。

プロタルコス　確かにそのようです。

ソクラテス　それなら第三等として、ぼくの予言によるとだよ、知性と思慮を置くならば、きみは真実から大きく逸脱することはないだろう。

プロタルコス　ええ、おそらく。

C ソクラテス　では第四等は、ぼくたちが魂それ自身に属するとしていたもの、すなわち知識や技術や正しい思いなしと呼ばれたものだが、それらが、いやしくも快楽よりはもっと善の同族であるのなら、先の三者につけ加わる第四番目のものではないのかね。[2]

プロタルコス　たぶんそうでしょう。

ソクラテス　そうすると第五等は、ぼくたちが苦痛の混じらないものと規定し、魂それ自体に帰属するものとして、純粋なと呼称した快楽、感覚に付随するものもあるが、種々の知識に付随するところの快楽がそれではないかね。[3]

プロタルコス　ええ、おそらく。

ソクラテス　「第六の世代で、神々の系譜を歌い継ぐのは終わりにせよ」とオルペウスは言ってるがね、どうやらぼくたちの話も第六の判定で終わりになっているらしい。(4) 実際、そのあとにぼくたちに残されているのは、まあ言ってみれば、これまで話されたことに仕上げを施すことだけなのだよ。 D

プロタルコス　それならそうしなければなりません。

ここでは明示的な言及すら必要ないということであろうか。

(1)「恒常的に確保されてある」という訳については、テキスト註（66A8）参照。

(2) テキスト註（66B8-C2）参照。

(3) テキスト註（66C5）参照。

(4) このオルペウスの言葉というのは、何か失われた神統譜の行文であったかと推察されるが、この箇所以外には知られておらず、プルタルコスの『デルポイのエプシロン』における引用はこの箇所からのものである。「ぼくたちの話も第六の判定で終わりになっているらしい」という言葉からは、六等になるものが示されるのかと期待されるが、ソクラテスはこれを明示せずに、「議論の仕上げ」に移ってしまう。（知性思慮と区別される）具体的な知識や技術の類はすべて四等に入れられたのだとすると、混合された生の中に入るものでまだ取り上げられていないのは、六二Eおよび六三Eで言及された「必然的な快楽」だけである。これが六等だとすると、その言及の際のかなりそっけない扱いがここでも続いていて、

ソクラテス　それではさあ、三度目は救い主ゼウスにご照覧あれ[1]と祈った上で、同じ議論を遂行するとしよう。

プロタルコス　どんな議論ですか。

ソクラテス　ピレボスは、われわれにとっての善とはすべての、そして十全欠けるところのない快楽であるとしていたのだ。

プロタルコス　ああソクラテス、どうやらさっきのお言葉は、始めからの議論を三度におよんでまた取り上げなければならないということだったのですね。

E **ソクラテス**　そうだ。だがそのあとを聴こうじゃないか。というのはだね、今詳しく述べたことを看取したものだから、そしてただピレボス一人のみならず、他にも幾万もの人々のものであるその説が癇に障ったものだから、ぼくは快楽よりも知性のほうが人間の生にとってははるかにすぐれた善きものだと言ったのだ。

プロタルコス　ええ、そうでした。

ソクラテス　だがすぐれた善きものは他にも多くあるのではと疑って、もし何かそれら両者よりも善きものが現われるなら、知性に味方して、二等賞を目指して快楽を相手に共に戦うだろう、そして快楽は二等賞さえ奪われるだろうと言ったのだ。

67 **プロタルコス**　ええ、確かにそうおっしゃいました。

ソクラテス　そしてそのあとでだよ、それらのどちらも十分なものでないことが、何にもましてこの上なく十分に、明らかになったのだ。

プロタルコス　本当におっしゃるとおりです。

ソクラテス　するとまったくの話、その議論において知性も快楽も、両者どちらもが、自足性を欠いているために、すなわち十分かつ完全無欠なるものの権能を欠いているために、まさに善であるということからは脱落してしまったのではないかね。

プロタルコス　まったくそのとおりです。

ソクラテス　だが他の第三のものがそれらのそれぞれよりも善きものとして明らかにされてみると、今やまた知性のほうが快楽よりも限りなく勝利者の形姿に親近で近接したものであることが判明したのだ。

プロタルコス　ええ、もちろん。

ソクラテス　そうすると、議論が今明らかにした判定によれば、快楽の勢力は五等賞ということになるだろう。

プロタルコス　そのようですね。

B ソクラテス　だが一等賞などということは、牛や馬や、他のあらゆる獣たちがことごとく悦楽を追い求め

(1) この表現は『カルミデス』一六七A、『国家』五八三B、『法律』六九二Aなどにも見られる。岩波版プラトン全集の『国家』(藤沢令夫訳)の当該箇所に付された訳註から引用すると、「宴席において、最初オリュンポスのゼウスと他の神々に、つぎに半神の英霊たちに、そして三番目に『救い主ゼウス』に捧げて酒を灌ぐのがしきたりであった。このことに由来する『三番目は救い主ゼウスに』という句は、プラトンにおいてしばしば、議論や説明が三番目の最も重要な段階にさしかかったときに引用される」ということである。

ることによってそれを主張するとしたって、とんでもない話なのだ。しかし世の多数がそれらを頼みにする有様ときたら、ちょうど卜占者たちが鳥どもに信を置くのとまるでご同様なのであって、われわれがよく生きるために最大の力をもつのは快楽だ、などという判定を下すのである。哲学のムーサのうちにあってその時々に予言を行なってきた言論に宿るエロースより[1]も、獣たちの愛欲(エロース)のほうがもっと権威ある証人だなどと考えているのだ。

プロタルコス　この上ない真実が、ええソクラテス、あなたによって語られたのだと、今はもう私たち誰もが言うのです。

ソクラテス　それならきみたちはぼくを放免してもくれるのだね。

プロタルコス　まだ少し残りがありますよ、ソクラテス。だってあなたのほうが私たちより先に投げ出したりすることはないでしょうし、残されている論題については私があなたに思い出させてあげますから。

(1)「哲学のムーサのうちにあって予言を行なう言論」は擬人化された言論で、哲学的問答法の精神を具現するもの(二三五D、五〇A、五一C、五三E、五九B参照)と解する。その「言論に宿るエロース」は、「言論のエロース」の「言論の」を主語的属格に読んで訳したもので、『饗宴』や『パイドロス』における「哲学的エロース」を想定すればよいと思われる。「ムーサ」は音楽・文芸の女神で九人いるが、『パイドロス』二五九C－Dでは、最年長のカリオペとウラニアとが愛知(哲学)の営みを司るムーサたちであるとされている。「哲学のムーサ(知を愛するムーサ)のうちにあって」というのは「哲学のムーサの霊感に捉えられて」「哲学的霊感によって」というほどの意味であろう。

補　註

A　ピレボス説とソクラテス説について

対話冒頭に提示されるピレボスとソクラテスそれぞれの言説ないし主張がどのようなものかをこの箇所だけから正確に理解することはむずかしい。彼らはこの『ピレボス』篇の対話が始まる前に互いの主張をぶつけあって何らかの論争を行なっていたのだが、ピレボスが議論の続行を拒否したので、プロタルコスがピレボスの立場を継承してソクラテスの対話相手となり、議論を続けることになる。対話はここから始まるのである。

一、ピレボスの快楽主義

ここで要約的に再説され、プロタルコスが受け継ぐことになるピレボスの主張は、(1)「悦ぶこと（嬉しい気持ちでいること）」や「快楽」や「愉悦」やそれらの「類（種族）」と協和するものが、(2)「すべての生き物」にとって、(3)「善である」というものである。そしてこの三点については対話の進行とともに、より詳しい情報なり輪郭なりが与えられることになる。

(1)「悦ぶこと」「快楽」「愉悦」およびそれらの類と協和するかぎりのもの、という言いかたは、これらが何らかの多様性を含む一つの「類（種族）」として理解されていることを示しており、ピレボスもそのことを彼なりの理解に従って容認していると思われる。そして以後の議論ではこの類を代表する呼称として「快楽（ヘードネー）」が用いられ、「快楽についての問題、すなわちその類が全体として歓迎され得るのかどうか（三二D）」といったような言いかたがされる。ピレボスはそのような快楽の類全体を多様性よりは同質性、共通性の方向で捉えて、類全体、つまりすべての快楽が善であると主張しているものと考えられる。二七Bの、快楽が「無限」の類に属するとする彼の言葉、「快楽は、数においても、また『もっと（多く）』ということでも、無限でなかったとしたら、まるごと全部が（あるいはどれもすべてが）善ではなかっただろうからなあ」にも同様の主張が認められるだろう。Bekker の校訂に従って、「全き善（まったくの善）ではなかっただろう」と読んでもその点の趣意は変わらない。つまりピレボスにとって、快楽が数において無限であるというのは、大きさ、強烈さの度合いにおいて、量的に無限に多様な快楽があるという意味であり、快楽の類には常にもっと大きくもっと強烈にという衝動がある。そこにはいかなる制限制約も認められないのであって、そのことが快楽を全き善にしているというのである。そこでソクラテスは快楽の類の多様性は質的な差異を含むとして、ここにピレボスの快楽主義を批判する最初の突破口を見出すのであるが、プロタルコスは「快楽は快楽であるかぎり、すべてが同一だ」とする主張を盾としてこれを斥けようとするのである。しかしそのように快楽の類が全体として善であるという場合の「善である」とはどういう意味だろうか。(3)を先に見ておこう。

(3)快楽が善であるとピレボスが主張する場合の「善」は、①「善の本性(善そのもの)」なのか、つまり善とは何かといえば、それは快楽にほかならず、善の意味内容と快楽のそれとは完全に一致するというのか、それともたんに②「善きもの」なのか。そしてその場合、②(a)快楽だけが「善きもの」であって、他にはいかなる「善きもの」も認めないというのだろうか、あるいは②(b)他にも「善きもの」はあるが、快楽が「完全な善」「最高善」であるというのだろうか。(②(c)「善きもの」は他にもあるが、快楽もそれと並ぶ一つの「善きもの」であるという場合は、そもそもピレボスとソクラテスの論争が成立しないから、問題外である。)

一九C以下でプロタルコスは、この対話が行なわれる会合は、「何が人間の所有物のうち最善のものなのか」を決めるために開かれ、ピレボスが快楽とそれに類するものがそれだとしたのに対して、ソクラテスは知性や知識などのほうが快楽よりももっと善いと主張したということを述べている。この「何が人間の所有物のうち最善のものなのか」という問題設定からすると、ピレボスは上記の②、そして知性や知識がいかなる善きものでもないなどとはまさか考えないだろうから、おそらくは②の(b)を主張したのであろうと思われるかもしれない。

ところが五五Bではソクラテスによって、「身体や他の多くのものには善きもの美しきものは何一つ存在せず、ただ魂のうちにのみ存在し、そしてその魂においてもただ快楽だけがそのような善きもの美しきものであって、勇気にせよ、節度にせよ、知性にせよ、あるいは魂の持分である他の善きものの何にせよ、何一つそのようなものではない、などということがどうして不合理でないだろうか」と言われるのである。この言葉からすると、驚くべきことにピレボスの主張は②の(a)であるかのようにソクラテスは受け止めているのである。

しかしさらに六〇A以下では、「快楽こそがあらゆるものにとっての善であり、善(善い)と快(快い)という二つの名前にしても、それらは何か一つのもの、すなわち一つの本性の上に置かれるのが正しい」というのがピレボスの主張だとされている。そして六六Dでも「ピレボスは、われわれにとって善とはすべての、そして十全欠けるところのない快楽のことだと主張している」と言われる。ピレボスの主張は①のそれなのである。あるいはむしろ、ソクラテスが「善も快も相互に異なる本性を持っている、だが善の定まった本性をより多く分け持つのは快楽よりも思慮である」と主張して、「善の本性（善そのもの）」と、知性や思慮や快楽を含むさまざまな「善きもの」を区別するのに対し、ピレボスにはそのような区別はないのである。①と②(b)の区別は彼にとっては意味がなく、ただただ快楽はすべてが善であり、快楽以外には善きものはなく、快楽と善とは同じものだというきわめて単純で極端な快善同一説を主張するのが彼の立場であると考えられる。このことはこの対話篇における彼の人物像、性格と関連づけて理解されねばならない問題である。解説一九八―二〇四頁参照。

(2) ソクラテスとピレボスとの対立は、一九C以下のプロタルコスの言葉によると「何が人間の所有物のうち最善のものなのか」という問題設定から始まったのであるが、冒頭のピレボス説の要点には「すべての生き物にとって」という句が付加されている。なぜ「われわれ人間にとって」ではなく「すべての生き物にとって」なのか。（「生き物」の原語の ζῷον は文字通りには「生き物」だが、通常は「動物」の意味である。本書では、人間を除く動物が指示されている、もしくは人間も含まれてよいが、主眼は人間以外の動物に置かれていると考えられる場合には「動物」と訳し、それ以外では「生き物」と訳す。『ティマイオス』七七A―Cで特段の説明とともに「生き物」であるとされる「植物」については、三五頁註（1）を参照。）

二〇C以下で善の三つの条件ないし資格といったものが列挙されるが、その一つの「それを知るものすべてによって選び取られる（αἱρετόν）」については、その「それを知るもの」は中性単数形で書かれ、人間（ἄνθρωπος 男性形）にかぎられてはいない。そして二二Bでは善が人間のみならず、植物や動物によって選び取られるべきものであることが明言されている。ピレボスの快楽主義の論拠の一つはすでに見たように、快楽にはいかなる制限も限度もないというある種の絶対性にあったと思われるが、ソクラテスはさらに、快楽がすべての生き物によって追求され選び取られるということの観察と解釈がその論拠であると考えているのである。そしてこのことは本篇最後の勝利宣言とも見られるソクラテスの言葉、「だが（快楽が）一等賞などということは、牛や馬や、他のあらゆる獣たちがことごとく悦楽を追い求めることによってそれを主張するとしたって、とんでもない話なのだ。しかし世の多数は――獣たちの愛欲を――もっと権威ある証人だと考えている」という言葉によっても明らかである。

なお、この「すべての生き物によって追求され、選び取られるがゆえに、快楽が善である」という快楽説は、アリストテレスの『ニコマコス倫理学』第十巻第二章（一一七二b九以下）で、エウドクソスの説として紹介されているものと同じか、あるいはきわめてよく類似している。さらにアリストテレスは、快楽は他のいかなる善に付加されても、それをいっそう望ましいものにする、というエウドクソスのまた別の論点について、おそらくは『ピレボス』二〇C以下の議論を念頭に置きながら、プラトンがそれを、快楽が本性的善ではないことの論拠として用いたと言っている。そこでエウドクソス説とピレボスの快楽説との関係、そしてさらにプラトンの本篇執筆の動機や意図との関係がさまざまに推測され、論じられることになる。ただし、六〇Aでは「すべての生き物にとって快楽こそが正しい目標であり、生き物はすべてそれを探し当てねばならない」というのがピレボスの主張であると言われており、ピレボスの快楽説は、当為や規範、すなわち行為と生きかたのあるべき姿についての主張であるが、アリストテレスによって報告されるエウドクソス説にはそのような主張は明示的には含まれていない。

二、ソクラテスの立場

ピレボスの快善同一説に対置されるソクラテスの主張については、それが知性や思慮の類を直ちに最善のものだとするのではなく、ただ「快楽よりはもっと善い」ということを述べる相対的な主張であることに注意しておく必要がある。ピレボスとソクラテス双方の主張を要約紹介したあと、プロタルコスとの対話を始めるにあたって、ソクラテスは、「人間の所有となるもののうち何が最善のものか」という問題が、富や名声や健康や容姿の美しさといった外的なものを排除した、「人間の生を幸福にする魂のありよう」についての問題に限定されていることを確認したあと、そのような魂の状態として快楽でも知性・思慮でもない第三のものが現われる可能性と、その場合の快楽と知性・思慮との相対的優位の争い（二等賞争い）について、早くもこの時点で言及している。そして二〇B以下で、例によってソクラテスは夢か何かで聞いた或る議論を今思い出したと言い、その議論によって快楽も知性・思慮も善ではないことが明らかにされることになる。プロタルコスは、快楽は優勝の栄誉を拒否されて打ち倒されたのに対し、知性が優勝争いに名乗りをあげなかった、つまり最高善であるとか本性的に善と同一だなどと主張しなかったのは賢明だったというのであるが、ソクラテスは当初からそれを承知していたということである。

B　ヘクシスとディアテシスについて

「性状」と訳した「ヘクシス（ἕξις）」と、「状態」と訳した「ディアテシス（διάθεσις）」は一一D三では特に区別なく並べられており、三二E－三三Aではまったく互換的に用いられている。四八Aでは喜劇を観る場合の魂における快苦の混合状態についてディアテシスが、愚鈍や害悪という性状についてヘクシスが用いられているが、六二B、六四Cのディアテシスは魂の知的活動や最善の状態について用いられている。したがって、アリストテレスの『カテゴリアイ』八b二五以下における両者の区別に引き付けたBuryのコメント（ἕξις differs from διάθεσις as 'enduring state' from 'transient condition' — ἕξις being more properly applicable to the intellectual, διάθεσις to the sensual）は適切ではない。

C　ソクラテスとプロタルコスの最初の攻防について（一二B－一四B）

一二Bからの議論において、快楽は類として一つであるけれども、そこに包括される快楽には（特に善悪において）多くの差異があり、相互に反対のものもあるから、類全体を善という別の名前で呼ぶことは間違いだとするソクラテスに対して、プロタルコスは、快楽を生む事柄と快楽そのものを区別し、快楽を生む事柄には差異や反対性があるかもしれないが、快楽それ自身は同一であり、その同一性においてすべての快楽が善と呼ばれるべきだと主張しているものと考えられる。

この「快楽それ自身」をプロタルコスがどういうかたちで考えているのかは明確ではない。たとえば「楽しいこと」から「快感」といったものを切り離して考えているのかどうかについては、この区別を持ち出す註釈者のコメントにも拘わらず、テキストには何も言われていない。実際、そのような区別はそれほど自明のものではないし、ギリシア語には特定的にそれに対応する言葉もない。もしそのように快感を切り離したとしても、快感だからすべて同質で量的差異しかないと考えることはそう容易ではないだろう。旨い酒を飲んでいるときの快感と、面白い小説を読み耽っているときの快感と、難解な、しかし真正の哲学書を少しずつ読み進めていくときの快感と、恋する人を抱擁する快感とを比べて、快感としては皆同じだと言える人はそう多くはないだろう。だがしかし、快楽を生む事柄から区別される快楽そのものを「快感」というかたちで考えてはいないからといって、プロタルコスがただ「快楽」と言う名前の同一性だけに依拠して、快楽は快楽であるかぎり差異も反対性もないということを主張しているとも思われない。何らかの意味で、すべての快楽が同質性、共通性を持つと想定しているものと思われる。

ところが、そのように「快楽と快楽は異なるものではなく、すべては相似たものだ」と言うことは、「いちばん似ていないものはいちばん似ていないものに何よりもいちばんよく似ている」と言うのと同じことだとソクラテスは言うのである。またそれは色と形について指摘されたことの類例性を無視するものであり、低劣で言論に稚拙な者たちと同じ言辞を弄するものだとも言われている。ソクラテスは一体、何を言おうとしているのだろうか。

まずここで色と形がどういう意味で類例であり、どういう意味で無視されたのかについて考えておく必要がある。Hackforth の説明では、プロタルコスは快楽の源泉となる事柄から快感を切り離そうとしており、この主張は心理学に裁定を要請すべき性質のものであるが、ソクラテスはここで心理学的な検査に向かうことはせず、プロタルコスの主張が「論理的」な誤り、すなわち類的一と種的一とを混同するという誤りを犯しているということを、色と形を取り上げて指摘しているのだとされる。また D. Frede は、プロタルコスが快楽に量的な差異しか認めないのに対して、ソクラテスは善悪を含む質的な差異を認めていて、この点に両者の対立点があるのだが、この時点ではその問題をまず「形而上学的な」観点から取り上げて、プロタルコスに対し、類的一は多様性と背反するものではないことを指摘しているのだとしている。しかし、プロタルコスは明らかに、類的一が多様性を含むというその指摘を受け入れ、相互に反対的な快楽が見出される可能性も認めようとしたのである。彼がソクラテスに反対するのは、ただ快楽が善という点で差異や反対性を持つ、つまり善悪の区別を持つということに対してなのである。そしてソクラテスについても、類は相反する部分を含むゆえに、その全体をその類以外の名前で呼んでは(記述しては)ならないというような誤った一般的主張を提示していると解されてはならないだろう。(人間の類には男と女、大人と子供、支配者と被支配者、善人と悪人などさまざまな差異が含まれているが、「生き物」とか「言語能力がある」とかの「人間」以外の記述が適用できる。)明確なのは、ソクラテスは、快楽には善き快楽も悪しき快楽もあるという自分の認識に基づいて、快楽すべてを善と呼んではならないと主張しているということである。ソクラテスがこの段階で、プロタルコスの主張に対して、類的形相と種的形相についての論理的もしくは形而上学的な認識不足があることを指摘することによって、問題を解決しようとしているとは訳者には思われない。

もう一度二人のやりとりを以下のように整理してみよう。

①ソクラテス……快楽はただ名前を聞いているぶんには一つだが、多様で、相互に似ていない。(一二B四―一二D六)

②プロタルコス……快楽を生むものごとは多様で相互に反対だが、快楽は一つである。(一二D七―一二E二)

③ソクラテス……色と形も、快楽と同様、類においては

全体が一つだが、部分相互は反対であったり甚大な差異があったりする。正反対のものを一つにしてしまうようなことをしてはいけない。快楽にも善悪において正反対のものがあるので、それをすべて善だとしてはいけない。(一二E三―一三B五)

④プロタルコス……快楽は全体がその同一性において善であるから、善悪に関して反対のものがあるとか差異があるとかいうことは認められない。(一三B六―一三C五)

ソクラテスはただたんに類的一が多様性と背反しないことを指摘して、多様性を認めるように要求しているのではなく、その多様性の中身をよく見て、そこに善悪の差異があることを確認する方向に向かうべきことを主張するのに対し、プロタルコスは同一性、共通性の方向へ視点を押し戻そうとするのである。色や形への言及が類例となるのは、類として一つであることはその多様性と矛盾しないということを示すことによるのではない。白と黒が同じ色でありながらまさに正反対のものであることを知らねばならない、その類の一と多の、多のほうに目を向けて、その多様性の中身を知らねばならない、反対性や差異性の事実をよく観察して、安易に一なるものとして扱うことのないようにしなければならないという、その方向性においてである。しかしプロタルコスはそれを拒否し、快楽は快楽であるかぎり、差異性も反対性もないとする立場に引きこもるという逆方向の動きを見せるのである。二人の主張は平行線のままであり、ピレボスの快楽説を引き継いだプロタルコスとしては、鋭く危険を嗅ぎ取ってよく防御したのである。

そこで、そのように快楽の多様性の実態をまず注視することを拒否して、ただ快楽の類の同質性を十分な反省なしに想定し、その同一性に固執することは、言論に未熟な者のただ言葉を玩ぶだけの振舞いであり、名辞の同一性だけを頼りにするものでしかない、とソクラテスは揶揄するのである。「いちばん似ていないものはいちばん似ていないものに何よりもよく似ていると言えば、きみと同じことを言うことになるだろう」というソクラテスの言葉には、ソクラテスの見解では互いに正反対の快楽があって、それらはこの上なく似ていないもの同士なのだが、プロタルコスはただ名目の一致だけにすがって、事実を見ることを拒否することによって、それらをこの上なく似ていると主張しているのだという含みがあるかもしれない。

このあとソクラテスは巧妙に、一見、同等の歩み寄りに思われる妥協案を提示し、プロタルコスはそれに乗って、「快楽は数多く、かつ相似ていない、知識は数多く、かつ差異あり」という前提のもとで以後の対話による論究を開始することに同意するのである。ピレボスからプロタルコスへの快楽説の引継ぎという設定は、まず第一にはこのことを狙いとするものであったと言えるだろう。

D　一と多についての驚くべき事柄について（一四C一―一五A七）

(1)「多なるものが一であり、一なるものが多である」ということが口に出して言われると、その言表は(a)驚くべきものであり、それに異議を唱えることは(b)容易である。それはあらゆる人間に(c)面倒をかけるものであるが、その言表が一二Cからの二人の議論の中に跳び込んで来たとソクラテスは言う（一四C一―一〇）。(2)そこでプロタルコスは一なるものが多であることを主張する一つの議論(A)を提示し、ソクラテスの言うのはそれのことかと尋ねる。ソクラテスは、それは「一と多についての驚くべき事柄」のうち、通俗的でもはや手を触れるべきものではないことが万人によって認められている議論だと言い、もう一つの議論(B)を取り上げて、これもやはり同様のものだと指摘する（C一一―E四）。(3)それならソクラテスの言う、まだ承認されず、周知されてもいない論とはどういうものかをプロタルコスが尋ねると、ソクラテスは、ＡＢは共に生成消滅する事物を一なるものとして、それの多を論ずるのだが、自分が言うのは、一なるものを生成消滅する事物のうちに置かない場合、つまり生成消滅する性格のものではない「一」についての論(C)だと言う（E五―一五A七）。

まずプロタルコスが提示したAの議論は、『ソピステス』二五一A八―B三において、エレアからの客人が「われわれはどのようにして同一のものをそのつど多くの名前（形容）で呼ぶのか」という問いへの説明として、一人の人間が同時に肌の色や姿形や大きさや徳性などの点で無数の性質を持つことによってであると述べているのと同様のものである。プロタルコスの議論Aでは、「同一人が大にして小、重にして軽、その他無数の形容を持っている」として反対的な性質の組が特に挙げられているからまったく同じではないけれども、しかし要は一人の人間が多くの性質を持っていることを指摘して多なるものであるとするのである。また『ソピステス』ではその説明のあと、そのようにして一が多であると論じることに対して、「一が多であったり、多が一であったりすることは不可能だ」と反論する「晩学の者たち」のことが言及され、そのような反論は誰にでもすぐにできることだと軽蔑的に言われている。エレアの客人は自分の行なった「一が多である」ことの説明をごく平明な当たり前のこととしていて、それに反論するほうがおかしいと考えていることは明らかである。（なお、『ソピステス』のこの箇所は、エイドス相互の結合関係の可能性を確立し、メギスタ・ゲネーと呼ばれる五つの形相についてその結合関係を調べる議論の導入として、すでに問題なく認められている感覚物（一人の人間）の一と多の問題を取り上げたのであって、そこから非感覚的な形相における一と多の問題へと移行する点も『パルメニデス』と同様である。）

あるいは反対的な性質という点では、『パイドン』一〇二A—一〇三C九において、シミアスが大と小の相反する性格を同時に持ち、大きいとも小さいとも呼ばれるという事態が取り上げられ、事物がイデア（形相）を分有することによって持つ性質とイデア自体との区別によって、それが説明されていることも想起されてよいだろう。ここでは一〇三A四以下で、この区別が新規の、そして重要な区別であることを読者に注意するためのエピソードが添えられていて、「一なるものが多である」という驚くべき事態が、実は別に驚くべきことでも何でもないということは特に明言されてはいないが、しかしそのような事態が説明されて、了解されるということ自体がそのような含みを持つと考えられる。

イデア論によるイデア自体と事物の性質との区別を導入することによって、事物の「一が多であり、多が一である」ことの主張が驚くべきものでも何でもないことが明言されるのは『パルメニデス』一二八E五—一三〇A二においてである。そしてこの箇所で若いソクラテスが、「何ら驚くべきことでもなく、誰もが同意するであろうこと」として例示するのが、『ピレボス』のソクラテスが紹介する議論(B)と同じ、身体の部分の多を指摘する議論である。

したがって議論Aと議論Bは、(a)一と多についての驚くべき事柄を主張するものではあるが、(b)それに手を触れるのは幼稚で安直（容易）であり、(c)言論にとってひどく障害となるものであって、すでに周知のものである（一四D四—八）、というソクラテスの指摘は、上記の諸箇所において、とりわけ『パルメニデス』との比較において問題なく了解することができる。すなわちソクラテスは、議論A、Bにおける一と多の言表は、言表として驚くべき事柄ではあるが、実際には驚くべきものでも、いちいち異議を唱えるべきものでもないと言っているのである。（D. Frede は、個物における一と多の問題は、『パイドン』と『国家』（五二三C—五二五A）と『ソピステス』では「真面目に（seriously）」に取り上げられているが、『パルメニデス』では虚偽の問題として扱われていると註記している。訳者には意味不明のコメントである。Gosling が、議論Aの事態は、『国家』においてはパズルとして取り上げられているのではないと言うのも、やはりよくわからない。）

他方、(1)一四C一—一〇において、ソクラテスが、(a)驚くべきものであり、(b)容易に異議を唱えることができて、(c)あらゆる人間に面倒をかけると言っていた、「一が多であり、多が一である」ことの言表は元々、議論Cのそれであった。議論Cについて、この(a)(b)(c)がそれぞれどういうことかは、一五A八以下の記述において見出されなければならない。補註E参照。

E　恒常不変の「一」に関する異論について（一五B一―八）

生成消滅する事物のうちにあるのではない「一」について、一と多の言表がどういうしかたで主張されるものなのか（議論C）は明示されておらず、それに対する異論から推定されるしかない。その異論は、底本の句読法に従えば三点ある。(1)「人間」「牛」「美」「善」といった「一（モナス）」が存在するのかどうか、(2)それらの「一」は恒常不変で生成も消滅も受け入れないのだが、それがそのように確固として一であるのはいかにしてか、(3)（確固として一でありながら）それが生成する無数の事物において多に分かれるのはいかにしてなのか、の三点である。

このうち(1)と(3)はそれぞれ、『パルメニデス』一三〇B―Eおよび一三一A―Eにそれらとのきわめて類似した対応が見出される。若きソクラテスがイデアの導入によって、生成消滅する事物における一と多が何ら驚くべきものではないことを述べたあと、老パルメニデスがそのイデア論の基礎的主張であるイデアの定立と事物によるその分有についての吟味を開始する。そして『ピレボス』におけると同様、まず取り上げられるのが(1)の問題であり、続いて一なるイデアが多数の事物によって分有されることはいかにして可能かという(3)の問題が取り上げられる。(1)については、イデアを措定する範囲を問われて、ソクラテスは、「類似」と「不類似」、「一」と「多」、「静」と「動」といったものに加えて、「美」や「善」のイデアの存在は強く肯定し、「人間」のイデアについては疑念を表明する（そして「牛」は言及されない）といった相違はあるが、問題そのものの対応は明白であろう。さらに(3)については、イデアが多数事物によって分有される場合、それは(a)イデアが「自分から別れて」その全体が個々の事物に内在するのか、それとも(b)部分に切り分けられて、その部分が事物に内在するのかという二者択一が提示されている。大体のことを言えば、『ピレボス』の一五B五―七における、「生成する無限なるものの中でばらばらに引き裂かれて、多なるものになったにせよ」という選択肢が(b)に、「そのもの自身が全体として自分自身から切り離されたにせよ」という選択肢が(a)に対応する。『パルメニデス』ではイデアの超越と分有の概念が故意に歪曲され、即物的に解釈されて、(a)(b)が厳格な二者択一として提起されているのに対し、『ピレボス』では判断を留保する意味合いが濃厚であるように思われるが、とにかく大筋において、『パルメニデス』の議論と(3)との対応も明白である。したがって一五B一－八において、恒常不変の「一」が一でありつつ、いかにして分有によって生成のうちで多となるのかという問題が提起されていることは明らかであろう。

そこで(2)であるが、分有によって感覚的事物のうちで多となることからは切り離して、「一」が確固として一であることをそれだけで問題とする場合、それがどのような意味で問題とされるのかは判然としない。パルメニデスによるイデア論論駁の議論の中に、これに対応するものを見出そうとして、過去に候補として提案されたのは、一三三B以下の、それぞれの形相を事物から切り離して「それ自体で在る」と措定するなら、形相はわれわれにとって不可知なものとなるという議論であるが、(2)との類似や対応は微弱で、また超越者の不可知性の問題が『ピレボス』のこの箇所に導入されなければならない事情も理解しがたい。Archer-Hind や Friedlander は多くのイデア自身がいかにして全体としての一性、組織的統一を持ち得るかという問題であると解釈したが、Hackforth は(2)の「生成消滅を受け入れない」という文言はイデアの個物への内在に関連して言われているという、論点を先取りしたような理由でこれを斥け、Gosling も Hackforth を支持している。また Gosling は、『パルメニデス』第二部や『ソピステス』のエイドスの結合関係の問題の解釈によって、「一（モナス）はいかにして一であり得るか」という問題の意味を解明しようとする Anscombe の論文を紹介し、その哲学的論考の鋭さを評価しながら、訳者にはよく意味のわからない対応によって（おそらく、Anscombe の論考は興味深いが、彼女は Burnet の問題あるテキストを前提として議論しているというようなことだと思うが）、それを斥けている。

訳者は『ピレボス』のこの箇所には、『パルメニデス』および『ソピステス』との相当強い対応関係が認められると思うので、一と多の驚くべき結合を、生成する事物の一について主張することが、何ら驚くべきことではないと斥けられたあとに、形相そのものの相互関係における一と多の問題が指摘されることは、当然期待されることであり、Archer-Hind や Anscombe の解釈には首肯すべきものがあると考える。また Guthrie は、この二番目の問題もやはり『パルメニデス』（ただし第二部）で扱われているもので（一四二B－C）、「一」が在るのなら、それはまた直ちに「存在」でもあって、すでに「一」と「存在」の二者を含むのだから、どうしてなお「一」であり得るのかという問題であると解釈している。しかしどのような解釈が提案されようと、「恒常不変で生成消滅を受け入れない「一」が確固として一であるのはいかにしてか」という僅かな行文の解釈としては、あまりに多くのものを持ち込んでいるとか、イデア相互の分有関係が考えられているのなら、プラトンはもっとはっきりとそれを表明できたはずだとか、色々な難点が感じられるのは当然であろう。そこでこの行文の機能は生成における多との対比に限定して、問題は二つとする解釈が大勢になっているのだと思われる。この箇所で提起された一と多に関する異論がどのように解決ないし処理され、以降の論究に繋がっていくのかが重要だという観点からすれば、ここはなるべくすっきりしたかたちで理解しておくほうがよいとも考えられる。

しかし本筋の論究を離れて、別の考慮からプラトンが何らかの言及や示唆を滑り込ませるということもあり得ないことではないし、解釈によっては以降の議論とさらに適合してもっと十全な読みに繋がる可能性もないとは言えないし、疑問符で区切られていても、二問題論者が後続の文との対比的結合だけにおいてその文を理解することが禁止されるわけでもないので、読者の読みの可能性を狭めるよりはオープンにしておくためにも、底本に従って、三つに区切って読むのが適切であると訳者は考える。

さてそこで、生成消滅のうちに置かれない「一」についての一と多の言表とそれに対する異論について振り返っておくと、これは一なる形相が、少なくとも、あるいは特に、生成消滅する事物において多に別れるという場合の「一が多であり、多が一である」という言表であり、恒常不変の一が一でありつつ多であるというのだから、(a)驚くべき言表であり、『パルメニデス』でパルメニデスがソクラテスに対して示して見せたように、(b)異論を唱えることは容易である。(『パルメニデス』では、パルメニデスという大人物が、一三五A－Cの結語に見られるような洞察と、若きソクラテスへの教育的意図とをもって、これを行なうのであるが、こういった異論を喋々と論じたてる者が『パルメニデス』執筆以前にも以後にも多くいたであろうことは容易に想像できる。)そしてそれについて正しい理解と同意が得られるかどうかが論究の成否の鍵であるとされ、以降の対話において、それが(c)あらゆる人間に面倒をかけるものであることの実情とそこからの救済策が提示されることになる。解説二一七－二三〇頁参照。

F　充足への欲求はいかにして生じるか

そもそも三四Cから三五Dにかけての欲求に関する議論はあまりよく整理されておらず、わかりにくい。先行箇所において「感覚」「記憶」「想起」について規定したのは「魂が身体とは離れて持つ快楽と、そして欲求をできるかぎり明瞭に把握するためだ」と言われて、やや唐突に「欲求」が導入され、「欲求とは何であり、どこに生ずるのか」を明らかにしなければならないと言われる。その定義は「困難だけれども行なわねばならない」と言われるが、「感覚」「記憶」「想起」の場合のような簡潔明瞭な規定はなされないで、「欲求とは何か」に対する答えはどうやら「われわれのうち空っぽの状態にある者は現にこうむっている状態と反対のものを欲求する、つまり空っぽなので充足されることを希求する」という行文において与えられ、「どこに生ずるか」は「魂が記憶によって充足に思い至る」「身体に欲求が生じるということをこの議論は否定している」といった行文で答えられているようである。そしてこの欲求に関する一連の議論の結論、目的は、「あらゆる動物のすべての衝動と欲求、すなわちその行動原理（初動）は魂に帰属する」ことを明らかにするところにあると言われるのである。

そこでまず確認しておきたいのは、「充足に思い至る」というのは「充足を欲求する」というのと同じ事態を言っているということである。（ἐφάπτεσθαι は「探って摑む、摑み取る」といった意味の語で、ここで「充足を摑み取る」というのは「充足という観念を把握する」ということ。）つまり充足を記憶していることによって、充足という観念が対象化され、それを欲求するのが欲求であると考えられている。したがって、初めて欠如状態を経験するときにはいまだ充足が経験されてはいないから、充足を対象化することがなく、欲求は生じない。ただ身体が欠如の状態に置かれるだけで、そこには欲求は生じないのである。しかしむろん身体の自然的変化として欠如があれば、また充足も生じるのであり、これが魂によって感覚され記憶されると、以後それが想起されて欲求が生じるのである。つまりこの箇所では、先に提示された快苦の二種類の区別、すなわち身体の自然状態の崩壊と回復過程に伴って生成する快苦と、魂が身体を離れて快苦の生成を予期することによって魂自身において生成する快苦との区別が前提されていて、「初めて空っぽになる者は充足に思いを致すことがない」というのは身体の自然的変化のレベルにおいて考えられており、その自然的変化を感覚と記憶によって経験化して初めて、魂は身体に依存することなく欲求し、さまざまな行為への衝動を抱いて、魂自身に属するさまざまな快苦を持つことになる。身体の自然的変化をまず経験してしかるのちに、というこの段階的区別が明示されていないことが矛盾の印象を与える原因である。

なお、この欲求の分析、およびそれを通じて、魂が身体に依存せずにそれ自身で持つ快苦の生成根拠を確認しようとするこの一連の議論においては、前提となる「記憶」と「想起」は通常の経験論的な概念として導入されていることに注意する必要がある。すなわち魂が身体の状態変化において一緒に動かされる場合の動きが「感覚」であり、この感覚の保全が「記憶」であり、この記憶を魂が自分だけで再把握するのが「想起」だと規定されているのである。この箇所で魂の不死性や超越的実在と相即する「想起説」を問題にする必要はない。

G 「かの人」（三六D六―七）とは誰のことか

「かの人の息子」の「かの人」が誰を指すのかについては、主として、(1)「かの人 *ἐκεῖνος ὁ ἀνήρ*」という言いかたは物故者であったりしてその場にいない人のことを敬意を込めていう言いかた（Badham）だとして、一九B五でプロタルコスは「カリアスの息子（*παῖς*）」と呼ばれているから、そのプロタルコスの父カリアスを指すとするもの、(2)ピレボスがプロタルコスたちを「子供（*παῖς*）たち」と呼んでおり（一六B四―五）、プロタルコスがピレボスの「言説の継承者」であるところからピレボスを指すとするもの、という二通りの解釈がある。訳者はStallbaum, Adam, Apeltらの(2)の解釈を採る。

『国家』三六八Aでも「かの人の息子たちよ」という呼びかけがアデイマントスとグラウコンについて用いられており、そこでも彼らがある意味でトラシュマコスの言説の継承者だとしてトラシュマコスを指すとする解釈があるが、しかしこれはむしろ『ピレボス』のこの箇所の(2)の解釈に強引に引き寄せた解釈であって、『国家』のその箇所ではアリストンを指すとするのが明らかに自然な正しい読みである。そこでTaylorはそのことを逆に援用して、ここでもプロタルコスの父カリアスが考えられているのであって、このカリアスは当然顕著に記憶される人物であり、前四三一年にポテイダイアで戦没した将軍でゼノンの弟子であったと伝えられるカリアスだったかもしれないなどと想像を逞しくしている。そしてTaylorの訳の編者であるKlibanskyは(2)の解釈を採るHackforthを斥けてTaylorの解釈のほうが自然であるとして、すでにプロタルコスは「カリアスの息子よ」と呼びかけられていることを論拠としてつけ加え、「かの人の息子よ」という呼びかけは悲劇における表現をもじったものではないかと推測している。Taylor-Klibanskyの解釈の要点は、「かの人の息子よ」という表現はその場に居ない尊敬さるべき人物に対するものでピレボスには当たらないということに尽きるのであるが、しかしそのような表現を揶揄その他の意味合いを込めて他のしかたで用いるということも可能なのである。また一九Bで「カリアスの息子よ」という呼びかけがやや唐突に用いられた理由についても考えなければならない。むろんプロタルコスの父はカリアスであっただろう。そしてそこでソクラテスがそのような呼びかけをしたのは、プロタルコスがソクラテスの「美しき言論への途」についての長い例示説明の意図ないし帰結について見事な理解を示したからである。その場合、なぜ「カリアスの」なのかといえば、それはカリアスが立派なすぐれた人物で、「さすがにその息子だね」といった意味であるとも取れるが、カリアスというその名前がまさに美（カロス 立派さ、見事さ）を連想させるからだとも取れる。プロタルコスの応答が見事であったので、「プルタルコス、お見事！」といった意味合いで言われているとも取れるのである。（訳者はそのように解して、「美しきカリアスの子よ」と訳した。）つまりここだけではカリアスが著名な尊敬すべき人物であったという証拠にはならない。

むしろ解釈にあたって肝心なのはソクラテスとプロタルコスの対話そのものの脈絡に重点を置くということである。『国家』では、「アリストンの息子たちよ」という言いかたがなされる文脈上の連関ははっきりと理解できる。そして『ピレボス』のこの箇所では、「だがそれはこれまでなされてきた議論にうまく関係するのかどうか」ということが言われ、それは先にピレボスが執拗に言い立てていたことであるから、そのピレボスへの揶揄を込めて、「かの御仁のご子息よ」という呼びかけがなされているとするのが自然な解釈である。Bury が「かの人の教え子よ」という意味でゴルギアスだとも考えられるなどというのも頷けない。ここでプロタルコスに「かのゴルギアスの弟子よ」などと呼びかけるのは文脈上まったく唐突、無関係という以外の何物でもないからである。

H　虚偽の快楽（三七A－四四A）

虚偽の快楽もしくは快楽における虚偽についての議論は明示的には三つ提示される。一つめは(a)虚偽の思いなしとの類比による議論（三七A－四一A）であり、二つめは(b)快苦の大小を認知しようとする際の過誤による議論（四一A－四二C）であり、三つめは(c)苦痛の休止でしかないものを快楽とみなす過誤についての議論（四二C－四四A）である。

(a)快楽に真偽の区別などないとする強固な通念に対する最初の、そして最も入念で長い議論がどういう議論であり、それは妥当な議論なのかどうかが解釈者たちの間で盛んに論じられてきたが、この精粗さまざまな論説の飛び交う戦場自体を考察する余裕も意欲も訳者にはないので、基本的な問題点と訳者にとって適切だと思われる読みの方向を示すだけに留めたい。

プロタルコスによって主張される世間一般の通念は、夢であれ現であれ、また狂気のときも錯乱状態のときも、「悦んでいるように思われるけれどもけっして悦んではいない」などということはあり得ないとするものである。これは快楽を享受する人にとって快楽の享受は直接的で疑いの余地がないという想定、あるいはそれがはっきりと自覚的に享受されるのでなければ、快楽とは言えない、といったような通念によるものと思われる。現代の心理学はわれわれに意識されない苦痛とそこから派生する深刻な心の病と、したがって無意識の快楽の大切さを色々と教えてくれるけれども、一般の快楽主義的通念にとっては、快楽の享受はそれがどういう事柄についてどのようにして生起するにせよ、快楽として明確に享受されているということが決定的に重要であり、そのような快楽に虚偽はないと考えられるのである。そこでソクラテスはその快楽の享受という事実自体には手をつけないで、思いなしの真偽との類比によって、その現に享受されている快楽に真偽の別があることを論じようとする。

三七Aから始まるこの議論は、思いなしとの類比がスムーズに進行して、快楽と苦痛にも「悪い」とか「正しい」など色々な形容が付加され得ること、そして快楽を生む当の事柄について快楽が的外れの過誤を犯す場合には、「正しい」とか「有用な」とかいった形容を付加することはできないという地点までプロタルコスの同意を引き出した段階で、ソクラテスが「そしてまた快楽はしばしば正しい思いなしではなく、虚偽［の思いなし］を伴ってわれわれのところに生じる」ということを口にしたのに対し、プロタルコスが、その場合、思いなしについてはそれを「虚偽の」と形容するが、快楽そのものを「虚偽の」と呼んだりはしないと応答したのをきっかけに、「正しい思いなしと知識を伴った快楽と、虚偽と無知を伴って生じる快楽との違い」を観察するための議論（三七E一〇－四〇C三）が開始されるのである。そしてこの議論は「すると今の議論によれば、人々の魂のうちには虚偽の快楽が存在するのだ」という結論をもって終わる完結した議論であるように見え、その後は三七Eで中断した議論が再開されて、思いなしとの類比による議論に簡単な仕上げが施される。そこでまず三七A－三七Eまでを四〇C以下に繋げて読んでみると、「思いなし」は①或る何事かについて②何らかの思いなしを思いなすのであるが、快楽も①或る何事かについて②何らかの快楽を快楽する。そして両方の場合に、思いなすということ、快楽するということは厳然としてあり、そこに思いなされている思いなしも快楽されている快楽も厳然としてある。だが「思いなし」は、それが過去現在未来の事実について事実通りに思いなされたかどうかによって、正しい思いなしと間違った思いなしに区別される。思いなしについて観察されるその同じ区別、対になる状態が快楽の場合にも認められるべきだ、すなわち「どんなにいい加減にでも、とにかくそもそも悦んでいる人にとってはいつだって、悦んでいるということが本当にあったのだが、しかしそれは現にあるものにも過去にあったものにも基かないことが

郵 便 は が き

料金受取人払

左京局
承認
1159

(差出有効期限
平 成 1 9 年
2月14日まで)

606-8790

(受取人)

京都市左京区吉田河原町15-9　京大会館内

京都大学学術出版会
読者カード係 行

▶ご購入申込書

書　　名	定　価	冊　数
		冊
		冊

1．下記書店での受け取りを希望する。

都道　　　　市区　　店
府県　　　　町　　　名

2．直接裏面住所へ届けて下さい。

お支払い方法：郵便振替／代引　　公費書類(　　　)通　宛名：

送料　税込ご注文合計額３千円未満：200円／３千円以上６千円未満：300円／６千円以上１万円未満：400円／１万円以上：無料
代引の場合は金額にかかわらず一律210円

京都大学学術出版会
TEL 075-761-6182　学内内線2589 / FAX 075-761-6190または7193
URL http://www.kyoto-up.gr.jp/　E-MAIL sales@kyoto-up.gr.jp

お手数ですがお買い上げいただいた本のタイトルをお書き下さい。

（書 名）

■本書についてのご感想・ご質問、その他ご意見など、ご自由にお書き下さい。

■お名前

（　　歳）

■ご住所

〒

■ご職業

■ご勤務先・学校名

■所属学会・研究団体

■ E- MAIL

●ご購入の動機

A. 店頭で現物をみて　B. 新聞・雑誌広告（紙誌名　　　　）

C. メルマガ・ML（　　　　）

D. 小会図書目録　E. 小会からの新刊案内（DM）

F. 書評（　　　　）

G. 人にすすめられた　H. テキスト　I. その他

●日常的に参考にされている専門書（含 欧文書）の情報媒体は何ですか。

●ご購入書店名

都道府県　　市区町　　店名

※ご購読ありがとうございます。このカードは小会の図書およびブックフェア等催事ご案内のお届けのほか、広告・編集上の資料とさせていただきます。お手数ですがご記入の上、切手を貼らずにご投函下さい。

各種案内の受け取りを希望されない方は右に○印をおつけ下さい。　　案内不要

西洋古典叢書
第Ⅲ期＊第12回配本

月報 58

2005年6月
京都大学学術出版会

ピレボスの快楽主義、その「極道」性

荻原　理

プラトンの『ピレボス』は、近年逝去した二人の重要な哲学者、ドイツのH-G・ガダマー（一九〇〇―二〇〇二年）とアメリカのD・デイヴィドソン（一九一七―二〇〇三年）のそれぞれが哲学上の経歴の最初期に取り組んだ書物である。ガダマーの大学教員資格論文「プラトンの弁証法的倫理学――『ピレボス』の現象学的諸解釈」（一九三一年出版）、デイヴィドソンの博士論文「プラトンの『ピレボス』」（一九四九年提出）はいずれも読み応えがある。（前者は一九六八年 Felix Meiner から再刊、後者は一九九〇年 Garland から出版。）

『ピレボス』でソクラテスは、ピレボスの奉じる快楽主義を徹底的に批判する。このことは、その立場の批判が後期プラトンにとって重要な課題であったことを意味する。そこで思う、われわれはピレボスの立場が何なのか本当にわかっているのだろうかと。

一般に快楽主義とは、〈善〉と〈快〉を同一とする立場である。さて、快楽主義者も含め多くのひとは「われわれは善を追求し、獲得しなければならない」と考える。この主張を快楽主義者は「われわれは快を追求し、獲得しなければならない」という意味に解し、そう主張するのである。

だが一口に快楽主義といっても、それには二つの大きく異なるヴァージョンがあると思われる。一つは〈結果として汝の感じるであろう快楽の総量から苦痛の総量を差し引いた値ができるだけ大きくなるように行為せよ〉と告げる。

第二のタイプは〈強烈な快楽を求め、味わえ〉と告げる。

第一タイプの快楽主義によれば、自分がいかに行為するかを決める上で肝心なのは、自分が何をしたらどれだけの快楽とどれだけの苦痛を味わうことになるのかを正確に予測することである。そのさい長期的視野に立たなければならない。目先の快楽を得るために（あるいは目先の苦痛を避けるために）、後でより大きな快楽を味わう機会を逃したり、より大きな苦痛に見舞われたりすることのないよう気を付けなければならない。『プロタゴラス』三五一B－三五八Bでソクラテスが提示するのはこの快苦量計算型の快楽主義である。

快楽主義の第二のタイプを主張するのはわれらがピレボスである（『ピレボス』四七AB参照）。『ゴルギアス』四九一E－四九四Cでカリクレスが主張する立場はこの第二タイプと、同じではないが近い。

これら二種類の快楽主義が区別されるとき、次のように言われることがある。すなわち、「第二のタイプはあまりにナイーヴだ。強烈な快楽の、後先を省みない追求は、いずれ苦痛の到来によって罰せられる定めにあり、この立場に則って生きるのが割に合わないことは経験が思い知らせるだろう。これにひきかえ第一の立場は格段に洗練されている」と。このような見方からすると、快楽主義批判を志す者の究極の標的は第一タイプの快楽主義であるはずだ。

いま見たように、ピレボス説は第二タイプの快楽主義である。では『ピレボス』の快楽主義批判は、快楽主義のことさら弱いヴァージョンを叩いて快楽主義自体をやっつけたとする、案山子《ストロー・マン》相手の議論に過ぎないのだろうか。

そうではないと思う。ピレボスの快楽主義は実は簡単に片付けられる代物ではないと思う。

この点に光を投げ掛けるため、試みに快楽主義の第一タイプと第二タイプをそれぞれ「小市民型快楽主義」、「極道型快楽主義」と呼んでみたい。第一タイプの快楽主義を「小市民型」と呼ぶのは、この立場を最も鮮やかに例解する諸種の気遣い——人生設計（貯金、ローン、各種保険）、健康管理、世間との調和——が、小市民性というカラクテールとただならぬ類縁性を持つからである。

さて第二のタイプ、「極道型快楽主義」の立場を取る者にとって、強烈な快を味わうことが人の子の本懐、生の意味である。井上忠氏の用語を借用すれば、〈快〉が「縮重の焦点」となる。この立場に則って生きる者は強烈な快のためなら何ものをも厭わない。たとえ快楽を味わった結果、後で劇痛が襲ってこようと——快楽計算的・小市民的観点からは「割が合わない」とされるほど多量の苦痛に見舞われようと――筋金入は平気である。苦痛がこわくてはこの渡世はできないというわけだ。

「極道」という言葉について。極道とは「道を極める」ことかと思っていたが、違うようだ。このことは、「獄道」とも綴られることからも伺われる。この言葉は元来、「悪事を行なう。身持ちが悪く素行が定まらぬ。放埓だ。放蕩道楽にふける」という意味の罵り言葉だという。古い用例に、「あのやうなごくどうと腐り合ふたお花が行末、流浪は知れた事」がある（近松門左衛門の浄瑠璃『長町女腹切《おんなのはらきり》』より）。「ゴクドウ」の語源は「穀盗人《ごくぬすびと》」の音読だとする説があり、遊蕩の意の「ゴクダウ」については「極道楽」の略とする説がある。『和訓栞』の著者は「言句絶」の義（「言語道断」のように）と推測する。（小学館『日本国語大辞典』による。）

「極道」の語の流通に寄与した媒体の一つは東映やくざ映画である。若山富三郎主演の「極道」シリーズ（一九六八―七四年）は一一作を数えるが、これはこのジャンルの主流に対しパロディ的性格を持つと言われる。一九八六年以来の「極道の妻《おんな》たち」シリーズはまだ続いている。

気になることがある。わたしの好きなやくざ映画には、タイトルに「極道」の字を含むものがどういうわけか少ないのだ。藤純子の出演作品にも、マキノ雅弘、加藤泰《たい》の監督作品にも、題名にその語を含むものは一本もない。むしろ「俠」の字が見られる。（マキノ監督の日活作品『日本残俠伝』にその題がついた経緯を『映画渡世・地の巻　マキノ雅弘自伝』平凡社、「売られたわしが悪いのや」で参照されたい。）

それはさておき、「極道型」という物騒な呼称を用いてしまったところから、問題の快楽主義的立場に対して条件反射的な拒否反応を示される向きもあろうかと惧れる。そこでぜひお耳に入れておきたいのだが、この立場は、ワイマールの宮廷にも出入りしていた大文豪ゲーテの古典的名作『ファウスト』の主題とかなり近いのである。「時よ、とどまれ、お前はじつに美しい」（池内紀訳）ということばが思わず口をついて出てしまう瞬間を一度でも味わえれば、すぐさま死んで悪魔に仕えても構わないというファウスト。かれの希求の切羽詰まり方と、極道型快楽主義者の腹の据わり方との間には、相通じるものがあるではないか。

ファウストの探求は、当人は気づいていなかったけれども、実は魂を天国へ導く道行だった。快楽に身を震わせてよがりたいという極道型快楽主義もまた「魂の救済」の問題なのである。

極道型快楽主義は良俗を蔑ろにするものであり、世の顰蹙を買って当然である。さらに言えば、〈極道型を含め快楽主義は誤りだ〉とするプラトンの議論をわたしも受け入れる。だがだからといって、極道型快楽主義を端から悪だ偽だときめつけ、この立場をめぐる思考を避けてしまうわけにはいかない。というのは、いま述べた「魂の救済」の切実な希求という点に加えて、〈この不穏な立場が、現代日本に著しい生ぬるさ（小市民性の執拗かつ隠微な支配）に対する批判として一定の意義を有してしまう〉という、言わば「理性の狡智」が存するからだ。例えば、だいぶ古いが、『愛と幻想のファシズム』（一九八四―八六年連載）で村上龍が〈「快楽」の顕揚〉を通じて日本社会を批判したことを想起されたい。その小説の執筆時以来、社会的経済的政治的情勢は大きく変わったけれども、批判の対象であった組織化された生ぬるさがわれわれの中から消えたわけではない。

さてわたしは、もしピレボスの立場が僅かの経験を通じて棄てられてしまうことなく、生涯生きられ続けるとしたらそれはどんな形でかを考え、極道型快楽主義という形で、との答を掲げた。しかし現実の世には、一徹、極道型快楽主義に体を張る者は、いるだろうけれど稀であろう。

それを考えると、ピレボスという人物は、実在の誰かをモデルにしたというよりむしろ、われわれの中の極道型快楽主義的な傾き――「どうなってもよい、烈しい快がほしい」という癒し難い傾き――を人物の姿に形象化したもののように思われる。この仮説は少なくとも、ピレボスという人物の薄気味悪いほどの抽象性を説明するだろう。

この解釈によれば、対話篇の議論を追う者は、日頃は小市民的自己抑制のヴェールに覆われて見え難くされている「わが内なるピレボス」と向き合わされるのだ。本篇の徹底的な快楽主義批判は、われわれの内にひそむそうした極道的暗所に向けられている。『ピレボス』がわれわれに促すこの自己吟味の凄まじさに較べれば、アリストテレスの「無抑制」の議論など可愛いものに映る。

その意味で、現代日本に暮らすわれわれは『ピレボス』を手にとって読まなければならない。

岩波書店「プラトン全集」所収の田中美知太郎訳刊行から三十年。以来本篇の研究は国内外でいくつかの局面を経た。新訳は出るべくして出る。風格ある文章の綴り手、山田道夫氏の訳をひもとくことは、かなり強めの快楽を与えてくれるものと予想される。これを逃す手はない。

（ギリシア哲学・東北大学講師）

連載

西洋古典ミニ事典 (12)

カルタゴ

二千数百年前に、カルタゴは地中海の覇権をめぐってローマと死闘をくりひろげた。カルタゴ人は「ポエニ (Poeni)」とも呼ばれたが、フェニキア (Phoenicia) から由来した言葉と思われる。航海技術と商業にたけたフェニキア人たちは、北アフリカに故郷に似た地形の岬を発見すると、ここに都市国家をつくり、カルタゴと名づけた。神話では、テュロスという国にディド (エリッサ) という王女がいて、兄弟のピュグマリオンが財宝を狙い、彼女の夫を殺害すると、身の危険を察したディドは部下とともに地中海に乗りだし、やがて到着したのがカルタゴであったと言われている。

カルタゴ建設は前八一四年とされている。その後繁栄を続けるカルタゴは、前六世紀頃からしばしばシチリア島への侵略の時期を窺い、前四〇五年にはシュラクサイを除く全島の領有を確立するにいたった。イタリア半島で勢力を増してきたローマは、前二六四年にシチリアを攻略し、支配下においた。これが第一次ポエニ戦争であった。シチリアを失ったカルタゴは、スペインに侵略する。これを指導したのは当時スペイン総督であったハンニバルである。ハンニバルは次々と勝利を飾るが、ローマの執政官スキピオ (大スキピオ) は、カルタゴ本土を攻略し、ためにハンニバル軍は帰国を余儀なくされ、ついにはザマで敗北する。これが第二次ポエニ戦争である。戦争後一〇年たつとカルタゴは国力を回復するが、第三次ポエニ戦争によってついに壊滅に追い込まれた。ここにカルタゴはローマの属領となったのである。

この地の人々は「アフリ」(Afer の複数形で Afri) と呼ばれたことから、「アフリカ」という名が生まれた。アフリカは次第にローマ化が進められ、共同浴場がつくられ、ハドリアヌス帝の頃には一三二キロメートルに及ぶ水道橋が建設された。町は後二世紀頃にはキリスト教の中心地となっていくが、当初は円形競技場で多くのキリスト教徒が処刑された。競技場の保存状態はよくないが、今日でも見ることができる。この地は西方キリスト教の中心でもあり、テルトゥリアヌスなどラテン語の著作家たちを多く生み出した。都市は今日ではチュニジアの首都チュニスとなっている。

参考文献——
長谷川博隆『カルタゴ人の世界』講談社、二〇〇〇年。

ペリパトス派

前三三六年ピリッポス王が暗殺され、アレクサンドロスが王位を継承すると、その翌年彼の家庭教師であったアリストテレスはアテナイに戻った。一二年ぶりの帰還であったが、かつて二〇年の長きにわたって居たアカデメイアには帰らず、リュケイオンに新しい学校を建設する。リュケイオンはアテナイの東郊外にあり、アポロン・リュケイオスの神殿があったことでこの名がある。リュケイオスとは「狼の」の意で、アポロン神の数ある添え名の一つである。ここには体育場があって、かつてソクラテスが好んで通った場所でもあった。この地からは北にリュカベットス山を望み、南にはイリソス川が見える。アリストテレスは回廊（ペリパトス）を行きつ戻りつしながら哲学を講じたところから、彼の学派はペリパトス派と呼ばれるようになったという。

もっともアリストテレスがこの地で教えたのは一二年ほどに過ぎない（これはプラトンが四〇年にわたってアカデメイアの学頭であったのと対照的である）。彼の弟子には、ロドス出身のエウデモスがいたが、この人の生涯についてはほとんど知られておらず、断片のみが残っている。もう一人の弟子が、レスボス島のエレソスの出身のテオプラストスである。アリストテレスは二人をワインに喩え、「ロドスのワインよりレスボスのワインのほうが甘い」と言って、テオプラストスを後継者に選んだとされる。敗れたエウデモスは故郷に帰り、そこにみずからの学派を創設したとも言われるが、テオプラストスに宛てた書簡の断片もあって、それを見るかぎりでは、両者の関係はそれほど疎遠なものではなかったようである。

テオプラストスは多作家で、二三万二八〇八行の著作を遺したとされるが、ごくわずかなものを除いてほとんどが散逸した。『性格論（人さまざま）』は、アリストテレスの『弁論術』にある感情論を発展させたもので、市井にある人間たちのさまざまな性格が見事に活写されている。十七世紀にラ・ブリュイエールが仏訳にそえて、みずからの『カラクテール』を出版したのは有名である。テオプラストスは植物学の父と呼ばれ、『植物誌』『植物の諸原理』の著作は近代に至るまで権威書であり続けた。さらに、H・ディールスによる初期ギリシア哲学の資料収集は、彼の『自然学説誌』を基礎としているが、著作のほうはほとんどが失われ、「感覚について」が部分的に現存している。ペリパトス派は彼において本格的に始まったと言えるが、創設者たちの仕事はその後ほとんど発展することはなかった。

アレクサンドリア図書館㈡

アレクサンドリアの図書館長は、ほとんどが文人であった。前二八四年頃館長に就任したエペソス出身のゼノドトスは、ホメロスの編纂作業を手がけてディオルトーシス（訂正の意味であるが、今日の校訂本のこと）を作成している。それ以前のテクストにはさまざまな流布本があり、おそらくラプソードスらが恣意的に改竄した箇所が含まれていたと考えられるが、今日のテクスト・クリティーク（原典批評）に類する作業がはじめておこなわれたのである。図書館長を務めたもうひとりのホメロス学者は、サモトラケのアリスタルコスである。彼はゼノドトスより百年余り後の人であるが、ゼノドトスが採用した読み方をさらに修正している。

たとえば、「女神よ、ペレウスの子のアキレウスの怒りを歌え。アカイア勢に数知れぬ苦難をもたらし、あまた勇士らの雄々しき魂を冥府の国に送り、彼らを野犬やあらゆる野鳥の餌食としたかの怒りを」は『イリアス』冒頭の周知の一節であるが、ゼノドトスは「あらゆる（pasi）」をdaitaに修正し、「野犬の餌食、野鳥の食物とした」が正しい読みであると主張した。対してアリスタルコスは、daitaは本来は等しく分けられた食事の意味で、ホメロスのこの箇所で用いられるには不適切な語であるとして斥けている。このような原典批評に関する細かな議論は、アレクサンドリアに数々の写本が集められ、照合することによってはじめて可能となったであろう。アレクサンドリア学者たちの研鑽ぶりを示す写本がある。それは十世紀のヴェネティア写本（Marc. gr. 454）であるが、彼らが用いたホメロスの校訂記号が残されているほか、おびただしい古註が含まれている（レイノルズ／ウィルソン『古典の継承者たち』国文社に図版が掲載されているので参照されたい）。

このヴェネティアAと呼ばれる『イリアス』の写本が過度に重要視された時期があり、Villoison版（一七八八年）やPierron版（一八六九年）などがその典型であろう。これはちょうどプラトンのテクストで、クラークが発見したB写本が一時期重用されたのと事情が似ている。しかし、すでに近代のホメロス研究の草分け的存在であるヴォルフもその著『プロレゴメナ』の中で、このような特定写本を重用することを批判している。近年では、さまざまにラプソードスが改竄したホメロスをアレクサンドリア学者たちが元の口誦詩に復原したという構図そのものを疑う学者が少なくない。M・L・ウェストによる最新の校訂本（一九九八年、Teubner版）もそのひとつである。

（文／國方栄二）

西洋古典叢書

［第Ⅲ期］ 全22冊

★印既刊　☆印次回配本

●ギリシア古典篇

アテナイオス　食卓の賢人たち　5★　柳沼重剛 訳

アリストテレス　動物部分論・動物運動論・動物進行論★　坂下浩司 訳

アルビノス他　プラトン哲学入門　　久保　徹他 訳

エウセビオス　コンスタンティヌスの生涯★　秦　剛平 訳

ガレノス　ヒッポクラテスとプラトンの学説　1　　内山勝利・木原志乃 訳

クイントス・スミュルナイオス　ホメロス後日譚　　森岡紀子 訳

クセノポン　キュロスの教育★　松本仁助 訳

クセノポン　ソクラテス言行録　　内山勝利 訳

クリュシッポス　初期ストア派断片集　4★　中川純男・山口義久 訳

クリュシッポス他　初期ストア派断片集　5　　中川純男・山口義久 訳

セクストス・エンペイリコス　学者たちへの論駁　2　　金山弥平・金山万里子 訳

ディオニュシオス／デメトリオス　修辞学論集★　木曽明子・戸高和弘・渡辺浩司 訳

テオクリトス　牧　歌★　古澤ゆう子 訳

デモステネス　デモステネス弁論集　1☆　加来彰俊他 訳

デモステネス　デモステネス弁論集　2　　北嶋美雪・木曽明子 訳

ピロストラトス　エクプラシス集　　川上　穣 訳

プラトン　ピレボス★　山田道夫 訳

プルタルコス　モラリア　11★　三浦　要 訳

ポリュビオス　歴史　1★　城江良和 訳

●ラテン古典篇

ウェルギリウス　牧歌／農耕詩★　小川正廣 訳

クインティリアヌス　弁論家の教育　1★　森谷宇一他 訳

スパルティアヌス他　ローマ皇帝群像　2　　南川高志・桑山由文・井上文則 訳

間々あり、しばしば、そしておそらくはもっとも多くの場合、将来けっして生じないだろうことに基づいているということだ」というのが、思いなしとの類比による虚偽の快楽の論証の骨子である。

「思いなし」という名詞は「思いなすこと」と「思いなされるもの」の二つの意味を持っているが、この類比による論証では「思いなす」という行為としての「思いなし」にそって議論がなされているように見える。だが思いなされるものとしての思いなしには、それが命題的内容を持つ場合、真偽の区別があるが、思いなすという行為自体には真偽の区別などないのであって、快楽の場合にも「悦んでいるということ」には真偽の区別はないということが、この議論の不備もしくは曖昧さを指摘しようとする解釈者によって言われる。だが「思いなすこと」とその志向的内容としての「思いなされるもの」は不可分一体であり、思いなすという行為があれば必ずそこに思いなされているものがある。もし真偽の別が本来的には命題ないし命題的内容にのみ妥当するというのなら、思いなしに真偽の別があるということが前提されている以上、その意味での思いなしが考えられているのであり、快楽についてもまた、その快楽の志向的内容は命題的内容を持つと解釈すればよいのであって、そのことについては特に不備不足を言い立てるほどのことはない。また志向的内容が命題的なかたちをとる場合の行為を「命題的行為」などと呼ぶことによって、「思いなすこと」と「思いなされるもの」の一体性を確保し、虚偽の思いなしが、思いなすという行為として語られているかに見えるテキストを取り繕うことも、むろんそうしたければしてもよいが、ぜひ必要とも思われない。要は、思いなしも快楽も何事かについての志向的内容を持ち、それが現在過去未来の事実に合致する場合には真実だが、そうでない場合は虚偽であるということである。

快楽の虚偽が認められるのはその志向的内容の真偽が問題にされる場合だとする解釈の線で考えるなら、プロタルコスが快楽に虚偽などないと主張したのは、快楽という言葉もしくは快楽そのものを、快楽を享受すること、快を感じることに即して捉えていたからであり、ソクラテスはそれに対して、そこに享受されている快楽に着目するならば、真偽の別を認めることができるということを指摘していることになるだろう。あるいは真偽の区別やその適用は行為や運動についてではなく、そこに含まれる志向的内容、特に命題的内容についてなされるというふうにも言われるだろう。だがこれに対して、行為とその志向的内容の区別や一体性や命題的行為などを持ち込む必要はさらにない、思いなしに虚偽という性格や形容が付加されるのは、それが過去現在未来の事実に合致しないという、思いなしが思いなしであることとは別の事情によるのであり、同様に快楽の虚偽も、快楽が快楽であることとは別の事実によって言われるということであって、これはこれだけで十分に理解できる。そして三七E一〇からの長い議論はもっぱら虚偽の思いなしと表象とがどのようにして生じるか、すなわち過去現在未来のいかなる事実にも合致しないことが思いなしや表象の虚偽を生むということを、筆記者や絵描きの比喩を用いてわかりやすく説得的に説明しようとするものであって、思いなしと快楽との類比の議論に対しては、過去現在未来のいかなる事実にも基づかない場合に虚偽が生じるというその一点を強調して提供するだけのものだ、といったミニマムな解釈も可能だろう。しかしこれはこれで、快楽が快楽であることと快楽が虚偽であることとの区別は何なのか、快楽が快楽であることをrealityというなら、虚偽であることは何なのか、アリストテレスの実体と属性の区別にそのまま依拠してよしとするのか、そもそも、快楽が虚偽であると言われる場合、快楽自体は何の影響もこうむらないのかどうか、といった疑問が直ちに喚起されるだろう。そして快楽自体には何の影響も与えない、別の観点からのたんなるネーミングの問題でしかないというのなら、これはもうプロタルコスや世間一般の快楽主義的通念に最大限歩み寄った虚偽の快楽の論証ということになり、「すると今の(三七E一〇からの)議論によれば、人々の魂のうちには虚偽の快楽が存在するのだ。といってもそれは真実の快楽を真似ることでますます滑稽なものになっている」というソクラテスの言葉にはうまく合致しないように思われる。

だがまた快楽には真偽の区別の妥当な志向的内容が一体的に含まれているとする解釈に対しては、三七Eのところに生じる「快楽はしばしば虚偽[の思いなし]を伴ってわれわれのところに生じる」というソクラテスの言葉が問題になる。それはソクラテスみずから思いなしと快楽の類比による議論を中断するだけでなく、「その場合思いなしは虚偽だが、快楽そのものは虚偽ではない」というプロタルコスの反論を引き出すものでもあるからである。そして四〇Cまでの議論はこれを論駁して、快楽そのものが虚偽なのだということを論証するものであることが期待されるけれども、果たしてそのような議論になっているかどうかといえば、これを肯定するのはむずかしい。まずソクラテスは「快楽が虚偽[の思いなし]を伴って生じる」という言いかたとともに、「快楽が虚偽の思いなしに相伴う」という言いかたもするが、これらは、それ自体は虚偽ではない快楽に虚偽の思いなしが伴うだけだというプロタルコスの主張を含意、ないし少なくとも容認する言いかたのように思われる。そして魂の中の筆記者と絵描きの比喩による議論はもっぱら、思いなしと表象、あるいはロゴス(言表)とその画像化としての思いなしがいかにして虚偽となり得るかということを論じるものでしかないのである。この議論の結論部で「邪悪な人は虚偽の快楽で悦ぶ」と言われ、「人々の魂のうちには虚偽の快楽が存在するのだ」と言われる場合の「虚偽の快楽」は将来に願望される快楽についての「虚偽の思いなし」でしかない。そして「虚偽の快楽で悦ぶ」とは「虚偽の思いなしによって悦ぶ」ということであり、「虚偽の快楽が存在する」とは「虚偽の思いなしに基づく快楽が存在する」ということであって、これに対しては「もちろんです。そして思いなしについてはですね、ソクラテス、その時そういう場合にそれを「虚偽の」と言いますが、快楽そのものに「虚偽の」という形容をつけて呼ぶ人など誰もいないでしょう」という反論が依然として可能である。その志向内容が真偽の区別を容れる快楽であろうと、命題的行為としての快楽であろうと、そこで直接的に享受されている快楽自体はその同じ意味で真だとか偽だとかは言えないという主張を完全に否定することはむずかしいと訳者には思われる。

だがしかし、だからここでソクラテスが問題にしている快楽の真や偽は命題的言表の真偽などではない、それは真理と実在といった存在論的な意味での真実であり、それに対置される虚偽である、と言ってしまうのも適切ではない。『国家』における快楽主義批判では「存在と真実との一致相即」「実在と真実性の度合い」というイデア論の存在観真理観に基づいて、快楽についても真実と虚偽の度合いが考えられているという解釈には訳者も賛成するが、そして大体においてプラトンは『国家』での快楽主義批判の視点を『ピレボス』でも変わることなく保持しており、その痕跡は処々に認められるが、しかし『ピレボス』のこの箇所では、真偽の本来的用法が命題の真偽かどうかは別にして、とにかく日常的経験における虚偽の思いなしの考えかた、すなわち過去現在未来の事実との一致不一致という観点から、快楽の虚偽を明らかにしようとする意識的なスタンスが取られていることは否定しがたいと思われる。その議論は結局、現在過去未来の事実についての、無知と虚偽の思いなしに基づく快楽と、正しい思いなしと知識に基づく快楽との多大の差異を指摘し、前者を、思いなしの場合に準じて虚偽の快楽と呼ぶことを提案するものである。ソクラテス自身はその虚偽の快楽は虚偽の思いなしが持つ虚偽という性質によって「染め上げられて」(四二A)おり、「真実の快楽を真似た滑稽なもの」と言うのであるが、それが一体どういうことなのかはその議論自体からは判然とせず、別の存在論的視点からこぼれ出た先走りの評言だと言うしかないだろう。

(b) つぎに論じられるのは、快苦の大小の測定における過誤についてであるが、これも議論がよく整理されておらず、何が言われているのかわかりにくい。まず身体的苦痛と魂自身の欲求に基づく予想的快楽の並存の場面が取り上げられ、そこでは①「苦痛と快楽が一緒に並べて置かれ、反対的なものであるそれらの感覚もまた一緒に相並んで生じる」とされる。そして②苦痛と快楽は「もっと（多く）、もっと（少なく）」を受け入れる「無限」の類に属することが確認される。この二つの条件のもとで、快楽と苦痛、苦痛と苦痛、快楽と快楽の大小の比較判定が問題にされる。①で現在の身体的苦痛と相並んで感覚されると言われるのは、欲求に基づいて願望される未来の快楽なのか、その願望に基づいて現に享受されている（予想的）快楽なのかが問題である。身体と魂のインタフェイスについて前に言われていたことからしても、相並んで感覚されるということからも、それは現に享受されている予想的快楽だと考えられるだろう。ところが、比較判定において、③視覚の場合と同様に、快苦の大小について も遠くから見たり近くから見たりするために、その大小について虚偽を思いなすということが起こると言われると、これは願望される快楽のことだったかと考え直すことになる。そして先の(a)の場合に快苦が虚偽の思いなしから虚偽という性質を受け取ったのとは反対に、④快苦自身が遠くから見られたり近くから見られたりすることで姿を変える、すなわち実際とは異なる虚偽のものとなることによって、その快苦についての思いなしを虚偽の思いなしにするということが言われる。やっぱり比較対照されるのは身体的苦痛と未来に願望される快楽のことだったのだと思うやいなや、⑤一緒に相並んで置かれるので、快楽は苦痛と対照されてもっと大きく、もっとすごく見えると言われて、やっぱりやはりその願望に基づいて現に感じられている快楽だったかと思われるのである。①と⑤は予想的快楽を、③と④はその予想的快楽の志向的内容である未来の快楽を示唆するのである。

ただし①と⑤は「相並んで感覚される、置かれる」ということを緩やかに解すれば、未来に願望される快楽について言われているとすることも不可能ではないとも思われる。そこでここまでは願望される快楽が言われているのだとしよう。そうすると「（快楽と苦痛の）両者それぞれが実際にあるよりも大きく見えたり小さく見えたりしている差の部分、その実際にあるのではなくて見えているだけの部分をそれぞれから切り取るなら、きみはそれを正しく見えているとは言わないだろうし、それに対応する快楽と苦痛の部分が正しく真実なものとして生じているなどと敢えて主張することもないだろう」という結論部分はどう理解できるだろうか。身体が差し出す現在の快楽を失う場合の未来の苦痛を恐れて苦痛を感じるという予想的苦痛は脇に置いて、予想的快楽の場合で考えてみると、まず未来に期待される快楽は、快楽自身が無限なものであることによって、また遠かったり近かったりする未来の快楽であることによって、そして現在の苦痛と対比されることによって、実際よりも大きく見えたり小さく見えたりして、実際とは異なる虚偽の思いなし、未来の快楽についての虚偽の思いなしを生む。そしてその虚偽の思いなしに基づく予想的快楽のうち、その思いなしの虚偽の部分、つまり実際より大きく思いなしたり小さく思いなしたりしている差の部分に対応する部分、その差の部分に基づいて生じている部分は虚偽である、ということになるだろう。しかしこの理解が正しいとすると、結局ここで指摘されている虚偽の快楽も、(a)と同様、「虚偽の思いなしに基づく虚偽の快楽」であることになり、ソクラテスの「少し前とは反対の事態が生じた」という言葉は理解しがたいものとなる。議論の配置からしても、ソクラテスは(b)においては(a)の類比による議論よりもっと直接に快楽の虚偽を指摘するつもりでいるようだが、議論はその意図通りには機能していない。

だがまたソクラテスは、未来に期待される快楽と、それに基づく予想的快楽の両方について、一方は遠くから見られたりすることで、他方は同時に相並んで感じられている苦痛との対比によって、それらの快楽自体の大きさが誤って判断されるということを言おうとしているだけかもしれない。そして多少横着にそれらを一緒くたにして述べているのかもしれない。しかしそうだとすると、ここで指摘されているのは快楽の大小についての間違った思いなしであり、さらにそれに基づく虚偽の快楽ということになるが、予想的快楽のほうについては、すでに快楽への期待に基づく快楽であるものに対する虚偽の思いなしに基づく虚偽の快楽というややこしいことになって、ソクラテスがそんなことを考えているとはとても思えない。

(c) 虚偽の快楽を指摘する三つめの議論は、プロタルコスがあり得ないという「悦んでいるように思われるけれどもけっして悦んではいない」という事態が現に広く観察されることを指摘しようとするもののように見える。すなわち身体の受動変化と自然状態の崩壊回復に伴う快苦の生成という説に万物流転説の影響の如何を考慮した上で、快楽の生と苦痛の生と快楽も苦痛もない中間の生とが成り立つことを確認し、それに対して、苦痛のない生があらゆることのうちで最も快いと語る人々の言葉が問題にされる。彼らは、苦痛がないという、快楽とは異なる状態を快いと思い、自分たちが苦しんでいないその時に、自分たちは悦んでいると思っている。そして結論として言われるのは、彼らは「悦ぶということについて虚偽を思いなしているのだ」ということである。虚偽の快楽ではなく、快楽についての虚偽の思いなしであるが、この議論は(a)(b)に続いて、「生き物においてもっと多く現われ、存在する虚偽の快楽と苦痛をぼくたちは見ることになるだろう」という言葉によって導入されるので、彼らはその虚偽の思いなしに基づいて実際に虚偽の快楽を感じているということが含意されていると考えられる。「けっして悦んではいないのに、悦んでいると思っており、そして実際に悦んでいる」のである。(c)もまた(a)(b)と共に、「(快楽についての)虚偽の思いなしに基づく快楽」を「虚偽の快楽」と呼んでいるのである。国家第九巻において、この箇所と同様の論点が提示されているが、しかしそれは「思慮ある知者の持つ快楽を除いて他の人々の快楽は、けっして完全に真実の快楽ではなく、純粋の快楽でもなく、陰影でまことらしく仕上げられた書割の絵のようなものである」ということを論じる議論(五八三B―五八六C)の部分として最初に取り上げられる論点であり、その議論は「存在と真理の一致」と「存在と真実の度合い」を含むイデア論のシェーマを前提し、それに基づいて論じられている。だが『ピレボス』のこの箇所では、身体の自然状態の崩壊と回復という、同一次元における反対的ないし相補的な動きとしての快楽と苦痛、およびその中間状態を前提して議論がなされている。存在と真実の度合いにおいて優越する「思慮ある知者の持つ真実の快楽」はこの時点ではまだ問題にされていないのである。

1 「そういう見解」(四一B五)について

Bury が支持する Stallbaum, Paley らの解釈を採って、「そういう見解(*τοῦτο τὸ δόγμα*)」とは「虚偽の快楽というものは存在しない」という見解であると解して訳出した。しかし Badham はそれを直前のソクラテスの台詞の「ぼくの考え」、つまり「虚偽の快楽はある」という考えを指すとして、*ἕως ἂν κέηται παρ' ἡμῖν* を「それがわれわれによって確立されるまでは」と解する。Hackforth, Gosling はそちらを採用して訳している。*κέηται*(置かれる、置かれている)とか *παρά*(*ὑπό* ではなく)とか意味範囲の広い語が用いられていて、ギリシア語の読解としてはどちらも可能であり、結局の趣意にも違いはない。決定的な根拠はなく、ただ訳者の語感と、そもそも最初にプロタルコスによって提示された「快楽に虚偽なんて存在しない」という一般の通念のほうが、ソクラテスの「快楽にも虚偽がある」という考えよりも、吟味さるべき問題のいわば表側として扱われているという感じとが、訳者の訳出の理由である。しかし、すでに一つめの虚偽の快楽の存在論証が終わって、第二の論証へと向かうにあたって、それが快楽の判定のために用いられるだろうと言われ(四一B一―二)、快楽の虚偽性、不純性の摘出が以降の議論の狙いになっているように見えることを考えれば、逸脱的議論の裏側にあったソクラテスの考えがこのあたりで表に出てきてもおかしくないとも思われる。

J 「かのものと最も多く同族親近なもの」（五九C五）

これがたんなる筆の勢いで深くは考えずにつけ加えられたのでないのなら、それが何を指すかを考えておくことはやはり重要な意味があると思われる。Hackforth は、『ティマイオス』や『法律』第十巻、第十二巻、『エピノミス』に照らして考えれば、これを天文学の対象、すなわち天体であると解しておくのが「安全」だとし、Guthrie はこれに反対して、プラトンがここで述べているのは、天文学ではなくディアレクティケーの対象、すなわちイデアについてなのだから、『パイドン』でイデアと親近であるとされ、『ソピステス』で実在の領域に属することが認められた「魂」あるいはむしろ「知性」であろうと註記している。

しかし訳者は、彼らのように他の対話篇を参照する前に、まずこの箇所の論述をもっと丁寧にたどって考えるべきだと思う。すなわち、諸技術諸知識の分類において、それは非常に変則的な分割分類ではあったが、最終的には技術や知識としての精確さの基準において、音楽に代表されるグループと、建築術に代表されるグループ、そして算術や測定術のグループが区別され、それらに対して最高度に精確な知識としてディアレクティケーが導入されたのである。そして算術や測定術については、諸技術において行使されて、その技術性精確性の要因となるものと、（算術や計算の場合で言えば）感覚の対象となる不等な「一（単位）」ではなく、すべてが相等しい非感覚的な一を単位として扱う、哲学者の算術や測定術とが区別される。この哲学者の扱う算術や測定術は、諸技術のうちに含まれて行使される算術や測定術の精確さの範型となるものである。しかしこれらの哲学的算術、計算術、測定術よりも、精確さと真実性の点でさらに優越するのがディアレクティケーである。諸技術が行使する算術や測定術は諸技術のうちに含まれているので、それらの諸技術から区別されて一つのグループを構成するのは、精確さと真実性においてそれらに優越する算術や計算術や測定術、すなわち哲学的なそれらであると考えられる。そこで六一D以下では、この四種の技術知識グループに対応するかたちで、混合的生に混ぜ入れるべき知識がその対象や精確さの観点から順に提示されることになる。すなわち①「正義そのものについてそれが何であるかを思考し、そして知性の洞察に従ってそれを説明できる」というのがディアレクティケーで、②「神的な円や球そのものは説明できる」というのが哲学的幾何学で（五六Eで哲学者の測定術は幾何学と言い換えられている）、③「円と同時に偽りの物差しも使う、確固たるのでも純粋でもない技術」が建築術にあたり、④音楽ははっきりと名前が挙げられて、「当て推量や真似ごとでいっぱいで、純粋さを欠いている」と言われている。これを見れば、ディアレクティケーの対象である「常に同一不変でこの上なく純一な存在」と「最も多く同族親近なもの」が「神的な円や球」であり、それは哲学的幾何学の対象であることは疑いの余地なく明白だと訳者には思われるのである。

だが Hackforth や Guthrie がこの明白な事実を無視したのも無理からぬところがある。彼らは、「神的な円や球」はディアレクティケーの対象であるイデアそのものであると考えたのである。「神的な」という形容がそう考えさせたのかもしれないが、それよりもむしろ、プラトンがこの箇所で、対象面のみならず、その方法の面でも、ディアレクティケーが哲学的幾何学その他に優越し、区別される理由をはっきりと語ってはいなかったという事情がある。「正義そのもの」と「神的な円や球」とが共に非感覚的な一でありながら、ディアレクティケーと哲学的幾何学の対象として振り分けられなければならない理由がよくわからないのである。しかし、六一D以下の記述は四種の知識グループの区別に対応しているという、訳者には明らかだと思われる読みが受け入れられるなら、「正義そのもの」と「神的な円や球」とはとにかく別の技術知識の対象として区別されているのであり、しかもそれらが類同化されて扱われているのであれば、「最も多く同族親近なもの」が「神的な円や球」のような哲学的数学の対象を指していることはさらに蓋然性が高まると言えるだろう。なお、『ピレボス』におけるディアレクティケーと数学の類同化と区別の問題については、拙稿「最も厳密な学としての哲学——スケッチ的なものではあるが、『ピレボス』五五c－五九c」（『西洋古典学研究』XXXIV 一九八六年）を参照されたい。

解説

後期ソクラテス的対話篇としての『ピレボス』

『ピレボス』篇は、『ソピステス』『ポリティコス（政治家）』『ティマイオス』『クリティアス』『法律』と共に、プラトンの晩年、すなわち早くとも彼が六〇歳の頃以降に執筆された、いわゆる後期対話篇グループに属する作品である。イギリスの学者キャンベル（L. Cambell）がプラトン研究史上初めて、文体研究による執筆年代推定の方法を導入してこれを主張したのは、一八六七年、『ソピステス』と『ポリティコス』の註釈書の序論においてであった。以後多くの学者たちのさまざまな指標による研究と、最近ではコンピュータを用いたいっそう包括的で精度を増した文体測定法によって、さらに堅固に確立された見地である。そして『ピレボス』を一読すれば、そこに見出されるさまざまな論点や、論究を展開するにあたっての方法的意識等において、上記諸著作との類縁性、重複性は顕著に認められ、文体測定のもたらした結論は思想内容的にもきわめて妥当なものと思われる。『ピレボス』が後期対話篇グループに属する作品であることは、これを読むにあたってまず了解しておかねばならない基本事項の一つである。

後期対話篇のうちに置かれた『ピレボス』には、そのことによって特に際立って見える不思議な特徴がある。それはまず、他のすべての後期著作とは違って、対話を主導する人物がソクラテスだということである。そのソクラテスは、紛れもなく、ピレボスの快楽説を論駁しようとして、皮肉や揶揄や諧謔を交えながらも懸命に論駁の筋道を構想し、躍起になって議論を繰り出す昔ながらのソクラテスであると訳者には思われる。少なくも、ロクリスの人ティマイオスはもちろんのこと、『ソピステス』と『ポリティコス』の論究を主導するエレアの客人よりは、『ゴルギアス』や『パイドン』や『国家』のソクラテスにはるかによく似ている。また対話相手となるプロタルコスも、テアイテトスや、ソクラテスと同名の少年のような、ただ従順で真面目な聞き役ではない。他の対話篇の場合は、ティマイオスもエレアの客人も『法律』のアテナイの客人も、すでに該博かつ高度な知識を持つ第一級の知識人で、彼らは言ってみれば、一人の優秀で素直な生徒にみずからの教説を提示し、展開することに精力を傾注する教師といった趣であるのに対し、ソクラテスは挑戦者であり、論争家であり、論駁者であって、プロタルコスとの対話にはそれゆえの緊張感とユーモアが漂っている。『ピレボス』はソクラテス的対話篇なのである。プラトンはなぜ、後期対話篇群の中で『ピレボス』だけを、往年のソクラテスを主役とする対話篇に仕立てたのだろうか。

晩年のプラトンが『ピレボス』を除くすべての対話篇においてソクラテスを主役から降ろしたのには何らかの理由があり、それに相応して、『ピレボス』というソクラテス的対話篇を書いたことにも何か気まぐれでないはっきりした理由があったと考えられる。そしてそれは、『ピレボス』の主題が「快楽」であり、「幸福な善き人生において快楽はいかなる位置を占め得るのか」を知性・知識のそれと対比して考察するものだから、というのが大方の理解のようである。プラトンはすでに『パイドン』や『ゴルギアス』や『国家』において、人々の快楽主義的な思潮をソクラテスにきびしく批判させているし、そもそもそれは格別にソクラテス的な主題であったと考えられる。さらにまたそのような快楽主義批判を通じて、聞く耳をもった同胞市民や若者たちに対してよき生き方の考察と選択へと誘うには、専門家による一方的な講義や、合いの手まがいの返答で区切られるだけの講義なみの問答ではなく、ソクラテス的な対話こそがふさわしいとも言われる。

むろん、こういう点においても、学者たちの間には異論が生ずるのであって、たとえばガスリー（W. K. C. Guthrie）は、『ピレボス』のソクラテスの様子は、われわれの知る「アイロニックな」ソクラテスよりもエレアの客人のそれに似ていると言い、ヴィラモヴィッツ・メレンドルフの「何たる変わりよう！」というコメントを引き合いに出している。このような見方からすると、『ピレボス』は『ソピステス』や『ポリティコス』とあまり変わりのない対話形式の講義であり、ただ主題が快楽批判なのでソクラテスが起用されたにすぎないということになり、さらに敷衍すれば、プラトンは後期著作においては、主題に応じてそれを講ずるのにふさわしい人物を起用したということになるだろう。確かに宇宙論から人体の生理学にまで至る『ティマイオス』の論究をソクラテスが講義するのには違和感がある。しかし、『プロタゴラス』でソフィストとは何かの問題を提起し、説明を要求したソクラテス、『パルメニデス』ではイデア論をもってゼノンに反論し、イデアそれ自体における一と多の問題を指摘したソクラテス、そして『ゴルギアス』で自分だけが真の意味での政治家であると言い、『国家』で哲学者とは何かを規定して、哲人王の逆説を語ったソクラテスが、ソフィスト、政治家、哲学者を定義しようとする問答を主導するのに、そして場合によっては、以前の主張や立場をみずから修正するのに、一体どういう不都合があるのだろうか。単に快楽が主題だからというような説明は、間違いではないにしても、きわめて不十分な説明だと言わざるを得ない。

訳者としてはむろん、先に述べたように、現に見られるような『ピレボス』篇の内容は「ソクラテスの対話」と言うにふさわしいものだという理解のほうが適切だと思う。しかしまた、『ピレボス』は快楽の問題を真にソクラテス的な対話の方法で取り扱っているからソクラテスが主役なのだ、つまり「ソクラテス的対話篇だからソクラテスなのだ」という説明にも首肯しがたいものがある。「なぜソクラテスなのか」という問いは、プラトンはなぜ快楽を主題とするソクラテス的対話篇という、他の後期著作とは大きく趣向の異なる作品をその時期に書いたのか、という問いの中で問われているのである。快楽の問題をソクラテス的な対話の精神において扱いたかったから、というのであれば、さらにそれはなぜなのかということである。そしてこれは外部からの材料によって色々想像することはできるが、『ピレボス』そのものの読解から確たる答えを引き出すことは困難、もしくは不可能な問題かもしれない。

後期対話篇としての『ピレボス』にはもう一つ奇妙な点がある。『ピレボス』は、対話人物や、対話が行なわれる時間と空間について何の状況説明も与えられず、その点において他の対話篇に関連づけられることもなく、ただ対話そのものが空に投げ出されているといった風情の対話篇である。『ソピステス』では、『テアイテトス』の対話が行なわれた翌日に、同じ場所で、テオドロスに案内されたエレアからの客人がソクラテスの求めに応じて、ソフィスト、政治家、哲学者の三者を規定するという課題を引き受けるのであり、『ソピステス』が三部作の一作目、そのあとに『ポリティコス』が続くという構想が明言されている。そして実際にこの二作品が連続して書かれたことを疑うべき材料は何もない。また『パルメニデス』への言及と解されるソクラテスの述懐もあり、パルメニデスとゼノンの門人であるエレアの客人が、エイドスそれ自体における分有関係の分析によって「あらぬものがあり、あるものがあらぬ」という言表を正当化し、「父親殺し」を遂行するという論究内容そのものにおいても、『パルメニデス』の先行性および論題の関連性が指示されているようでもある。

『ティマイオス』もまた三部作の一作目であって、『クリティアス』がその続編である。冒頭にはソクラテスが前日行なった話の要約が置かれていて、これは『国家』の第二巻から第四巻あたりの議論と重複するものである。そしてティマイオスが宇宙の生成から説き起こして人間の自然本性を解明し、その人間とソクラテスの語った国家制度とを前提して、クリティアスとヘルモクラテスが、アトランティスとの戦いにおける往古のアテナイの活躍を描き出す、という壮大な構想が提示されている。『法律』は、プラトンが死んだときには蠟版に記されただけの状態で（つまり未定稿で）、その後、弟子の一人によって公刊されたという後代の証言から、プラトン最後の著作として扱われることの多い作品だが、対話の舞台はアテナイを遠く離れたクレタ島である。クノッソスからゼウスの神域への道すがら、アテナイからの客人が主導して、クレタ人のクレイニアスとスパルタ人のメギロスを相手に、国制と法律について、ゆったりと談論するのであって、三人の老人によるその長大な談論にふさわしい環境が設定されている。他の対話篇との繫がりはないが、浮遊してはおらず、長閑で落ち着いた対話の世界が丁寧にしつらえられている。そして未完の三部作の未完部分、すなわち『クリティアス』の中断以降の部分と『ヘルモクラテス』『哲学者』とは、結局、この『法律』によって置き換えられたのだと見ることもできるかもしれない。

これに対して、『ピレボス』ではその対話のための環境設定について明確なことは何も語られないし、他の著作への関連づけや言及も一切ない。対話相手のピレボスとプロタルコスについては、プロタルコスがカリアスという人の子であり、ゴルギアスと個人的な交わりがあったらしいということ以外には、まったく何の情報も与えられず、そもそも対話設定年代を推定する材料もほとんどないので、ソクラテスが何歳ぐらいなのかもよく分からない。初期、中期のソクラテスの対話のように、体育場や神殿の柱廊や、アガトンやケパロスの邸宅、あるいはソクラテスが留められていた牢獄といったさまざまな場所で、お馴染みの仲間たちをも交えて、ソクラテスの言行とソクラテスのいたアテナイを鮮やかに描き出し、ソクラテスの対話の哲学に固有の生き生きとした雰囲気をまとわせようという意図や配慮は失われたように見える。若者たちを相手に「何が人間の所有物のうち最善のものなのか」を論究しようとする対話であるから、『カルミデス』や『エウテュデモス』のように若者たちの集まる体育場のようなところで対話がなされていて、ソクラテスは四〇歳から五〇歳ぐらいの壮年で、といったような想定が読者の裁量に委ねられているのかもしれないが、擬人化された「言論」が幾度か言及され、「きみやぼくやゴルギアスやピレボスといったものには、さらばお別れということにして、つぎのことを言論のために厳かに宣言しなければならない」（五九B）と言われるように、むしろ対話そのもの、論究そのものに注意を集中することをプラトンは読者に期待しているようにも思われる。

『ピレボス』は、プラトン晩年の後期思想圏にあって、快楽主義批判という初期、中期のソクラテス的主題をソクラテス的な対話によって論究するものである。したがって、後期著作のみならず初期、中期著作において語られている事柄とも関連し、重なり合うところが多々あり、議論の内容は豊富かつ多彩、読者の興味を刺激し、さまざまな解釈へと誘う論点や仕掛けがふんだんに用意されているが、しかしまたおそらくはソクラテスの対話という枠組みのゆえにプラトンは筆をおさえていると見られる節も多々あって、そこに言われていることを明確に把握しようとすると、色々な困難が感じられる。『ピレボス』が難解であり、人によっては「うんざりさせられる作品」などと評されるゆえんもそのあたりにあるだろう。訳者としては、まずはとにかく、提示された対話篇そのものを素直に受け取って、対話の筋道を辿ってゆくところから読者への案内を試みることにしたい。

対話篇の筋と構成

1　対話の始まり

対話はプロタルコスが引き継ぐことになるピレボスの快楽説と、それに対抗する自分の説とをソクラテスが要約的に提示するところから始まる。ピレボス説は、この冒頭の箇所を含めて四度にわたって提示されるが（一一B、一九C、六〇A、六六D）、それらを総合すると、快楽と善とは同一であって、快楽こそが善であり、すべての生き物は快楽を追求し、獲得しなければならないとするもののようである。本篇開始に至る経緯としては、テキストの文章にはやや曖昧なところがあるが、「人間の所有となるもののうち最善のものは何か」という問題に対して、ピレボスがその快善同一説の立場から快楽がそれであると主張し、ソクラテスはそれに反対して知性や知識などのほうがもっと善いと主張したことから、両説を詳しく規定して何らかの結論を得ることをプロタルコスたちが要請したのである。これをソクラテスが受け入れて、ピレボスを相手とする問答が行なわれ、ある時点でピレボスが対話の継続を拒否したため、この問題について是非とも真実が究められねばならないと考えるプロタルコスが（一一C－D）、ピレボスに代わって対話相手を務めることになった、というわけである。

対話相手がソクラテスの吟味に耐えかねて対話の継続を拒むのを、周りの者が宥めすかして続けさせようとするのは、『プロタゴラス』や『ゴルギアス』でお馴染みの状況だが、『ゴルギアス』の場合だと（五〇五C－五〇六C）、ソクラテスがしかたなく自分で答え手の役もして、議論に区切りをつけることになるのに対応して、『ピレボス』ではプロタルコスへの交代が行なわれるということであろう。また『ソピステス』のいわゆる巨人戦争で、実在とは物体にほかならないと頑強に主張する人々とはそのままでは議論できないので、彼らが善良になったと想定した上でその主張の吟味が行なわれる、という手順（二四六A－E）と軌を一にするものでもある。

ソクラテスは、すべての人間にとって人生を幸福にするものは、富や健康や名声のような外的な善ではなく、その人間の心のありようであり、快を味わっている状態がそれなのか、考え慮る状態がそれなのかが、プロタルコスたちと自分たちの間の争点であることを確認したあと、それら二者とは異なる第三の状態がもっと善なるものとして現われる可能性に言及する。そしてその場合には、快楽と思慮のどちらがその第三の状態と親近であるかによって快楽と思慮の間の勝敗が分かれることをプロタルコスに指摘した上で、ピレボスの快楽説の吟味を開始する。対話篇の終わり近く、ソクラテスが二度にわたって総括するピレボス論駁の基本線はこの時点ですでに示されている。

2 ピレボスとプロタルコス

ここでこの対話篇におけるピレボスとプルタルコスの役割について見ておきたい。先に触れたように、ピレボスもプロタルコスも、プラトンの全対話篇中、この作品にだけ登場する人物で、ピレボスの場合は特にその名前が、現存する古典文献には見出されない奇妙な人物名であることから、この対話篇のためにプラトンが作り出した純然たる架空の人物であると考えられる。そしてプロタルコスについては、本篇ではただ父の名がカリアスであること、ゴルギアスに親しく学んだらしいことが知られるだけで、そこから、アリストテレスの『自然学』(一九七B)に言及される弁論家のプロタルコスと同一人物かもしれないとか、『プロタゴラス』の舞台となった邸宅の主人であり、ソフィストたちの贔屓筋であった富豪のカリアスの二人の息子の一人だろうとか、いやプロタルコスの父は、紀元前四三一年にポテイダイアで戦没し、エレアのゼノンの弟子であったと伝えられるカリアスであっただろうとかいった推測が行なわれている。だがいずれも確証不可能な想像にすぎず、仮にそうだとしても、『ピレボス』のプロタルコスを理解するのに特に役立つ情報ではない。

ピレボスは快楽を善と同一視する単純で極端な快楽主義を主張するのであるが、また女神アプロディテの真の名は「ヘードネー(快楽)」であると言っている。アプロディテは、「パリスの審判」の神話での役どころによって、また渋るヘレネを叱りつけてパリスと共寝させるやり手婆のような振る舞い（ホメロス『イリアス』第六歌）や、性愛を嫌う潔癖な青年に対する残忍な仕打ち（エウリピデス『ヒッポリュトス』）などでも知られるように、一般には性愛の快楽を司り、これを称揚する女神としてイメージされていた。ピレボスはヘードネーを神格化してこのアプロディテと同一視するのであり、このことは彼の快楽主義が性愛の快楽を焦点化し、これを旗印に掲げるものであったことを推測させる。人間のみならずすべての生き物に対するその強烈な支配力、吸引力の事実が彼にとってはその真実の証であり、言論による真実の探求などには関心がない。彼は「どうしたって快楽が勝つに決まってる」と思っていて、言論のやりとりなどからは「身を引き清め、女神自身を証人として召喚する」。すなわち快楽が吟味されるなら、快楽自身がみずからの力を証明することになるというのであろう。そしてプロタルコスとソクラテスのやりとりを見守ることになるが、途中、ソクラテスの説明が快楽と知性思慮の争いに何の関係があるのかと苦言を呈したり、快楽だけの生が善の条件に適わないことが示され、「ピレボスの神様を善と同一だと考えてはならないこと、このことはもう十分に言われた」と言われると、「きみの知性だって善ではなく、同じ訴えを受けるはずのものだろう」という、勝ち負けにこだわった負け惜しみを言ったりする。そして快楽が「無限」の類に属することは快楽すべてが善であることとの十分な理由にはならないことを指摘されて、不機嫌に憎まれ口をたたくのを最後に（二八A―B）、沈黙の傍聴者となる。

しかし姿を消してしまうわけではない。ピレボスはずっとそこに居て、ソクラテスは彼の官能的快楽主義に痛撃を喰らわせようと、虎視眈々である。それは身体そのもののパトス（受動的変化）に基づく混合的快楽を析出批判しようとして、「気難しい（潔癖症の）人々」の見解を利用する箇所（四四A－四七C）においてであって、彼らは「ピレボスの敵となる」人々であると言われる。ここで「最大の快楽（度合いと強烈さにおいて一番のもの）」が取り上げられる。それは心身が病んでいるときの快楽であるが、まずそのうちで皮膚病のかゆみをこすって癒す場合の快苦の混合が述べられたあとに、苦痛よりもはるかに多く混入されているために強い興奮をもたらす快楽とそれに耽る人々の狂態とが生々しく描写され、これが最大の快楽と呼ばれることが知らされる。ここに描写される最大の快楽が性愛の快楽であることは読者には明らかだと思われるが、はっきりそうとは言われない。対話篇の最後近くに明言されるのである（六五C）。そしてソクラテスは、皮膚病の快楽を取り上げようとする時を選んで、「いや、ぼくがこの論を持ち出したのは、何もピレボスに当てつけてのことじゃあない」というあからさまな当てつけを口にする。

ここで『ゴルギアス』においても、皮膚こすりの快楽から性的快楽への先鋭化の議論が用いられていたことが想起されてよいだろう。もろもろの欲望を思慮と勇気をもって満たし続けて快楽を存分に享受するのが幸福な生だとするカリクレスを、快善同一説へと追い込んでゆく場面である（四九四C－四九五B）。ソクラテスは彼に、皮膚病にかかってかゆくてたまらず、心ゆくまで掻くことができて、快を感じながら一生を過ごすとしたら、それは快い幸福な生なのかと反問し、その掻きどころを頭部からつぎつぎと身体の下のほうへ移しながら質問し続けるなら、その極においては男娼の生が問われることになるが、どんな快楽にも善い悪いの区別はなく、それをしも幸福な生だと言うのかどうかを尋ねる。カリクレスは「そんなところへ話をもっていって恥ずかしくはないのか」と牽制しながらも、ソクラテスが「婉曲な言い方で」持ち出したそのようないかがわしい生を幸福な生として認めなければ、「自分の主張が首尾一貫しなくなるかもしれないので」、快楽はすべて善であり、快楽と善は同一だとする立場を選択し、固持しようとする。深くは考えずに、ソクラテスへの対抗上、快楽と善の同一を主張するのである。ピレボスもカリクレスと同様、快善同一説を主張するが、しかしカリクレスとは違って、ピレボスはむしろ性的快楽を最大の快楽として肯定し、追求し、享受しようとする人間なのである。ピレボスへの当てつけと、性的快楽に耽る人々の狂態の生々しい描写とは、紛れもなくそのことを示唆している。

「ピレボス（Philebos）」という名前は、「愛好する（philein）」と「青年、青春（hebe）」との合成語であると考えられ、「青年愛好者、若者好き」といった意味である。ピレボスは「ミスター・ラブボーイ（Loveboy）」であって、官能的快楽の愛好者であるとするゴズリング（J. C. B. Gosling）の理解は、ガスリーは疑問を呈しているけれども、間違ってはいないだろう。（そしてピレボスはそういった特定の快楽イメージから快善同一説を主張するのだが、それがソクラテス説と対置されて吟味の対象とされる段階では、快楽一般についての一般的言説として扱われることになるのはカリクレスの場合と同様である。）このピレボス＝ラブボーイ説と、そしてピレボスの周りにはプロタルコスを含む取り巻きの若者たちがいて、ピレボスは彼らのことを「子供たち」と呼んでいるところからすると（一六B）、彼はむろん彼らのパイディカ（愛童）ではなく、彼らよりも年長である。プロタルコスの「おやソクラテス、私たちの頭数が目に入らないんですか、私たちは皆、若者なんだということが。そして私たちを侮辱したりすれば、ピレボスと一緒になってあなたを攻撃するんじゃないかと恐れないんですか」（一六A）という言葉は、ピレボスをも含めて皆若者だと言っているようにも見えるが、ピレボスを自分たち若者からは区別しているようにも受け取れる。したがって、ピレボスはソクラテスよりは年下だが、しかしすでに青年期を過ぎた成人男子とするのが大方の見方であろう。（日本語はどうしても年齢を捨象できないので、訳者もこの見方をとって訳した。）

しかし不審な点もある。「私たちにとっては残念なことに、美しきピレボスは放棄してしまったんですから」（一一C）とプロタルコスは言い、ソクラテスも一度「美しきピレボスよ」（二六B）という呼びかけをしているが、この「美しき誰々」という言い方、あるいは誰かを端的に「美しい」と呼ぶのは、「美しく賢いヒッピアスよ」というような場合とは違って、デモス（『ゴルギアス』四八一E）や、カルミデス（『カルミデス』一五四A）や、アルキビアデス（『プロタゴラス』三〇九A）のように、パイディカ（愛童）――エラステース（念者）関係のパイディカ側の美少年美青年について言われるのが普通、あるいは自然であるように思われる。（『プロタゴラス』冒頭で、アルキビアデスより「美しい」人に会ったはずはあるまい、と言われて、ソクラテスがプロタゴラスを指して、最高の知者がもっと「美しく」見えないなどということはあろうはずがない、と答えるのは、まさにその自然な受け止め方を前提した上での諧謔である。）プロタルコスは明らかにピレボスよりも知的に成熟していて、品性もすぐれている。その彼がピレボスを「美しい」と呼ぶのは、美少年という意味以外の、少なくも容姿の美しさ以外の一体どういう意味でなのかが不審なのである。プロタルコスはピレボスの取り巻きの一人であるように見えるが、そうだとすれば、その彼が美少年ないし美青年であること以外のどんな理由から、ピレボスのそばにいるのかが訳者には分からない。

多くの翻訳者や註釈者は、対話のスタート時点ではプロタルコス自身が快楽主義者としてピレボス陣営に属しているということでその点を了解しており、人によってはソクラテスとの対話が進行するにつれて彼が転向し、ソクラテス側に引き入れられてゆくというようなイメージで理解しているようである。しかし、すでに見たように、プロタルコスが対話相手の役を引き継いだのは、ちょうど『ゴルギアス』においてゴルギアスが議論の継続と完了を望んだように、快楽と知性思慮との論争が十分に吟味されて決着がつけられることを彼が強く求めたからである。問題の重要性に鑑みて、単なる勝ち負けではなく、真実を究めることが大切だと彼が考えていることは、この対話のそもそもの始めから、繰り返し強調されている（一一C、一二B、一四B、一五C、一六A―B、一九D―E、二三A―B）。プロタルコスはその見地に立って、ソクラテスを督励し、不明な点については再三説明を求め、時には分かっていても分からないふりをして確認したりしながら、ソクラテスに議論を展開させるのである。この対話では、じらしたり皮肉を言ったりとぼけたりするソクラテスを、プロタルコスがいわば突き棒でつつき、追い立てるようにして議論を進めさせるといった趣もあるが、しかしプロタルコスは、横着なくせに負けん気の強いメノンではない。彼の役回りはむしろ、知的好奇心旺盛で言論好きなパイドロスや『テアイテトス』のテオドロスのそれに近いと言えるだろう。そして言論を投げ出したピレボスに対しては、「ソクラテスに同意することについては、あるいはその反対の場合でも、もうその権限はあなたにはないでしょう」（一二A）と言い、「さあ、ソクラテス、このあとに続く事柄を、ピレボスがすすんでそうするなら一緒に、あるいは彼にはしたいようにさせて、ともかく最後まで究明するよう努めましょう」（一二B）、「ピレボスに対しては、せっかくおとなしくしているのに、問いをかけてかき乱したりしないのがたぶん上々の策でしょう」（一五C）と言うのであって、ピレボス説とピレボス個人に対する帰属意識のようなものはかけらもない。快楽が善ではありえないことが論証される最初の議論（二〇B－一二B）までは、対話による論究のためにピレボス説の継承者役を務めはするが、それにコミットしているわけではない。むろん彼自身が世間一般の常識的な快楽観を共有しているかぎりにおいて、彼もまたソクラテスによって論駁され、啓蒙されることになるが、ピレボスという人物とその官能的快楽主義に対しては、むしろ全篇を通じて、ソクラテスと共にこれをからかい、批判する側なのである。

3　対話の終わりとソクラテスの基本構想

すでに見たように、ピレボス論駁の基本線はまず対話開始直後に提示される。人間の所有となる最高善の候補者としての快楽と知性思慮の争いは、もし両者よりもさらに善きものが現われるなら、両者共に敗退するが、しかしさらにその第三のものとの「親近性、同族性」を基準として、両者間の争いは続けられ、その点での決着が追求されるだろうというものである。そしてこれが再度提示されるのは、快楽と知性思慮を切り離し、快楽を享受するだけの生と知性思慮をはたらかせるだけの生は、完全で十分な善き生として選ばれ得るかどうかという思考実験が行なわれたときである（二一C－E）。これによって両者共に最善の生たりえず、最善の生はむしろ両者から混合されて共同のものとなった生であることが判明した時、その共同の生が善きものであることの「原因」は何かという観点から、いわば第二ラウンドが闘われなければならない、そして「ピレボスに対してはなおもっと闘い抜くだろう」とソクラテスは宣言する。「その混合的生において、それがその生がそれを取り込むことによってこそ選ばれ得るものとなり、また善きものとなっているもの、それがそもそも何であるにせよ、そのものによりいっそう親近で、よりいっそう類似しているのは快楽ではなく知性であり、この論からすれば、快楽は一等賞にもまた二等賞にも与る資格があるなどとは真実にはけっして言われないだろう、とこう主張することによってだ。いや、ぼくたちが今、ぼくの知性をいささかなりとも信頼すべきなら、三等賞にだって遠く及ばないね』（二二D－E）と言うのである。

そして対話篇の終局部では、快楽と知性思慮との混合的生のための混ぜ合わせを行なうにあたって想起すべきこととして、ソクラテスは、ピレボスと自分の主張を再説し、完全で十分ですべての生き物によって選ばれるという善の資格規定と、切り離しの思考実験とによって、快楽と知性思慮のどちらも善ではないことが判明したのだから、これから二等賞争いのために混ぜ合わせを行なって、混合的生における「善の輪郭」を捉えなければならないと言い、そして最後にもう一度、第二ラウンドの五等までの入賞者が決まった段階で、同様の総括を行なって、ピレボスに対する論駁を終えるのである。すなわちソクラテスは、「われわれにとっての善とはすべての、そして十全欠けるところのない快楽である」などという説が、ただピレボスによってだけでなく、広く世間に喧伝されているのが「痛に障って」、快楽より知性のほうがもっと善いと主張したけれども、それら両者より善きものが現われることを予期して、その場合は知性のため二等賞目指して快楽相手に闘うことにした、そして善の資格規定と「切り離しの議論」によって、他の第三のものがそれらより善きものとして出現すると、案の定、知性のほうが快楽よりも限りなくその勝利者に「親近で近接した」ものであることが判明したのだ、その結果、快楽は五等賞ということになったが、一等賞などとはとんでもない、あらゆる獣類がことごとく悦楽を追い求めようと、そして世の多数が、哲学の言論に宿るエロースよりも獣たちの愛欲のほうを権威ある証人だと考えようと、そんなことはとんでもない話なのだ、と鼻の穴ふくらませて、勝利宣言するのである。

少しくどい紹介になったが、これがプロタルコスをやや呆れさせながらソクラテスが読者のために繰り返す、本篇の議論の基本線である。それは選考基準の異なる二種類のコンテストによって、ピレボス流の快楽主義説を周到かつ決定的に論駁しようとするものである。「優勝」と「一等賞」という言い方に区別があるのかないのか、そして「二等賞」や「三等賞」というのはどういう意味なのかが曖昧なので誤解しやすいけれども、たとえば善の資格、地位を目指しての優勝争いに両者共に敗れて、二等賞を争うというのは、二度目の別の基準によるコンテストで勝ち負けを争うというほどの意味で理解しなければならない。この第二ラウンドのコンテストは、混合された共同の生を善き生たらしめている原因との親近性とか類似性とかいったものを基準とするまた別種のコンテストであって、最初のコンテストの敗者だけが参加する敗者復活戦というのではない。ピレボス論駁のための戦略としては、第一コンテストでその快善同一説を葬り、第二コンテストで、快楽は人間にとっての善き生においていかなる位置を占め得るかを問うて、ピレボスが自説のための最精鋭と頼みにする最大最強烈な快楽を全面的に排除するのである。

そこでソクラテス自身が、すなわちプラトン自身が、くどいほどに繰り返して強調するこの基本線にそって、本篇の残りの（量的内容的にその主要部分をなす）複雑かつ多岐にわたる議論がどのような配置と役割をもつのかを概観しておくことにする。

4　議論の配置と役割

(1)終局部での二度におよぶ総括を考慮して、後ろから逆向きに見ていくと、二度目のコンテストでの勝敗を判定する直接の議論は、快楽と知性思慮を混ぜ合わせ、それに「真実」をも加えて、「混合された共同の生」を構築する、というところから最後までである（五九D－六七B）。その混ぜ合わせを行なったあと、混合というものを善きものたらしめ、真に混合と言えるものにするのは「尺度」と「釣り合い」であり、また「適度（尺度に適っていること）」と「均斉（釣り合いがとれていること）」とは「美」の性格をもつので、そしてまたその混合には「真実」が混ぜ合わされていたのだから、「美」と「均斉（適度）」と「真実」との三つを用いて、その混合的生を善きものにしている善を規定し、この三点それぞれについて、快楽と知性思慮のどちらがそれと「親近」であるかを判定し、さらにコンテストの入賞順位全体のなかでその勝敗を確定するというのがその内容である。この不思議な、何やら雲をつかむような議論の内実と、その当不当をどう考えるにせよ、これが全篇の大団円となる終局部である。

(2)この終局部の前に置かれているのはさまざまな知識技術をその精確さの観点から分析分類する議論（五五C－五九D）であるが、それはさらにその前に行なわれてきた、多様な快楽を分析分類する長い議論（三一B－五二C）と並んで、諸快楽にも諸知識諸技術にも純粋度真実度の差異が存在することを明らかにしようとするものであり、それらを合わせた議論（三一B－五九D）は全体として、「混合された共同の生」に混ぜ入れるべき素材の選別のために、快楽側と知性思慮の側の双方について、あらかじめそれらを仕分けしておくという役割をもつものである。ただし、快楽と知識技術の分析分類の間に挟まれた部分（五二C－五五C）のうち、快楽分析に続く部分（五二C－五三C）は、「純粋である（純粋に何々である）」ということが「真実である（真実に何々である）」ということの要件（あるいは実質的に等値）であることを論じるものであって、それまでの快楽の仕分け作業を終局部の混ぜ合わせ作業に結びつけるものであるが、その後の「快楽生成説」に関する議論（五三C－五五A）および快善同一説の明らかな不合理の指摘（五五A－C）は、快楽が善であることを否定する議論であって、先行部分との繫がりもはっきりせず、終局部の最終判定とも無関係な挿入的議論のように見える。ピレボス説論駁二段階作戦で言えば、その第一段階に属する性格のものである。

(3) 諸快楽の分析分類の前に置かれているのは、いわゆる「『ピレボス』の存在論」（二三C－三一B）である。これは善の資格規定と、快楽と知性思慮を切り離す思考実験とによって双方共に善ではないことが判定されたあと、第二ラウンドの議論へと移行するにあたって、「その議論のために必要な道具立て」として導入される。その第二ラウンドの議論では引き続き「快楽に厳格な吟味を施し、論駁して苦しめる」ことになることが確認された上で導入されるのであるから、諸快楽の分析分類の基礎理論となるはずのものであり、さらに終局部の善き混合的生の構築とそれの原因分析による最終判定のための枠組みをも与えるものである。すなわち、「万有のうちに今存在するものすべて」のうちに、「無限」と「限度」と「それら二者から混合されて生成した第三の類」、そして「混合と生成の原因」という四つの類を識別したあと（二三C－二七C）、「このあと、ぼくたちの議論は何かね、何を意図してここまでやって来たのだろうか。こういうことだったのではないかな。ぼくたちは二等賞が快楽のものになるのか、思慮のものになるのかを尋ねていたのだ。そうじゃなかったかね」、「それら（四つの類）をそのように切り分けたからには、おそらくはもう、第一位と第二位についての判定にもいっそううまく決着をつけられるだろうね」（二七C）と言われる。（この第一位と第二位というのが第二ラウンドについてのものなのかどうかは、やはりはっきりしない。）そしてまず第一ラウンドで勝利者とされた混合的生は第三の類に属することが確認され（「なぜならその類は何か任意の二つの混合ではなくて、およそ無限なるもののすべてが限度によって縛られることによる混合物であり、かくてこの勝利者たる生は正当にかの類の一部分となるだろう」（二七D））、快楽と知性思慮については最終的に「知性は原因と親近なものであり、ほとんどその類に属するが、快楽はそれ自身無限であり、自分のうちに始めも中も終わりも自分からは持たず、けっして持つことはないであろう類に属するということだ」（三一A）と宣言されるのである。混合的生のような善き混合物は原因の力によって無限が限度で縛られるというしかたで生成するのであり、知性は原因の類に、快楽は無限の類に属するというのであるから、すでにこの時点で、知性の快楽に対する優位は決定されているように思われるけれども、終局部においてこの枠組みに沿った具体的な混合のかたちと原因の働きとが明らかにされるということであろう。

そしてまた諸快楽の分析分類にあたっては、まず最初に身体のパトス（受動的状態変化）に沿った快楽と苦痛の生成が取り上げられ、それらは共に四つの類のうちの第三の「共通の類」のうちに生じるのが自然本来だと言われる。そして快楽分析の長い議論が終わると、「それでは純粋な快楽と大体は不純なと言われて然るべき快楽とをすでに適切に区別し終えたところで、すごく強烈な快楽には『度外れ』、そうでない快楽には『適度』という規定を議論においてつけ加えることにしよう。そしてまた『大きい』とか『ものすごい』とかを受け入れる快楽については、そのようなものになるのが度々であってもたまにであっても、それらはかの『無限』の、そして身体と魂を通じて『もっと（多く）、もっと（少なく）』という方向に運ばれていく類に属するのであり、他方、そうでない快楽は『適度なもの』の類に属するのだとしよう」（五二C）という総括が与えられる。この総括の言葉は、ピレボス流の最大の快楽ないしもっとも強烈な快楽は「無限」の類に、適度な快楽は第三の類に属することを述べるものだと解され、諸快楽の分析分類においても、四つの類の存在論が考察の枠組みとして用いられていることは明らかである。むろん、終局部への適用においては快楽はすべて「無限」に属すると言われたのに、快楽分析においては、第三の類が快苦の生成する場所とされ、また「適度な快楽」はその第三の類に属するともされるのだから、その適用の実際については何が何だかよく分からないようにも思われる。だがとにかく、プラトンの意図としては、この存在論の道具立ては、『ピレボス』の中心部をなす快楽論にも、対話全体のプロットの結末にも直接関係する重要な議論として位置づけられているものと思われる。

(4) そして「存在の四つの類」の前に置かれているのは、言うまでもなく、ピレボス説論駁の第一段階をなす、善の資格規定と「切り離しの議論」である（二〇B―二二B）。ソクラテス自身の総括によれば、ピレボス説論駁はここから始まるのである。

(5) すると対話の始まりからここまで（一一A―二〇A）は一体何がなされているのだろうか。すでに見たように導入部（一一A―一二B）で両説が提示され、善は快楽でも知性思慮のどちらでもなくて、他の第三のものであることが判明した場合の相対的勝敗の可能性が言及されたあと、対話はソクラテスとプロタルコスの最初の攻防（一二B―一四B）へと移行する。この箇所では、「快楽」それ自体は同一であり、すべての快楽が善であると主張するプロタルコスが、ソクラテスの提案を受け入れて、論究を進めるための両者同等の了解事項として、「快楽は数多く、かつ相似ていない、知識は数多く、かつ差異あり」ということを承認する。そこでソクラテスは「それならプロタルコス、ぼくの説ときみの説との違いを覆い隠すことなく真ん中において、思い切ってやってみるとしよう。それらが吟味されて、快楽が善であると言わなくてはならないのか、あるいは思慮がそうなのか、あるいは第三の何かがそうなのかを明るみに出すことになるのなら」(一四B)と言って、第一ラウンドの考察へと乗り出していくことになる。これまで見てきたプロットの構想からすれば、ここから直ちに(4)の議論に入っていってもよかっただろう。

だが実際には、その最初の攻防の中に「言論における一と多の問題」が姿を現わしたことが指摘され、言論における一と多に起因する混乱を回避して、対話による論究を適切に進めるための方法論的反省と準備が先に行なわれることになる。「言論への美しき方途」としていわゆる「ディアレクティケー(哲学的問答法)」が導入され、またものごとの技術に適った取り扱いはこれによらなければならないことが説明されるのである。この方法論的考察(一四C—一八E)は、『国家』『パイドロス』『パルメニデス』から『ソピステス』『ポリティコス』へと至るプラトンの形而上学と哲学的方法論の展開に直接関係し、その重要な一局面であると考えられるところから、(3)の「存在論」と共に、『ピレボス』においてもっとも多くの関心と解釈の対象とされてきたテキストである。

このディアレクティケーの導入には、さらにまた特定の目的がある。プロタルコスとの最初の攻防は、快楽が一にして多なるものであることをソクラテスが指摘するところから始まったのであり、その一にして多なる快楽を技術に適ったしかたで取り扱うためにディアレクティケーが導入されたのである。そして快楽が善か、知性思慮が善かという当面の問題にそれは一体何の関係があるのかと詰問するピレボスに対し、その方法が要求しているのは、「快楽（および思慮）の種類（形相）といったものがあるのかないのか、いくつあって、それぞれどのようなものか」を明らかにすることだという説明がなされる。この道筋からすると、つぎに期待されるのは、ソクラテスが快楽（および思慮）の諸種類を分析分類することであり、これは三一Aからの快楽論へと真っ直ぐに繋がるものであるようにも思われる。

ところがプロタルコスは、「快楽と知識を種類（形相）に分割すべきなのか、あるいはまたそのまま打ち捨てておくべきなのか」（二〇A）を決めるようソクラテスに要求し、何かまた違ったやりかたで今の問題を解明することができるなら、それでもよいとするのであって、ソクラテスは後者の選択肢をとって、「善の資格規定と切り離しの議論」による快善同一説論駁へと向かうのである。そして「他方、快楽の諸種類（形相）の分割へと向かう議論のほうは、ぼくの考えでは、もうこれ以上は何の必要もなくなるだろうね。だが前に進んでいけば事柄がおのずからもっと明瞭に教えてくれるだろう」（二〇C）と言うのであって、これは快楽の種類分けの中止、もしくは放棄を告げるものと考えられる。

だが三一Aからの快楽論は、まず二種類の快苦、すなわち身体の自然的調和状態の崩壊と回復による快苦と、魂がそのような身体の受動的変化とは独立に自分だけで経験する快苦とを提示するところから出発する。そしてこの二種類の快苦を基礎として、身体的快苦と魂の快苦とから成る快苦の混合、身体だけに即した身体的快苦の混合、魂が魂だけでもつ快苦の混合の三通りが区別され、さらに混入のない純粋な快楽の存在が指摘され、そして知識技術についても幾つかのタイプないしグループへの分類がなされるのである。快楽と知識の分割分類ということは現になされていると考えられるだろう。しかしこの分割分類は、「言論への美しき方途」として導入され、説明されたディアレクティケーの方法を、部分的に、あまり組織的ではないしかたで行使するものである。さらにまた、快楽と知識の分類だけでなく、二三Cからの「存在論」でも、このディアレクティケーは用いられている。すなわち、四つの類のうちの三つを切り分けて、そのうちの「無限」と「限度」について、「そのどちらもが多に引き裂かれ散らばっているのを見た上で、今度はそれぞれを一へと総合するというやりかたで、それらの各々がそもそもいかにして一であり多であったかを認識するように努めるとしよう」(二三E)と言われ、「無限」の類に対するその総合の手続きは、「先ほどの論」(一五A)に従うものだとされる。だがその手続きは、先の論で説明された方法の一部にすぎず、そこでもっとも強調されていた「中間の多を数え尽くす」ということは欠落しているように見える。

結局、プラトンは快楽の種類分けをするつもりではいたが、それまでに説明してきた、いわばフル規格のディアレクティケーをそのまま行使するのは止めて、より緩やかで、快楽と知識の分析だけに限定されない広範囲な適用へと方向転換したのだと考えられる。『ゴルギアス』の快楽主義批判では、まず快善同一説を斥けて快楽と善とが別物であることを確立した後に、善い快楽も悪しき快楽も存在するからには、それらを識別する技術、つまり快楽の本性と原因を理論的に研究し、「分類して数え上げる」技術が必要だということが指摘されるという運びであった。『ピレボス』のソクラテスは快楽の多様性、特に善悪における多様性を指摘するところから議論を開始してディアレクティケーを導入したのだが、その時点で、やはり先に快善同一説を論駁するのが然るべき手順だと考えて、「善の資格規定と切り離しの議論」へと移行したということであろう。そしてその際、「快楽の種類（形相）がいくつあって、それぞれはどのようなものか」ということの厳密で包括的な分析は、ただ中断され延期されたのではなく、やはり放棄されたのである。それはピレボス説論駁の基本線略にとってはあまりに過大で不必要な仕事になると考えられたためであろう。

このようにして、『ピレボス』開始直後に置かれたディアレクティケーに関する議論は、結局はそれ以後の論究を比較的緩やかに規制し、部分的に用いられるだけの、むしろそれ自体の興味に牽引されて語られた逸脱的議論である。『ピレボス』全篇の劇的構成から言えば、あくまでも議論の中心線からは外れた予備的、準備的な考察であるとみなしてよいのである。

これはある意味で多くの読者をほっとさせる事態かもしれない。『パルメニデス』や『ソピステス』などをまだよく読んではいないという読者は、せっかく『ピレボス』を手にとっても、最初の部分の晦渋さに辟易して投げ出してしまうということになりがちなのであるが、そういう場合は、この部分（一四C－一八E）を飛ばして読めばいいのである。そしてソクラテスがピレボス論駁のための二段階戦略に沿って、さまざまな議論、論点を繰り出し、組み立て、時には対話相手のプロタルコスの反応に応じて、逸脱的議論に踏み込みながら、紆余曲折、何とかそれらを織り合わせてゴールにまでたどりつくその奮闘ぶりをまずは楽しむがよいのである。個々の議論には不備不足も、興味をそそられる部分も多々あるだろう。だがソクラテスはあらかじめ入念に選ばれ、綺麗に整えられた経路を案内するガイドではない。それがプラトンの意図したものであったかどうかはともかく、『ピレボス』のソクラテスの議論は、市場の人ごみの中を押し合いへし合いしながら、どうにかよい材料を見出し、必要なものを買い整えていくといった感じの、臨場感あふれる議論であって、いちいちの議論について最初から細かい詮索をしなければ、『ピレボス』がうんざりさせられるなどとはとんでもない、むしろわくわくさせられる対話篇である。そしてそれを楽しんでから、ゆっくりと個々の議論の内容について吟味すれば、それもまた面白いということになるだろうと訳者には思われる。

話が逸れたが、最後から逆向きに概観してきた議論の諸部分を、今度は対話の始めから並べて全体を整理しておくとつぎのようになる。

第一回目の競争（一一A―一三B）
対話の始まり（一一A―一二B）
最初の攻防（一二B―一四B）
［言論における一と多の問題（一四C―一五C）］
［美しき言論への途としてのディアレクティケー（一五D―二〇B）］
善の本性の資格規定および切り離しの議論（快善同一説論駁）（二〇B―二三B）

第二回目の競争（二三C―六七B）
(1) 四つの類の存在論（二三C―三一A）
(2) (a) 快楽論（三一B―五二C）

真実さと純粋さについての考察（五二D－五三C）

［快楽生成説（快善同一説論駁補遺）（五三C－五五A）］

［快＝善とすることの不合理（快善同一説論駁補遺）（五五A－C）］

(2)(b)知識論（五五C－五九D）

(3)快楽と思慮（知識）と真実の混ぜ合わせ（最善の生の構築）（五九D－六四C）

最善の混合的生における善の要因との関係による順位判定（六四C－六七B）

第二競争は大きく三部に分けられ、(1)は「混合の原理論」といった意味合いのもので、「無限」と「限度」から混合された「第三の類」の生成と「原因」の機能についての原理的考察である。(2)は「混合材料の仕分け」であるが、この仕分け作業すなわち快楽論と知識論、とりわけ快楽論がその配置においても内容においても本篇の中心部をなし、「快楽について」という伝統的な副題の適切さを保証するものである。そして(3)が「混合による最善の生の構築と快楽の位置（順位）の判定」ということになる。以下、問題のある箇所、というとほとんどすべてだが、特に重要だと思われる問題箇所について、若干の解説を試みたい。

『ピレボス』の諸問題

1　ディアレクティケー(1)——言論への美しき方途

ソクラテスがプロタルコスとの最初の攻防において姿を現わしたと指摘する「一と多の言表」は、感覚的事物とは異なる「善」や「美」や「人間」などの非感覚的な「一」が、それら相互の間で、また特に、感覚される多様な事物との関係において、多なるものとして語られるということであった。そのような言表が驚くべき言表として疑義や論難の対象とされる場合には、これを取り上げて適正に応対し、同意を取りつけておくことが、論究をうまく進めるために必要だと言われる（一五C）。そして「昔も今も、一と多が言論（言表）によって同じものとなって、言表されることのそれぞれのもとで、そのつど常に、あらゆるところを走り回る」のであり、そのことは「言論（言表）そのものに与えられた滅することも老いることもない性（性質）としてわれわれのうちにある」という、例によって謎めかした曖昧な言い方でその説明を始める（一五D）。その要点は、そのような「一」が言論もしくは言表によって語られる時にはそれは一であるとともに多なるものとして語られるのであって、これを言論の不可避的な所与として了解しなければならない、ということである。それは言葉に出して言われると、驚いて当然のことだが、感覚される一なる事物についての一と多の場合もそうであったように、やはり驚くにはあたらないのである。しかし若者たちの中で言論の営みに近づき、初めてこの一見驚嘆すべき事態を知った者たちは、これをきわめて不適切なしかたで濫用して無用の混乱を作り出す。そこでそのような混乱を避けて、非感覚的な「一」における一と多の技術に適った取り扱いの方法として導入されるのが、言論へのもっと美しい方途としてのディアレクティケー（哲学的問答法）である（一六B）。

だがディアレクティケーがそこからの脱出策であるところの混乱とはどういうもので、その混乱を生むもとになる「言論による不可避的な一と多の事態」とは何なのか、そしてこれは、先に指摘された非感覚的な「一」についての異論、すなわちそれが一でありつつ多であるのはいかにしてかという疑義とどう関係するのだろうか。言い換えると、ディアレクティケーの導入は、(1)非感覚的な「一」についての一と多に対する異論にどのように答え、どのような同意了解を取りつけようとするのか、(2)言論による不可避的な一と多の事態に由来する混乱、騒ぎとは何であり、それをどのようにして救済ないし回避しようとするのだろうか。

ハックフォースは、この「一」が一にして多である、すなわちイデアが多くの感覚的事物によって分有されるということは、イデアが（「美そのものは美しい」というような）自己述定される範型的存在であるかぎり解決できない逆説的事態であって、主語述語構造をもつすべての言表や陳述は主語による述語の分有を記述するものであるから、同じ意味で一と多の同一という逆説を含むのであり、ディアレクティケーはそれを論理的形而上学的に解決するのではなく、その逆説的事態をどのように取り扱えばよいのかを教えるのだと説明している。しかしゴズリングが指摘するように、ハックフォースは非感覚的「一」をめぐる異論（一五B）は二点であるとし、分有によって一が多となる逆説や驚異は、雑多な感覚的事物との間でだけ問題にされていると主張していたのだから、彼が言う言論における一と多の逆説的事態は、「テアイテトスは座っている」というような個別命題についてだけ認められ、「正義は善い」といった一般命題には妥当しないことになる。また、「言論への美しい方途」が解明するはずの快楽や思慮の多が感覚的事象の多ではないとすれば、ハックフォースの言う「一と多の同一」はその方途が扱おうとするものとは無関係なものになる。

ゴズリング自身の解釈は、そもそも「述語」というものが多くのものを無差別に同じものとして扱わざるを得ないということが、言論そのものに宿る不変の事実だというものである。たとえば、「何々は快楽である」という場合、その何々は実際にはある特定の形態ないし種類の快楽であり、他の何々もまたそうであるが、しかし「快楽である」という述語はそれらすべてを同じものとして指示せざるを得ない。そこで若者たちはこの述語についての事実に依拠して、「快楽」は一つの類を指示するとしてすべての快楽を丸めて捏ね合わせ、つぎにそれらの間の差異を強調することによって、それらはすべて同一であるとともに相互に反対でもあるというような逆説を主張するというのである。ハックフォースの解釈では「言論そのものの不老不死の性質」と言われるものは、雑多な個物によるイデアの分有と同等の逆理逆説だということになるが、ゴズリングの解釈では分有問題との関連は断たれているので、それはあくまでも言論そのものに宿る、逆説などではない端的な事実であって、若者たちはこれを不当に濫用するのだということになり、この点はゴズリングの解釈のほうが正しいと思われる。

またゴズリングの解釈では、「非感覚的な『一』について一と多が言論によって同じものとなる」ということは、その「一」が述語として用いられる場合、その述語は多くのものを、しかし包括的に、すなわち一つのものとして指示する、つまり同じ述語において一と多が融合するといった意味に解されているようである。それは「一」、つまり述語が一にも多にもなるということであって、だから「一と多が言論によって同じものとなって」という訳は、ギリシア語の「なって」の複数形に合わせて「一と多」を主語として訳したものだが、バッダムのようにアトラクション（牽引）で述語に合わされていると考えて、「同じものが言論によって一にも多にもなって」と訳してよいならそのほうがよい、ということのようである。（フレーデは、このゴスリングの解釈の基本線に従って、非感覚的な「一」の一と多の問題は、言語のレベルにおける一般的述語の問題、それが普遍的一を指示するものであると共に、個々の事例を指示する場合もあるという語義の曖昧さの問題に移されていると言い、さらに「述語づけは主語に別の何事かを付加し、主語を多なるものとする」とも言っている。）

さて訳者は、「言論による一と多の同一化」についての、述語や述語づけがどうこうといった解釈には賛成できないのであるが、それを説明するためにも、ここで「言論へのもっと美しい途」とは何なのかということをあらためて見ておかねばならない。これは、ソクラテスが「常々恋い慕っている」（一六B）ものだと言われ、「互いに言論を交わす問答法的なやりかた」として「争論術的なやりかた」と対置されていることから、『パイドロス』で導入され、『ソピステス』および『ポリティコス』でその豊富な実践例が与えられるところの、総合と分割を具体的な手続きとして含む「ディアレクティケー（対話の技術、哲学的問答法）」であると解するのが自然である。ただし、そのパイドロス以降の後期ディアレクティケーとは何かということが問題で、そこにはプラトンの思考の発展や揺らぎや新たな模索があって、けっして確定的に手続き化された単純な方法に帰着させ得るものではない。『ピレボス』の「言論への美しき途」は『ソピステス』『ポリティコス』の分割（ディアイレシス）を主体とするディアレクティケーの方法ではないとする解釈（Trevaskis, Gosling）が時に出現するのは、一六C－一七Aの原則論を分割法による論理的な類種構造の分析手続きを述べるものだと解すると、それに続く例示説明がうまく適合しないと考えるからだが、そこにはやはり同様に、ディアレクティケーについての何か特定の固定的な理解が前提されている。

『ピレボス』のディアレクティケーの原則論的説明は、「そのつど常に『ある』と言われるものは『一』と『多』から成っており、みずからのうちに『限』と『無限』を同じ生まれの同伴者としてもっている」（一六C）という存在論的言明から始まる。そしてそのような存在の成り立ちと構造に従って、「あらゆるもの」について常に一つの形姿（イデア）を措定して探し、一つのつぎには、二つ、もしくは三つなり何なりの形姿を、そしてまたそれらの形姿の一つ一つを同じようにして見分けて、最初の一が一であり多であり無限であることのみならず、「どれだけの数」あるのかを見るに至るまで注視しなければならないと言われる。ここで直ちに問題となるのは「そのつど常に『ある』と言われるもの」とは何かということである。

(1)プラトンのディアレクティケーといえば、『国家』第六巻で「ただエイドス（イデア）そのものを用い、エイドスを通ってエイドスへ、そしてエイドスにおいて終わる」（五一一B－C）と言われるように、ただイデアだけを対象とするということから、そして『ピレボス』（五七E－五九D）でもそのことは明言されているのだから、それは真実在イデアであり、したがって「そのつど常に『ある』と言われるもの」は「『常にある』と言われるもの」と訳さねばならないとする解釈が当然考えられる。またこの解釈を厳格に主張するなら、「最初の一が一であり多であり無限であることのみならず」という行文の「無限」もいわゆる infimae species、すなわち最下層のイデアだということになる。

(2) しかしこのディアレクティケーは、一五Bの非感覚的な「一」についての一と多の問題を正しく取り扱うために導入された方法であり、一五Bでは「生成する無限なるもの」における多が言われていたのだから、最下位のイデアはむしろ「どれだけの数あるのか」に含まれるべき有限多であり、それを超えたところに生成物、感覚物の無限が眺められているとしたほうがよさそうである。さらに「あらゆるもの」について常に一つのイデアを措定して探すという場合の「あらゆるもの」は、感覚される雑多な事象であり、やはりまず生成する無限が眺められて、そこに何らかのイデア的な形姿が見出されるというように理解したほうがいいだろう。つまりその感覚的事象に対して一なる類的イデアの形姿が措定されて、一つの名辞で掬い取られ、それが有限数の下位イデアに分割され、識別され切ったところで、その感覚事象は無限へと放ち返される、すなわち形相にまとめ上げて形相を通して感覚事象を理解するという作業は終了するということになるだろう。だが「そのつど常に『ある』と言われるものは『限』と『無限』とを持つ」というのはどういうことだろうか。先の厳格なディアレクティケー解釈であれば、一なる上位イデアが多なる下位イデアを包括し、最下位のイデアは無限多で、それよりも上位のイデアの数は有限だということになるが、訳者にはやはり無限多のイデアというのは了解しがたいので、その「無限」は最初の一なるイデアの下に眺められる「生成の無限」であり、「限」は「一」と「無限」の中間の有限数のイデアを指すと思われる。

だがまた(3)「あらゆるもの」を何らかの感覚される事象と解する場合には、「そのつど常に『ある』と言われるもの」もその感覚事象であるとする解釈もありうる。つまり名辞によって一つのものとして指示される感覚事象そのものが、一であり有限の多であり、無限多であるとして取り扱われるべき構造をもつとする解釈である。さらにまた、(4)「そのつど常に『ある』と言われるもの」を感覚される個物と解し、それの一と多、限と無限を、アリストテレスの形相と質料に類比したかたちで理解しようとする解釈も古くからある解釈である。しかしそもそも感覚される「一」についての一と多の問題が論究の外に排除されている以上、(3)と(4)はとりあえず排除しておいてよいだろう。

そこで(1)と(2)の二つの線の解釈であるが、これらはいわばソクラテス（プラトン）の視線の方向性をどう解するかということで、一方はイデアの世界に視線を集中してその秩序構造を辿るものであり、他方はその秩序構造を眺めつつ、感覚される世界の事象のうちにそれを適用し、それに対応するものを探っているとするのであって、いずれも認識の手続きとしては大さく三つの階層を想定している。すなわち「一」と有限の「多」と「無限」であり、「一」と「無限」との中間の多を識別し尽くすことがその方法の要諦である。『ピレボス』のディアレクティケー導入の狙いは中間の多の導入であると言っても過言ではない。この点を念頭において、ソクラテスとプロタルコスの最初の攻防から議論を振り返ってみたい。

ソクラテスは、快楽は多彩で、その名前を聞いているぶんには何か一つのものだが、ありとあらゆる、ある意味では互いに相似ることのない形姿をもつと主張するのに対し、プロタルコスは快楽を生むものは多様であっても、快楽自身は同一だとする。そこでソクラテスは色と形を引き合いに出して、「類においては全体が一つ、だがそれの部分は部分に対し、相互に正反対のものもあれば、甚大と言ってよい差異をもつものもある」と説明するが、プロタルコスは快楽は快楽であるかぎり同一であるという主張を崩さない。双方の主張は平行線のまま、平等の歩み寄りとして「快楽は数多く、かつ相似ていない、知識は数多く、かつ差異あり」ということが承認されるのである。ここに見られる一と多の二項は、非感覚的な一と中間の有限多なのか、それとも一と無限多なのかというのが問題で、たとえばハックフォースは、ソクラテスが色と形の類例によって指摘しているのは、類的一と種的一を区別することだと言っている。つまりその一と多は、類と多数の種の関係を示すものだと考えたのである。ソクラテスは後に導入される類的一と有限数の種的一とさらにその先の感覚的事象の多をすでに望見しているのかもしれないが、しかしこの時点ではその三項を持ち出すことはしないで、二項に留めている。そして形の多についてはまだ「エイドス」の語を用いないで、「メロス（部分）」という語を用いており、このメロスは、一人の人間の身体が一にして多であることを指摘する通俗的な議論における感覚的な多についても用いられていた語である。（なおまたそこでは身体の諸部分を分割することによって、一なるものが多であり「無限」であると言われており、感覚的雑多は「無限」である。）そしてプロタルコスが、快楽を生ずるものは相互に反対であるが、快楽自身は同一だと言うとき、その相反するものを種的な形相同士として想定しているなどということはありそうにない。最後に快楽は数多く、知識も数多いことが承認されるときも、多くの種類（エイドス）があるというのではなく、ただ多いと言われているのである。

訳者にはこの議論に現われた一と多は、非感覚的な類的一と、感覚される雑多すなわち無限であると思われるが、多数のエイドスを示唆しているかのようにも見える曖昧な言いかたであることも事実であり、意図的にエイドスの多と感覚的雑多が重ね合わされているのかもしれない。しかしとにかく非感覚的な一が多であるという言表が語られたのであり、これを驚くべきこととして論難する異論が紹介され、この異論にどう対処するかについての同意了解が論究の円滑な進行のために必要だとされるのである。そこでこの異論だが、ハックフォースは、最初の攻防では類と種的多の間の一と多が指摘されているとしながら、この異論は非感覚的一（イデア）の感覚的雑多における一と多に関するものだけだと言うのである。また最終的に快楽と知識の種類（エイドス）への分割が要請されることから、ディアレクティケーが取り扱うのは類的エイドスと種的エイドスとの関係であるとしながら、一五Bの異論は二点であって、エイドス相互間の一と多の問題は提起されていないとするのであり、この点はゴズリングやフレーデも同様である。

快楽の一と多についての最初の攻防と、そこに含まれる一と多の言表の指摘と、それに対する異論、反論と、ディアレクティケーによるその異論への適正な対処、そしてそれはまた一と多の言表に関する混乱、騒動を回避するもっと美しい言論への方途として導入されるという文脈において、彼らは提示される異論は二点だとする偏頗《へんぱ》な読みを選択し、単純で一貫した解釈を放棄している。訳者の理解では、非感覚的な「一」についての一と多の言表の出現とそれに対する異論は、著者プラトンによってやはり類的一と種的多と感覚的雑多の三項を前提して考えられている。しかしプラトンは始めからそれを明示しないで、最初の攻防ではその多が種的多なのか感覚的雑多なのかを曖昧なままにしている。したがって非感覚的な一についての一と多の言表の存在が指摘されるときも、それがどのようにして語られる一と多の言表なのかは曖昧なままである。それに対する異論が紹介されて異論は三点あり、一と多の言表が二通りのしかたで語られることが一応示されるが、種的多との関係における一と多、すなわちエイドス相互の関係における一と多は、「その非感覚的な一がこの上なく確固として一なるものであるのはいかにしてなのか」というやはり曖昧な言い方で示されるだけで、感覚的雑多との関係における一と多のようには明確に語られていない。フレーデはもしそうならもっと明確に語ることができたはずだという理由で、それは語られていないと結論したのである。しかしプラトンは意図して曖昧に語っているのだと訳者には思われる。それは、一と有限の多と無限の三項にわたる全体的構造を認識すること、特に有限の多を認識することがディアレクティケーによる解決ないし適正な処理の要点だからであり、ディアレクティケーの導入によってそれを提示するときの劇的効果を計算してのことである。

ここでディアレクティケー導入に至る経緯について訳者の読みをできるだけ簡潔に述べておきたい。人間や牛や美や善を非感覚的な一として措定する場合、その一は他の同様の多数の一との関係においても感覚的雑多との関係においても、一であるとともに多なるものとして語られるところの複合的全体である。幾つものレベルで多性を含む全体であるから、それを言論によって取り扱う場合には、当然、一が多であり、多が一であるという言表を語ることになり、そのような一と多の言表には容易に異議が唱えられるし、またそれはあらゆる人間に面倒をかけるものである。ソクラテスはまず、一が多であり多が一であるなどと言表するのは驚くべきことだ、そんなことがどうして可能なのかという異論に対して、言論とは本来そういうもので、そのような「一」について語るなら、それは必ず一と多を同じものとして（あるいは同じものを一であるとともに多なるものとして）語ることになるのであって、驚くにはあたらないと言うのである。（一と多の問題はもともと言論（言表）における一と多の問題として導入されたのであり（一四C）、「確かぼくたちの主張では」（一五D）という句はそのことへの言及であろう。　五Dで初めて、非感覚的な一の問題を言語のレベルに移して扱うことにしたというのではない。）ではなぜ言論（言表）において非感覚的な「一」についての一と多の同一が不可避なのかといえば、それはまず、もともとそのような「一」なる存在はすべて本来「一」と「多」から成っているからだとソクラテスは言うわけである。プラトンにとって、ロゴスは言論であるとともに、自己自身との対話としての思考であり、思考は存在についての思考である。「ロゴスによって」ということは、単に言語のレベルにおいてということではなく、結局は存在そのもののあり方に基づいて、ということである。だがまたそれはロゴス（言論および言語に即した思考）によって取り扱われることによって、一が多であり、多が一であるという言表を生むことになる。それは述語づけとか述語とかいうことよりも、ロゴスそのものの機能によるのである。つまりロゴスは直観的思惟とは違って、「一と多から成る全体」を同時に一挙に把握し表示することができないからである。それはある時にはその全体を一への方向において記述し、またある時はそれを多への方向において記述するということにならざるを得ない。「昔も今も、一と多が言論によって同じものとなって、言表されることのそれぞれのもとで、そのつど常に、あらゆるところを走り回る」というのはそのことを告げている。（したがって、ゴズリングが言うのとは意味が違うけれども、やはりバッダム案のように訳すほうがその点はより明確になると思われる。つまり非感覚的な一という同じものが言論によって一にも多にもなるということである。しかし、どのみち詳しい解釈、説明がなければ了解できない文であり、解釈の可能性は色々に考えられるのであるから、翻訳本文としては、底本のテキストにそって、標準的な文法に従った訳文を提示するほうがよいというのが訳者の判断である。）

ソクラテスはつぎに、若者たちは言論のこのような根本的特性を知ると、それを不当に扱って混乱を引き起こし、人々に面倒をかけるということを指摘する。すなわち彼らは「ある時は片方向に丸めて一つに捏ね合わせ、ある時はまた逆に延べ戻して分断する」、つまり一つの一般名辞によって指示される非感覚的な一を、ある時は一になる方向へと導き、ある時は多に別れる方向へ導くことによって、一と多の言表を作り出し、驚くべき言説だ、そんなことがどうして可能なのかと人々に詰問するわけである。彼らの議論は、「いちばん似ていないものはいちばん似ていないものに何よりもよく似ている」（一三D）ことを主張する場合や、人間の身体が一にして多なるものであることを指摘する議論、すなわち「各人の四肢やまた諸部分を言論でもって分割して、またそれらすべてがその一人のものだとの同意を得た上でだよ、おまえは驚くべきことを言わざるを得なくなった、一なるものが多であり無限であり、多なるものがただ一つだとはね」（一四D－E）と嘲笑しながら論駁する議論と同じ方式のものである。彼らはそれを感覚物ではなく、非感覚的な一においても行使することを覚えた者たちであって、「万人のうちでもっとも低劣、かつ言論においても尻の青い連中」「然るべき齢に達しない若輩者」（一三C－D）と言われていた者たちである。では彼らの低劣さはどこにあるのかと言えば、それは彼らが一なる全体の構造を十全に順序正しく識別することには意を用いず、ただ一と多の言表を作り出すことだけに夢中になっているということである。つまり彼らは「無限と一の中間にあるそれの数のすべてを見て取る」（一六D－E）ということができず、「行き当たりばったりのやりかたで一を、そして然るべき時よりも早すぎたり遅すぎたりして多を作りながら、一の後は直ちに無限を作り出す」と言われるエリスティケー（争論術）の徒なのである。この箇所ではこの争論術の行使者は「現今の賢者たち」と言われ、これが若者たちに対する皮肉な物言いであるにせよ、若者たちの間で人気を博する『エウテュデモス』のディオニュソドロスやエウテュデモスのような者たちがイメージされているにせよ、同じことである。いずれの箇所でも言論における同じ低劣さ、混乱、騒ぎのことが言われていて、ディアレクティケーはそれを回避するもっと美しい言論への方途なのである。

『パイドロス』で初めて後期的形態のディアレクティケーが導入されたとき（二六五C―二六六B）、それは、「多様にばらまかれているものを総観して、これをただ一つの形姿（イデア）にまとめること」と説明される総合（シュナゴーゲー）、および「それとは逆に、自然本来の分節に従って種類（エイドス）ごとに切り分けること」と説明される分割（ディアイレシス）という二つの手続きによって、「自然本来的な一と多のどちらのほうにも目を向けることができる能力」であると規定されていた。対象を一になる方向にも多に分かれる方向にも認識してその全体を過不足なく知ることがその眼目である。しかし、総合と分割の方法はただ恣意的に一へとまとめ上げ、多に切り分けるというだけの作業に形骸化され、濫用される危険が多々あることにプラトンは気づかされたのであろう。自然本来の分節に従った分割は、どの段階においてもそのつど真の種類を適切に総観、総合することによって裏打ちされていなければならないが、これは容易なことではない。『ソピステス』での、分割による幾通りもの試行的な定義の中からもっとも適切な分割の道筋を見出そうとする試みや、とりわけ『ポリティコス』における分割作業そのものの間違いの指摘と修正（二六二A―二六四B、二七四E―二七六E）には、プラトンのそういった経験と意識が窺われ、『ピレボス』ではソクラテスに、「ぼくは常々それを恋い慕ってはいるのだが、しかしそれは、これまでにも度々ぼくを見捨て、ひとりぼっちの窮状に追いやってきたものなのだ」（二六B）と述懐させているのである。中間的なエイドスをすべて見て取る必要を強調するのも、やはり同様の意図によるものであろう。

2　ディアレクティケー(2)――テクナイへの途

さて言論への美しき方途としてのディアレクティケーが、言論における一と多の問題との関連において、どのような筋道で、どのようなものとして導入されているのかに続いて、それをさらに、文字と読み書きの技術（グラマティケー）および音楽の技術（ムーシケー）の類例によって説明している箇所（一七A六―一八D）を取り上げなければならない。「およそ技術に関連して発見されたもののすべては、この方途を通じて明らかになった」（一六C）と言われるように、ディアレクティケーはテクナイ（諸技術）への途である。『パイドロス』において「自然本来的な一と多のどちらにも目を向けることのできる能力」という基本規定が与えられたあと、弁論術や医術や創作や音楽を技術として成立させるものは何かが問われ、それは、それらの対象である魂や身体や悲劇や音楽のような複合的全体を、技術に適ったしかたで取り扱う能力であることが明らかにされる。「弁論術の、ディアレクティケーを取り去った残りの部分」（二六六D）といった表現からも明らかなように、ディアレクティケーはまさにそういった諸技術のうちに含まれて、そのような全体的認識を可能にし、それらを技術たらしめるものである。あるいは諸技術はそれぞれの対象の複合的全体を技術に適ったしかたで取り扱おうとして、類比的にディアレクティケーを行使するのである。ディアレクティケーを類例によって説明しようとして、諸技術におけるディアレクティケーの類比的運用が語られていると言ってよいだろう。『ピレボス』においても、グラマティケーやムーシケーはディアレクティケーを説明するための単なる類例ではなく、それぞれの対象領域においてディアレクティケーを類比的に運用行使するものとして取り上げられていると考えられる。

この類例による説明については、一体、いくつの類例が与えられているのかということと、その説明内容がどのようなもので、それが果たしてディアレクティケーの説明と言えるのかどうかが問題とされてきた。まず(1)(a)声音は発声されるものとしては「一」であり、無数の声音があるという意味では「無限」であるが、(b)それに加えて、それがどれだけあり、またいかなるものかを知ることが、人を文字の心得のある者にする。つぎに、人を音楽に通じた者にするのもその同じものであって、(2)(a)音声自身は一つだが、「低い」と「高い」と「同じ」の三つがあり、そのことを知っているだけではまだ音楽に通じているとは言えないが、それすら知らないとすれば、まったく何の心得もないことになる。(b)しかしさらに音程の数がいくつあり、音程を作る一つ一つの音とそれらから生じるすべての音階(ハーモニー)、さらに身体の動きの遅速が数によって計られることによって生じるリズムや韻律を把握したなら、音楽に通じた者となり、他のどのような一についてもそのように考察して把握するなら、思慮ある者になる。そして(3)(A)原則論で示された、一から何らかの数を経て無限へというプロセスとは反対に、まず無限を把捉することを強いられた場合にも、直ちに無限から一へと移るのではなくて、中間の多を見て、最後にすべてから一に至るべきことを例示するものとして、(B)テウト神による文字組織(音韻組織)と文字の技術の発見の手順が語られる。

(1)は声音について、一と無限のみならず、その中間の多を見なければならないことを述べているだけのように見えるが、一六C－Eの原則論と(3)(A)からすると、まず声音の一であることを把握して、そこからすぐに無限に目を移さず、先に中間の多を見るというプロセスが想定されていると理解する必要があるようである。そして(2)は音楽の音について(1)と同じことを述べるものとされ、(a)と(b)それぞれが対応するのだとすると、音声について「高い」「低い」「同じ」の三つを置くというのは、一なる音声を三種の音、もしくは三つの音域に分割するということではなくて、その一なる音声が高低において無限であることを示していると解される。二六Aの「高いのと低いの、そして速いのと遅いのにおいても、これらは無限のものであるわけだが、その同じことが言えるのではないか。その正しい共同が限度を作り上げると同時に、音楽全体を最終的に組織づけたのだ」という行文はその解釈を支持するように思われる。むろん『国家』(四四三D)には、魂の三部分の調和を音階の調和になぞらえて語る際に、「ネアテー(高音)、ヒュパテー(低音)、メセー(中音)」という専門用語を用いて、これらの音を音階の調和をかたちづくる部分とする行文があり、さまざまな音階を構成するさまざまな音の上位区分が言われているようにも思われるが、確かなことは分からない。だがもし「高い」「低い」「同じ」が一なる音声の三つの区分を示すのだとすると、(2)においては音声が無限であることは明示されていないということになり、(1)と(2)は、一から中間の多を経て無限へという原則論のプロセスを説明しているようには見えない。そして(3)(B)のプロセスは、声音が無限であることを看取したあと、その無限の中にそれぞれが多を含むところの、母音、半母音、子音という三つの種類を見出して区別するのだが、それに続いて行なわれるのはその三つのそれぞれを分割し、そこに得られるすべての

「一」の各々と全部に「字母」という名前を与え、それらの字母はいずれも全体を離れて単独で学ばれる得るものではなく、その意味で一つの全体を構成しているとして、その全体を対象とする技術をグラマティケーとして告知するというものである。最後に到達される「一」は、字母もしくはそれに対応する音の全部であり、それらから成る一つの音韻組織である。ソクラテスがこれらの音の全体を、「口から発せられるもの」として「一」である声音と同一視しているのかどうか、つまりそれらの字母を区分けして三つの種類にまとめ、さらにその三つの種類を一なる声音にまとめ上げるというプロセスは省略されているだけなのかどうかは明らかでない。というよりもむしろそんなことはなさそうである。したがってこのプロセスが、「無限」としての声音から出発し、声音の三つの種類を経て、「一」なる声音に至るものなのかどうかはきわめて疑わしいのである。そこで、(1)と(3)に、一から無限多へ、無限多から一へという方向の反対性が明確に認められないのなら、それらを別の類比説明として区別する必要はなく、(3)は(1)で簡単に素描したことを詳しく補足するものだと考えて、それらを一つにまとめて読めばよいということになり、類比説明はグラマティケーとムーシケーの二つだとみなされることになる。

しかしこの箇所の細部には、他にも疑問点が多々あって、そうしたからといって、それでそのグラマティケーとムーシケーについて言われていることが、原則論の説明としてすっきり理解できるということにはならない。ハックフォースは、類例は三つとしたまま解釈するのだが、彼は原則論において述べられている方法は、『ソピステス』や『ポリティコス』では種的エイドスの定義のために用いられた総合と分割の方法を、一つの類に包摂されるすべての種を分類するのに用いようとするものだとした上で、一つめのグラマティケーについての説明は原則論の方法に合致するが、簡潔すぎるので三つめの説明から具体的内容を補わねばならず、二つめのムーシケーによる説明は原則論の方法、つまりディアレクティケーの方法には適合せず、三つめの類例は説明が混乱している、したがってこれらの類比説明は全然所期の目的を果たしておらず、かえって読者を困惑させると言う。グラマティケーとムーシケーについて言えば、前者は声音の類種構造にそった分類を行なうものだが、後者の音は「類」ではなく、高低において伸び拡がる無限ないし無限定な連続量であって、音楽はこれに、分割ではなく数比による限定を加えて音階を作る、これはディアレクティケーの方法ではなく、後に導入される「四つの類の存在論」における「無限」と「限度」の先取りであり、肩慣らしだとするのである。だがむろんこのような身もふたもない宣告に納得する研究者などいるはずもなく、プラトンは二つの技術について同じことを説明しようとしているのであるから、その方向での解釈努力を惜しむべきではないということで、両者共に原則論の適切な類例であることを示す試みがなされるわけだが、その際、グラマティケーもムーシケーと同じく連続量としての「ポーネー（声音、音声）」を扱うものであるとする線での解釈もあれば、また何らかのしかたで、類種構造にそった分割という線を守ろうとする解釈の試みもあるといった状況である。

だがしかしそういうことであるならば、並列的に提示された類例が二つか三つかということではなく、むしろ全体を一つとして、そこで何が説明されようとしているのかに着目して読んでみてもよいだろう。そして実際、この議論はプラトンに多く観察される、或る一つの論点を目指しての段階的、展開的ないし収斂的な議論であるように訳者には思われる。

すなわち、(1)ではまず(b)の「それがどれだけあり、またいかなるものか」を知ることが文字の技術の要諦であることが簡潔に述べられ、(2)で「その同じこと」が、(a)のあとにポーズ（休止）を挟んだ(b)において、つまりそれを特に区別して強調するというしかたで、主に音階の調和を学ぶプロセスにそって説明される。それは音階という一と多の複合的全体（システム）の認識であって、なおもっと長いポーズのあと、(3)(B)において文字（音韻）組織と文字の技術との発見というかたちで、やはり同様の複合的全体としての一と多の認識がさらに明確に説明される。ピレボスは、(3)(B)が語られたあと、「今の話は、それらだけの相互連関においては、前の話よりもさらにはっきりと分かった」（一八D）と言うのである。

細部の曖昧さにかかわらず、明らかにこの箇所でプラトンは、ディアレクティケーの原則論的説明の「最初の一が一であり多であり無限であることのみならず、どれだけの数あるのかを見る」ということを、「それがどれだけあり、またいかなるものか」というかたちで再言し、さらにそれを技術によるその対象の全体的組織、構造の認識というかたちで説明することに狙いを絞っている。そしてそれは、『パイドロス』でのディアレクティケーの規定と、諸技術におけるその類比説明においてもなされていたことであり、その全体構造も、概念の包摂関係や類種構造ではない、少なくともそれに限定されないもの、むしろ生物体の全体構造になぞらえられるような有機的全体であった。『分類し、数え上げる」ということも、類種構造をなす論理的全体にだけ適用されると決まったものではないのである。「言論への美しい途」として導入されたディアレクティケーは、「プロメテウスの火」によって照らし出され、「テクナイへの途」としての一面を開示されたということである。

3 「快楽だけの生」はなぜ最善の生ではないのか——快善同一説論駁

「善」というものの三つの資格ないし条件として、完全であり、十分であり、それを知るものすべてによって選び取られるということを述べたあと、快楽の生と思慮の生とを切り離して考察し、双方どちらも、完全にして十分な生として選ばれ得るものではないことを確認することによって、快楽も思慮も善ではないことが結論される議論（二〇B—二二C）は、ソクラテス自身の総括によれば、ピレボスの快楽説論駁のために特別に重要な議論であるが、やはり到底そのまま飲み下せるようなものではない。おそらくほとんどの読者に違和感を抱かせるのは、快楽だけの生の思考実験において、「快楽の生のなかに思慮を同居させない」ことの結果として、「知性や記憶や知識や真なる思いなしを所有していないとなると、まず第一に、自分が嬉しいのか嬉しくないのかというまさにそのことが分からない」、「快楽が生じても何の記憶も残らない」、「推理計算を欠いているなら、将来を展望してどうしたら嬉しい気持ちでいられるだろうかと推し計ることも不可能」であるのが必然であり、それは人間の生を生きるのではなく、クラゲとか軟体動物とかの生を生きることだと言われて、プロタルコスが「まったくもって何も言えないところに、その議論は今や私を放り込んだのです」と白旗を掲げるという経緯であろう。

(1)「快楽を思慮から切り離す」「思慮を同居させない」というのは、対話篇冒頭で思慮や知性や記憶や、それらと同族のものとして挙げられて、大体は知性や思慮で代表されている一切の知的機能を排除するということだが、まず、「自分が嬉しいのか嬉しくないのかというまさにそのことが分からない」というのは、過去の快楽を記憶できないとか、将来の快楽の獲得を推理計算できないとかいうのとは違って、そもそも快楽の享受そのものを否定しているのではないか、と疑われるかもしれない。快を感じていながら、それと知らない、そうとは思わないとしたら、本当に快を感じていると言えるだろうかと首を傾げるわけである。むろん何事かを感覚していながら、これを意識していないということは、ごく普通に認められる。無意識の行動においては、外的感覚であれ、内的感覚であれ、無意識のうちに知覚し、無意識のうちに反応しているのである。けれども快楽ということになると、話は違うのではないだろうか。つまり嬉しいとか楽しいとか、あるいは苦しいとかいうのはきわめて主観的な意識状態であって、そんなことで嬉しがったり苦しんだりするのはおかしいと他人が思っても、あるいは脳波を測定したりして、そんな意識状態にはなっていませんと言われても、とにかく本人が快適だと思えば快適なのだ、だから逆に、本人の直接的な意識がないのに快楽が享受されているなどということはありえないのではないかと思われるのである。だが、ここで行なわれている思考実験では、まず快楽の全面的な享受が想定された上で、「真なる思いなしを所有していないなら、嬉しい気持ちでいても嬉しいと思いなすことがない」というさらなる想定がなされて、そのような生を受け入れるかどうかが問われているのである。そしてプロタルコスはおそらく、先に述べたような快楽についての通念に基づいて、快楽を享受しているということがはっきりと自覚的に思いなされるのでなければ、たとえその享受の事実自体をいくら保証されようと、そんな快楽なら要らない、と言っているようにも思われる。

そして、だからこそ、ただ快楽を享受しているだけでは十分ではないということを、ソクラテスは指摘しているのである。快楽の享受がどういう意識レベルで成立するのかといったようなことはここでは問題にされていない。とにかく快楽が享受されたときに、人間はその快楽の享受をさらにはっきりと自覚し、記憶し、反芻し、さらに将来の継続的な、そしていっそう大きな快楽を得る手立てを推し計らずにはいられない、あるいはそのほうをいっそう望ましいと考えるのであって、ただ快楽が享受されるというだけでは十分とも完全とも言えない。アリストテレスの解説によれば（『ニコマコス倫理学』一一七二b二四—三五）、何か他の善きものを付加されることによってさらに善きものになるようなものは完全で十分な善とは言えないということが、この箇所の議論のポイントなのである。

(2) しかしまた、その場合、快楽が真なる思いなしや記憶や推理計算その他の知的機能を必要とするのは、快楽の享受をいっそう確固たる大きなものにしたいからで、その場合の「快楽と知性思慮とが混合されて共同のものとなった、両者一緒の生」というのは「快楽だけの生」ではないけれども、やはり依然として「快楽の生」「快楽を目的（善）として追求する生」と呼ばれて然るべきではないか、そしてもしそれが優勝の栄誉に輝く第三の共同の生の中身であるとしたら、実質的には快楽の生が善き生だということになるのではないか、あるいは快楽がその共同の生の原因、すなわちそれが善き生であることの原因となるのではないかとも思われるだろう。他方、「知性だけの生」は、「快楽には大にも小にも全然与ることなく、苦痛についてもまた同様で、そういった情態すべてをまったくこうむらずに生きる」ことだと説明されると、プロタルコスは即座に、そのような生は誰にとっても選べるものではないと返答するのであって、知性側からは第三の共同の生の中身を示唆するようなものは何も提示されない。したがってこの議論は、快楽の生が善き生でないことを明確に論証しているわけでもなく、むしろ快楽説のほうを有利に取り扱っているようにも見えるのである。

そしてそのような読みは間違ってはいないだろう。この箇所でなされるのは、「ちょっとした同意事項」として導入されて直ちに承認される「善というものの資格ないし条件」によって、「快楽だけの生」が最善の生ではないこと、すなわち快楽が善と同一ではないこと、そして快楽と知性思慮の共同の生のほうがそれぞれ単独の生よりももっと善い生であることをまず先に確立しようとするものであって、その共同の生がどのようなものかは、これ以後の二等賞争いの議論によって明らかにされるはずのものだからである。そしてもしその議論の開始前に、快楽側にとって有利な共同の生のかたちだけが示唆されているのだとすれば、それは二等賞争いに臨むソクラテスの闘志を掻き立てるものでもあれば、読者に対しては「ソクラテス危うし、彼の運命やいかに？」といった興味をいだかせる効果を狙ったドラマツルギーによるものでもあるということになるだろう。しかし快楽だけの生でよいのか、正しい思いなしや記憶といったものは要らないのかという問いかけは、知的機能のうち、知性や思慮のような高度なものは言うに及ばず、ごく基礎的なものさえ要らないのかという含みで言われているだけで、妙な深読みをする必要はさらにないとも思われる。

実際、「ピレボスの神様を善と同一だと考えてはならないこと、このことはもう十分に言われた」という結論に、ピレボスが「きみの知性だって善ではなく、同じ訴えを受けるはずのものだろう」という負け惜しみを口にすると、ソクラテスは直ちに、「おそらくそうだろう、ぼくの知性なら。しかし真実にして神的な知性についてはそうではなく、何か別のありようがあるとぼくは思う」と応酬するのである。「真実にして神的な知性については何か別のありようがある」というのは、ハックフォースが指摘するように、神的な知性にはいかなる快楽も必要ないということの他に、その神的知性が善の原因としてはたらくものであることを示唆してもいる。ソクラテスが構想する共同の生はこの原因としての知性と深く関連し、さらには「常に同一不変でこの上なく純一な存在を対象」とする真実の知を愛し、すべてをそのためになすという力をもつ知性と思慮(五八C－五九D)が主体となる生である。そのような生において、快楽は一等賞にも二等賞にも、三等賞にさえ遠く及ばないだろうと言明し、これ以降の議論は「快楽はもう放免してやって、厳格な吟味を施し、論駁して苦痛を味わわせるなんてことはしないほうがいいのだろうか」(二三A)とするソクラテスに対して、その構想にそって議論を進めるようにと迫るのはプロタルコスなのである。たとえその原因は知性であっても、その中身は能うかぎりの快楽の享受であるという快楽の生の勝利を、心中ひそかに楽しみにしているというような様子は、少なくとも当のプロタルコスには見受けられない。

4　四つの類の存在論

知性の二等賞を目指す長く困難な論究のための別の仕掛けとして提示される議論(二三C－三一A)は、「万有のうちに今存在するものすべて」を「無限」「限度」「無限と限度から混合されて生成した存在」「混合と生成の原因」の四つの類に分けて(二三C－二七B)、快楽と知性のそれぞれ、および両者から混合された共同の生がいずれの類に属するかを決定しようとする(二七C－三一A)ものである。しかし後半部では、共同の生が第三の類に、快楽が無限の類に属することがそれぞれ決定されたあと、知性がどの類に属するかを決めようとして、ソクラテスは「長いほうの経路をとって」知性と原因の類自体の考察を提案する。この知性と原因についての考察(二八D－三〇D)が一つのまとまった逸脱的議論として後半部の大部分を占めている。

そこでこの「四つの類の存在論」の問題としては、⑴四つの類の措定と分属に関するもの、⑵知性原因論に関するものを、順次見ていくことにしたい。

⑴まずこの存在論の導入にあたって、これは今までの議論、つまりディアレクティケーについての議論とは異なるものだが、幾つかは同じものもあるだろうとされて、何らかの関係が指示されている。すなわち「万有のうちに今存在するものすべて」をまず三つに分けて捉えようとして、その二つを「無限」と「限度」とし、三つめを「それら両者から合成される或る一つのもの」とした時、「無限」と「限度」は「さっきの議論」から取られたというのである。しかしディアレクティケーの原則論的説明における「無限」は雑多な感覚的事象の無限であり、「限度」は一と無限の中間の有限数の多であったのに対し、この箇所の「無限」や「限度」はそれぞれに総合され規定される一つの類であるから、両者はすぐには重ならない。「そのつど常に『ある』と言われるものは『一』と『多』から成っており、みずからのうちに『限』と『無限』を同じ生まれの同伴者としてもっている」という行文が、「神は存在するもののうち或るものを『無限』として、また或るものを『限(限度)』としてお示しになった」と言い換えられるのにも、すぐには了解しがたいものがある。そこでたとえばゴズリングのように、むしろこの存在論における無限と限度についての解釈に合致するようにディアレクティケーの原則論的説明とその例示説明とを解釈し、美しい言論への方途として導入された方法は、もっぱら快楽の技術的な取り扱いのためにピュタゴラス派から借用された方法で、ディアレクティケーではなく、したがって、非感覚的な一についての一と多の言表への異論や、争論術による騒動からの救出策とは無関係だとするような、いわば角を矯めて牛を殺すがごとき、バランス感覚を欠いた解

釈が考案されたりもするのである。

訳者としては、「無限」と「限度」という名辞と概念自体は同一である、すなわち無限多であれ無限大であれ無限定であれ、数なり量なり限度なりの何らかの規定による理解の及ばないものとしては同一であるということで、ごく緩やかにその重なりを了解しておくほうが妥当かと思う。そしてその「無限」や「限度」を類として総合し相互に区別するにあたっては、ディアレクティケーの方法が行使されるのであり、その四つの類の存在論は快楽の分析分類の基礎理論となるのであるから、一にして多種多様な快楽を取り扱うはずのものとして導入された先の方法論は、その直接的で全面的な実施は中止されるものの、この存在論に対して関係するところが多々あるのである。ただし、そのことが、「今までの議論とは異なるが……、たぶん幾つかは同じものもあるだろう」(二三B)というコメントの意味であるとまでは言えないだろうと思う。

そこでその四つの類の区別だが、そもそも「万有のうちに今存在するものすべて」とは何であり、これを四つの類に分けるというのはどういうことなのだろうか。「万有(ト・パーン)」という語は二八Dからの知性と原因についての議論においても、「森羅万象、すなわちこのいわゆる(宇宙)全体」と互換的に、このマクロコスモスとしての宇宙世界、感覚対象としての世界全体を指して用いられており、この連関ではその意味で使用されるのがもっとも普通の語である。この「万有」のうちに「今」あると言われれば、これはこの感覚される世界の事物事象のことであると考えるのが自然であろう。過去には、プラトンのイデアをこの四つの類のどれに配属すべきかという問題が盛んに論じられ、「無限」以外のすべての類がそれぞれの解釈者によって主張されたのであるが、ハックフォースやガスリーは、「万有のうちに今存在するすべて」は感覚されるこの世界の事物事象であって、イデアは始めからこの四区分の外に置かれているとしている。ただし、いやしくもプラトンが或る意味で包括的な存在論を語り、この宇宙世界を統御する原因としての魂と知性を論じながら、イデアがまったくの埒外に置かれているのはおかしいとも思われるのであって、ハックフォースは、イデアが直接どれかの類に属するということはないけれども、それは「限度」の背後に想定されてよいと考えている。(なおハックフォースもガスリーも、「今」という語が特にこの世界の事象を指示すると考えており、フレーデやハンプトン(S. Hampton)は、「今」はイデアの存在にも適用されうると主張するのだが、訳者には「万有」の語が二八D以下では明らかにこの感覚される宇宙万有を指して用いられていて、それが普通の用法で、この箇所でも当然そうなのだということのほうがもっと強い証拠であるように思われる。)

つぎに、「すべてを四つの類に分ける」というのはどういうことだろうか。ソクラテスは最初二つの類に分けようとして、すぐにむしろ三つのほうがよいと思い直し、さらに自分は下手な分割者だと自嘲しながら四つめの原因の類を要請するのであり、プロタルコスがそれでは五つめも必要になるのではないかと指摘すると、全面的に拒否するのではなくて、今のところは要らない、ひょっとして必要になればそれを追い求めても了承するようにと言うのである。この様子からすると、ソクラテスはそれほど厳格にすべての存在を分類するということを考えているわけではなく、快楽説論駁の第二段階に必要かつ適切な類は何かを思案しているようである。ここで行なわれているのは、ディアレクティケーの原則論的説明において、「あらゆるもの(事象)について常に一つの形姿をその時々に措定して探さねばならない。……そしてそれを把握したなら、一つのつぎには二つを、二つがなければ三つなり何か他の数なりを、そしてそれらの一つ一つをまた同じようにして、最初の一が一であり多であり無限であることのみならず、どれだけの数あるのかをも見るに至るまで、注視しなければならない」（一六D）とされていた手続きか、あるいは「反対にまず無限を把捉することを強いられた場合にも、直ちに一に目を向けるのではなく、それぞれが何らかの多をもつところの何らかの数を見て取り、そして最後にすべてから一へと至らねばならない」（一八A－B）という手続きを、少なくとも部分的に行使しているものと思われる。「万有のうちに今存在するものすべて」は、非感覚的な一というよりは、感覚的事象の無限を指していて、後者の手続きが取られているとするのがよいかもしれない。いずれにせよ、「無限」「限度」「両者から混合されて生成した存在」「原因」は、原則論的説明で言われていた何らかの多を含みもつ「一」である。そしてフレーデやハンプトンは、シュトリーカー（G. Striker）の解釈に従って、これらの類は『ソピステス』の「有」「同」「異」「動」「静」などと同様、プラトンのイデアであることを積極的に認めようとしている。（したがってまた、「万有のうちに今存在するものすべて」には感覚物だけではなくイデアも含まれると言うのであるが、これはハックフォースやガスリーが、イデアは分類対象からは排除されているというのとはまた意味が違う。イデアはいわば分類枠であり、あるいは分類の基準であり、ひとまとまりの事象の上に刻印される本性的性格である。むろん、たとえば快楽が一なる類であり、その下に有限多の種類（形相）を持つという場合、これらもまたイデアであるとするならば、それらのイデアは「無限」の類に属するということになるだろう。しかしここで四つの類を使って、すなわちイデアに従って分けられようとしているのは、あるいは切り分けられたイデアの分節構造を見た上で、そのもとに分属されようとしているのは、この感覚される世界の事象である。）

四つの類のそれぞれを総合して措定する作業については、「無限」が最初に、そしてもっとも入念になされる。「無限」が「多に引き裂かれ散らばっているのを見た上で、今度はそれぞれを一へと総合するというやりかたで、それらの各々がそもそもいかにして一であり多であったかを認識する」（二三E）という作業は、「もっと熱い」と「もっと冷たい」を例にとって行なわれるが、これと同列の事例は「もっと乾いた」と「もっと湿った」、「もっと多い」と「もっと少ない」、「もっと速い」と「もっと遅い」、「もっと大きい」と「もっと小さい」といったもので（これらをAとしておく）、それらには「もっと（多く）、もっと（少なく）」が宿っていて、終局をもつことがなく、無終であり、無限であるとされる。この「もっと（多く）、もっと（少なく）」と同じ機能をもつものとして、「ものすごく」や「そっとやさしく」や「あまりにも」が挙げられる（これらをBとしておく）。Bが内在することによって、Aのそれぞれは（Bと同列の反対項である）「はっきりどれだけ」や「適度」を受け入れないで、「もっと（多く）、もっと（少なく）」生成変化するのであり、それらAのすべてがまとめられて無限の類のなかに置かれるのである。ここでは一と無限多と中間の有限多ではなく、一と多の二項だけが示されているように見えるが、その多が中間の多なのか、無限多なのかは明確ではない。「多に引き裂かれ散らばっている」というのは、同様の表現が一と多の異論の箇所（一五B）で感覚的事象の無限多について用いられており、先に見たようにこの箇所の分類がこの世界の事象を対象とするものであることからも、感覚的事象の無限多について言われているものと解される。しかし、Aのそれぞれは「類」と呼ばれていて（二四A）、「無限」の類の下に位置する種的形相であると思われる。そこで「多に引き裂かれ散らばっている」をAの多についてのものであると註記する人もあるが、形相や類の相互関係における多についてはこの表現は不適切だと思われるし、そのように解する必要もない。テウトによる文字の発見のプロセスと照らし合わせてみれば、「無限」その他の四つの類は、感覚的事象の無限から出発して、ちょうど母音と半母音と子音のように、「それぞれが多をもつところの何らかの数」として選ばれたのであって、Aのそれぞれは母音等に包括される字母にあたり、その下には無限に多様な感覚的事象が想定されている。つまり「もっと熱い」「もっと冷たい」といった語は、類とともに、その下に包括される感覚的事象をも共に指示していると考えられる。ただし、Aのレベルの多がすっかり数え上げられているわけではなく、ほんの数例が挙げられるだけということで、ディアレクティケーの原則論的説明においてもっとも強調された中間の多を数え尽くすということはなされてはいない。

このように、「無限」の類は、ディアレクティケーの方法にのっとって総合され規定されているのであるが、しかしその説明はプロタルコスが言うように、直ちに了解できるものではなく、結局「無限」とは何なのかは判然とは分からない。ハックフォースや彼以後の多くの解釈者はこれを、温度や湿度や音楽の音やリズムといった、高い低い、速い遅いなどの二つの方向性をもつ連続量（continuum）として解釈している。しかし二四C－Dでは「もっと（多く）、もっと（少なく）」などのBの系列のものが、「はっきりどれだけ」や「適度」に居場所を譲って「流れ出る」と言われるだけでなく、A系列の「もっと熱い」や「もっと冷たい」も「常に進み出て留まることがない」とか、「はっきりどれだけ」によって「前進を止め」られるものだと記述されている。静止よりも動が「無限」の特性であるかのようなこれらの記述は、単に測定され区分されるだけの連続量には適合しないし、これをあまり意味のない比喩的修辞的記述にすぎないと切り捨てるのも乱暴である。『ティマイオス』における、数と形による火、水、空気、土の秩序づけ以前の無秩序な動の記述を重ね合わせようとする解釈にも無理からぬところがある。フレーデの言うように、ともかくはソクラテスの規定通り、「もっと(多く)、もっと(少なく)」生成変化するもの、「はっきりどれだけ」も「適度」も受け入れず無限定なままのもの、として了解しておくのが無難であろう。

逆にまた「限度」の類は、「はっきりどれだけ」や「適度」を受け入れるもので、「等」や「二倍」や、およそ数に対する数、尺度に対する尺度の比であるものすべてと規定される。これも「無限」の場合と同様、先のB系列の特性を受け入れてA系列のさまざまな数比が成立し、それらが一つにまとめられて類としての「限度」のうちに置かれるという構造になっていることが注意されてよいだろう。そしてこの「限度」については、「無限」と同じように総合の手続きを取る必要があったのに、しないままだったが、これは第三の類を総合することによって、同時になされることになるだろうと言われる。「限度」はそれ自体として概念的に把握されはするが、具体的には第三の類に属する「混合された生成物」においてその存在と機能が認められるということである。そこで第三の類であるが、この「無限と限度から混合されて生成したもの」の「混合」は、単なる任意の混合ではなく、それらの「正しい共同」であり、「およそ無限なるもののすべてが限度によって縛られることによる混合」であるとされ、第三の類の事例としては、健康や音楽や季節の周期的交代や、さらに心身の美しさなどが挙げられている。したがって「限度」もまた任意の数比ではなく、選ばれた数比、「はっきりどれだけ」を示すとともに、特に「適度」としての意味を持つ数比なのだということになる。

　すると、適度で美しい善き混合物とは特に言えない圧倒的多数の生成物はどの類に属することになるのだろうか。「万有のうちに今存在するすべて」を四つの類に分けるというのはどういうことだろうかという問いは、特にこのことを問うているのである。そこで四つの類は、あらゆるものがそのいずれかに分け尽くされるようなものとして選ばれているわけではないとも考えられるであろうし、事象の分類というのはそういうもので、どの類にも入らない曖昧なものが見出されるのは当然とも思われるだろう。だがここで、「無限」と「限度」の個々の事象や類は、「もっと（多く）、もっと（少なく）」や「適度」がそこに内在することによって、無限なものや限度を持つものになっていたことを思い起こしたい。そして「はっきりどれだけ」や「適度」が「もっと（多く）、もっと（少なく）」や「ものすごく」や「そっとやさしく」をそこから追い出し、取って代わるという記述、さらには「無限」において相反するものが相互に食い違っているのを「限度」が終息させ、そこに数を内在させて、度の合った、協和したものに仕上げるといった記述を考えたい。無限と限度の「正しい共同」や、限度による無限の「縛り上げ」は何か力動的な闘争である。特に無限なものに宿ってそれを無限なものにしている「もっと（多く）、もっと（少なく）」などは、それら自体が無限定で無制約な衝動であって、限度との混合には多大の抵抗を示すものと考えてよいだろう。そこで限度による縛り上げの成否にはきわめて多様な程度差が生まれるが、限度そのもの、混合の正しさ、そして美しく善き第三の類は、安定した確定的なものであるから（適度ははっきりと確定的に適度であって、曖昧な適度や不十分な適度というものは考えられない）、無限に多様な度合いの不十分な混合は、限定に対する「無限」の抵抗によって、すなわち「無限」がもつ本性的要因によって生じると考えられるだろう。そしてその意味でそれらもまた「無限」の類に属すると言われてよいと思われる。何にせよ、いやしくも現に生成して存在しているからには、すでに無限と限度の混合物であるはずだが、美しく善き混合でなければ、それらは依然として「無限」の支配下にあるということである。先取りして言えば、この存在論の結論として快楽それ自身は無限に属するとされながら、快楽論の最後に、最大の快楽、強烈な快楽は「無限」の類に属するが、また別の快楽は「適度なもの」の類、すなわち第三の類に属するとされるのは、「限度」による不十分な限定ゆえの「無限」の多様性と広がりが考えられているからである。

(2) 三つの類が以上のように区別され、措定されたあと、四つめの類として「混合と生成の原因」が簡単な議論によって承認される。そして優勝争いの勝利者としての第三の生および快楽に続いて、知性はどの類に属するのかが問題になる。ソクラテスはこの問題をことさらに仰々しく持ち出してプロタルコスを困惑させながら、しかし答えは簡単だと言い、知性はこの天空と大地を支配する王者だという「すべての知者たちの主張」を紹介する。つまり知性は宇宙万有の秩序の原因だということであり、ソクラテスはこれに味方し、これを擁護する論証を試みることになる。そしてこの知性原因論を確立することによって、二等賞争いの候補者としての知性は「万物の原因と言われるものの類に属する」という答えが与えられることになる。

『ソピステス』(二六五B—E)でも言及され、『法律』第十巻(八八八A—八九九D)においてもっと詳細に、よりいっそう正式に論じられ、『ティマイオス』では全篇の主題となるこの知性原因説を、『ピレボス』のソクラテスは、いわゆるマクロコスモスとミクロコスモス、すなわち宇宙万有全体と、人間や動物の身体およびその活動領域との類比によって論じるのであるが、この議論は論証として見るならば、色々と不備不足が指摘されて当然だと思われるような議論である。それは、われわれの身体やその活動世界を構成している火、水、土、空気は、宇宙全体を構成するそれらに比べて、質、量、力においてはるかに劣っていて、われわれの身体は宇宙全体の身体に依存し、それによって「養われている」のと同様に、われわれの身体には魂が宿っているのだから、宇宙全体にも魂はある（そしてわれわれの魂は宇宙全体の魂に依存し、養われている）、というような単純な比例関係によるものであって、これだけでも、単なる物質の集積でない宇宙の身体の有機的な構造がどのように考えられているのか、宇宙全体のそれに対するわれわれの身体や魂の依存関係の内実はどういうものかが詳しく示されないと、議論にもならないと思われるだろう。だがここにさらに知性および原因というファクターが中心的論点として織り込まれることによって、プラトンの考えをただ聴くだけのつもりでも、容易には理解しがたい議論になっている。

ミクロコスモスとマクロコスモスの類比の中身が詳しくは論じられないのは、話し手がソクラテスであり、この議論が逸脱的性格のものであることからも致し方ないとして、一番の問題は肝心の知性と原因の関係である。まずあらゆるもののうちに内在する原因の類がわれわれの身体に魂を授け、これを通じて、身体の鍛錬や治療やその他の処置を施し、「すべての、またありとあらゆる知恵」と呼ばれているとされる。そしてその同じ原因の類は、宇宙全体の内にもこの上なく尊い本性のものたちを工夫して存在させたとされる。「この上なく尊い本性のものたち」と言われるのは、ギリシアの伝統的な神観念に従って複数の神々の魂というイメージで語られてはいるものの、要するに、宇宙万有の魂（プシューケー）であろう。そしてこの宇宙万有には無限も限度も十分にあり、それらの上に『原因』があって、それが暦年や季節などを整然と調え、秩序づけたのであって、これは知恵とも知性とも呼ばれる。以上を整理すると、この宇宙万有のうちに生成と秩序の原因としての知性があり、これが全体としての宇宙にもわれわれの身体にも魂を授け、それを通じて世界を秩序づけ統御しているということであろう。ところが「しかるに知恵と知性は魂なしにはけっして生じないだろう」という言葉で話の方向が逆転し、「するとゼウスの本性のうちには王者の魂が、(その魂のうちには)王者の知性が原因の力によって生じるのである」と言われて、「知性が常に万有を支配している」という昔の人々の説を擁護し共闘しようとする議論は完了するのである。

「ゼウスの本性」というのはこの宇宙万有を指していると考えられるので、王者の知性は先に言われていた宇宙全体の生成と秩序の原因である知性のことだとすると、それを宇宙万有のうちに生じさせる「原因」は知性とは別のものであり、おそらくは宇宙万有を超越した「原因」であって、これは一体何なのかが問題になる。先の「知恵と知性は魂なしにはけっして生じないだろう」という文に酷似した文が見出される『ティマイオス』の当該箇所(二九D−三〇C)では、「この宇宙は本当に、神の先見の明によって、魂をもち知性を備えた生き物として生まれた」と言われている。この「神」は「デーミウールゴス(職人、工作者、構築者)」とも呼ばれ、「知性を魂のうちに、魂を身体のうちに構成して、この万有を構築した」のであるが、「もっともらしい話(エイコース・ロゴス)」の中で擬人的に描写されるこの超越者が何であり、この超越的原因による宇宙秩序の形成をどう理解すべきかは、プラトンの時代のアカデメイア内部の論争に始まる『ティマイオス』解釈史の中心問題であり、さらにはプロティノスに始まる新プラトン派の精緻な階層的実在解釈を生み出した問題なのである。しかし『ピレボス』の知性原因論では、その超越的原因は、議論の最後に取ってつけたように顔をのぞかせるだけで、『ティマイオス』を読んでいなければ、ただ困惑させられるだけのものである。宇宙秩序の原因としての神的知性の活動を活写することによって、最善の生を構築する原因とわれわれの知性とが密接に繋がっていることを印象づけるという、『ピレボス』終局部の最終判定にとって決定的に重要な論点のためには特に持ち出す必要もなかったのだが、問題の重大さ、深遠さゆえについ筆がすべったということだろうか。

四つの類の存在論は、快楽の多様性と純粋度真実度の差異を分析し、最善の生における知性の役割を規定するための基礎理論であるが、『ソピステス』の五つの類によるエイドス相互の結合関係の調査が、虚偽の思いなしと虚偽の陳述の存在証明の基礎理論であるほど直接鮮明には機能していないようにも見える。そして他の対話篇には類似の議論は見出されず、アリストテレスの証言に基づく「書かれざる教説」との関連が推測されたりもする謎めいた議論である。だがしかし快楽の分析分類という途方もない企図の困難さを考えれば、快楽の本性自体は「無限」の類に属し、その「無限」の「限度」による限定の如何によって少数の適度な快楽を含む多様な快楽が生成するとする説明は、無限に多様で捉えがたい事象を上手に概括する巧みな工夫だとも思われる。

5　快楽論

本篇の中央部でもっとも多くの紙数を費やして論じられる快楽論（三一B－五二B）は、ただ長いだけでなく、かなり錯綜した様相を見せている。快楽についてのさまざまな興味深い議論がつぎつぎと繰り出されて、その多彩さ斬新さに眩暈を覚えるというだけではなく、目を凝らして懸命に見つめてもやっぱり錯綜している。そこでこの快楽論を構成する個々の議論を一つ一つ整理して、その繋がりを辿っていくことから話を始める必要がある。

(1) 快楽と苦痛の二つの種類（三一B—三二D）

ソクラテスはまず四つの類のうちの第三の共同の類、すなわち「無限と限度から混合されて生成したもの」の類を取り上げ、これに属する生物体の自然本来の状態、有機的な調和状態が崩れるときに生ずる苦痛と、それが回復するときに生ずる快楽とを快苦の一つの種類として提示する。続いてそのような身体的変化に基づく快苦の状態を魂が身体から離れて予期する場合に、魂それ自身において生じる快苦がまた快苦の一つの種類であるとする。この身体的変化に基づく快苦と、身体から離れた魂自身の予想的快苦の二種類によって、あるいはそれを基礎として、快楽をめぐる諸問題が明確になるだろうと言われる。

(2) 快も苦もない第三の状態（三二D—三三C）

まず自然状態の崩壊と回復による快苦に関しては、崩壊も回復もない場合、快の状態からも苦の状態からも区別される第三の状態が認められる。快楽のないこの状態はソクラテス側の知性の生にとっては可能であり、またそれは最も神的な生でもある。そしてこのことは(a) 快楽の判定のために少なからぬ意味を持ち、

(b) 二等賞を目指す知性のための得点になると言われる。色々と異なった「第三のもの」や「中間のもの」がつぎつぎと持ち出されることが、『ピレボス』のややこしさの一因だが、この第三の状態は、快楽だけの生と知性だけの生に対して第三のものとされる最善の生や、四つの類のうちの第三の類である共同の類とはまた別のものである。この第三の状態が存在することは、快楽に関する虚偽についての三つめの議論（四二C－四四A）において、万物流転説による影響を排除した上でもう一度確認されて快楽の虚偽の論証に利用される。そしてさらに快楽生成論（五三C－五五A）による快善同一説論駁の帰結として、快楽が善であると主張する人々は生成のうちに終始して事足れりとする人々であり、生成と消滅を選ぶ人々であって、「あの第三の生、つまりそこには悦ぶことも苦しむこともなく、ただ考え慮ることが能うかぎり純粋にそこにあった、あの第三の生を選ぶことはけっしてないのだ」という言葉で三度に及んで取り上げられるのである。先の (a) の言及はおそらく快楽の虚偽に関する三つめの議論において第三の状態が果たす役割についてのものであるが、(b) の「二等賞を目指す知性のための得点になる」というのはどういうことなのか、その予告は実現されるのかどうかは、快楽生成論の箇所の言葉だけでは解決できない。終局部およびそこに至るまでの議論全体の理解に関わるものである。

(3) 快苦の主体としての魂と感覚、記憶、想起、欲求（三三C－三五D）

つぎの議論は、魂それ自身に属するとされる予想的快楽について、感覚、記憶、想起、そして欲求とは何かを明確にすることによって、欲求の主体は魂であり、欲求の充足としての快楽、さらにはそれを予期することによる予想的快楽を享受するのは魂であることが結論づけられる。この場合、身体の自然的調和の崩れや欠如が回復充足されることによって快が感覚され、それが記憶されることによって初めて欲求が生起すると想定されていて、生まれて初めての、あるいはそれが経験として記憶される以前の乳幼児の快楽は問題にされていない。プラトンの想起説はおよそ人間にとっての一切の認識を根拠づけるという一面を持つものであるから、まったく無関係とは言えないだろうが、この予想的快楽の説明に関しては、ガスリーのように想起説を持ち出すのは不必要かつ不適切だと訳者には思われる。なおまた、「魂それ自身に属する快楽」とか、後に快楽と苦痛の混合について「魂自身が主体となる、魂における混合」や「身体にそった身体そのものにおける混合」とかいうことが言われて、魂の快楽と身体的快楽というような言い方に簡略化したくなったり、されたりもするが、しかし快楽を享受するのは常に魂であり、ただその快楽が身体的変化に基づいて生ずるか、身体的状態に依存せずに魂自身において生じるかという違いにすぎないことは言うまでもない。ただそのことが明確に指示されてはいないことも『ピレボス』の快楽論に錯綜した印象を与える一つの原因かもしれない。(だがこれは目を凝らせば判然とする錯綜であろう。)

(4) 身体的苦痛と予想的快楽の並存(三五D—三六C)

魂は、身体の現在の受動状態のみならず、それとは無関係なさまざまな誘因によっても、記憶によって欲求し、その欲求の充足による快楽を予想して快を感じるものではあるが、自然な順序から言えば、身体の自然的変動による苦痛が現に感覚されるときに、そこからの回復とそれによる快楽を欲求し、その快楽への期待によって快を感じるというのがまず想定される基本的な事態であろう。ソクラテスはこの事態を取り上げて、ここでは身体が欠如状態にあるがゆえに苦痛を感じ、充足による快楽の記憶と願望によって快を感じている、すなわち苦しんでいると同時に悦んでいるという事態が起こることを指摘するのである。（身体の欠如状態ゆえの苦痛と、充足の記憶による予想的快とが同時に経験される状態を、ソクラテスは「中間状態」と呼んでいるが、四三Eでは「快くも苦しくもない生」を「快い生」と「苦しい生」との「中間の生」と呼んでいて、こういった表現を術語的なものだと思うと混乱するから、聞き流して読者は使わないようにするのが一番である。）

さてこの段階までは、議論はじつに整然と進行している。すなわち(1)で論究の出発点として基礎的な二種類の快苦を提示し、(2)と(3)でそれぞれの種類について補足的ないし拡充的説明を施し、(4)でその二種類を結びつけて、快苦が並べて置かれる場面を指摘するのである。議論が錯綜してくるのはこのあとである。

(5) 虚偽の快楽の問題の導入（三六C－E）

ソクラテスは、「（快苦の並存する受動状態についての）今の考察をこういうふうに用いることにしよう」と言って、「ぼくたちはそれらの苦痛や快楽は真実のものだと言うのだろうか、それとも虚偽のものだと言うのだろうか、あるいは或るものは真実だが、或るものはそうではないのだろうか」という問いを提示する。プロタルコスが快楽や苦痛に虚偽などないと反論したのをきっかけに、虚偽の快楽の問題が取り上げられ、それがこれまでの議論とうまく関係するのかどうかをも含めて、考察されることになる。

よく分からないのは、なぜソクラテスは身体的苦痛と予想的快楽の並存について、それらの苦痛や快楽は真実か虚偽かをここで問題にしたのかということである。苦しんでいながら同時に悦んでもいるという事態が起こるなら、直ちにそのような苦痛や快楽の真偽が問題になる、すなわち自分と反対のものを伴っているのに、どうしてそれは真実でありえようか、というハックフォースの説明は、とにかく問題を無視せずに説明しようとする註釈者としての誠実さは評価できるけれども、訳者には了解しがたい説明である。

おそらくソクラテスは、先に述べられた快と苦の同時的共存から直接派生する問題としてではなく、そのあとに論ずることになる虚偽の快楽を念頭において、やや唐突に問いをかけたのである。この問いが唐突だからこそ、それがこれまでの議論とうまく関係するのかどうかをソクラテスは気にするのである。そこで身体的苦痛と予想的快楽の同時的並存について見てみると、これが再び取り上げられるのは、虚偽の快楽の最初の論証に続いて、「われわれのうちにまた別のしかたで数多く内在し、しばしば生じる」と言われる虚偽の快楽を論じる場面である（四一A－四二C）。そこには苦痛と快楽、およびそれらの感覚が一緒に並べて置かれる場合の虚偽の快苦についての議論が見出される。そしてさらに後には（四六B－C、四七C－D）、「混合ということで共通性をもつ快楽」についての議論のうち、「魂と身体に帰属する混合」すなわち「魂が、快楽に対しては同時に苦痛を、また苦痛に対しては快楽というように、身体が差し出すのとは反対のものをぶつけてきて、両方が一つの混合物になるという場合の快苦」について、先に予想的快楽と身体的苦痛について論じたときには、そのこと、つまり「魂が身体に対してみずからを差異化することによって、苦痛と快楽の一つの混合が生じて落ち合う」ということを明言しなかったと言われるのである。当初、(4)のあとにソクラテスが論じようとしていたのは、身体的苦痛と予想的快楽が同時に並存する場面を引き続き取り上げて、快楽と苦痛の混合を指摘することであったかもしれない。だが虚偽の快楽の二番目の論証に見られるように、そこに虚偽の快楽が生起してくることを看取して、プラトンはまず先に、虚偽の快楽の問題をそれ自体として取り上げることにしたのかもしれない。そこで虚偽の快楽の問題を扱う議論（三七A―四四A）は補註を見ていただくことにして、快楽と苦痛の混合、混合した不純な快楽の問題の行方を追うことにしよう。

(6)「気難しい人々」と快苦の混合（四四A―四七D）

三つめの虚偽の快楽ないし快楽における虚偽の指摘がなされたあと、その議論で言われた、快楽と苦痛とそのどちらでもないという三つの状態に関して、それは実際に三つあるのか、あるいは二つなのかという問いが出され、「ピレボスの敵となる」「自然に関する辣腕の者たち」の説が導入される。彼らは、ピレボス流の快楽は全然快楽などではなく、苦痛からの脱出であると主張する人々である。そして「その気難しい」気質から快楽というものを憎み、快楽には何一つ健全なところはなく、その魅惑のはたらきそのものも快楽なんかではなく、まやかしにすぎないとみなしている。しかしこの彼らの説は、後にソクラテスが指摘するような純粋な快楽も含めて、いかなる快楽が主張されようと、それが快楽であることを（あるいは快楽が存在することを、と言っても同じことであるが）全面的に否定するものなのか、それとも「ピレボスの敵」として、ピレボスが考えるような快楽を含む一部の快楽だけを否定するのかどうかは明らかではない。ただ、快楽の本性を見たければ、その度合いと強烈さにおいて一番の快楽に目を向けるべきだとする主張から、少なくとも、ピレボスの敵として、ピレボス流の快楽は全然快楽ではないとしていることだけははっきりしている。この「気難しい人々」は誰なのかが多くの学者たちによって詮索され、色々な候補が挙げられたけれども、そしてスペウシッポスはやはりその最有力候補であり、もし彼であればプラトンの『ピレボス』執筆の背景を想像する上で興味深いだろうとは思われるものの、彼らの説はある種の予言としてソクラテスの議論に示唆を与え、特定の方向に利用されるだけのものであり、ごく簡略かつ曖昧にスケッチされるだけであるから、結局は確定不可能な詮索にならざるを得ない。そしてたとえ確定できても、『ピレボス』の議論そのものの理解にはほとんど役立たないので、この詮索は放擲されてよいだろう。これは基本的には、「美しき言論への途」の神的起源に関連づけられるピュタゴラス派や、「快楽生成論」における「或る洗練された人たち」についても同様であって、これらはむしろ、夢や神のお告げと共に、全体として、『ピレボス』のソクラテスがオデュッセウスさながらに、多様多彩な思想の大海に身を投じ、神助にも与って、何とか危難を乗り越えて漕ぎ渡ってゆくという難行を活写するための興味深い工夫であるように思われる。

では「気難しい人々」の説はどのように利用されたのだろうか。五一Aで純粋な快楽の考察に向かうにあたってそのことが確認されている。すなわち、「すべての快楽は苦痛の休止にほかならない」と主張する人々に全面的に従うわけではなく、ただ(a)「或る快楽は快楽だと思われてはいるが、実際には快楽ではないこと」、(b)「或る別の快楽は大きくて同時に数も多く現われるが、しかしそれらは苦痛とか、身体と魂の窮状に関わる最大の苦悶の終息とかと一つに混ぜ合わされたものであること」の証人として彼らを利用したにすぎないことが断られる。しかしこのソクラテスの言葉には了解しがたいものがある。実際には、彼らの説が導入されたのは(a)が論じられて、第三の虚偽の快楽が論証されたあとであって、彼らの証言に従って(a)のテシスが立てられたわけではない。快でも苦でもない状態を快と感じ、快と思いなすという第三の快楽虚偽論は三つの状態を前提するのに対し、彼らの説は苦痛と苦痛の休止の二つの状態しか認めないのであり、「三つと考えるべきか二つと考えるべきか」というソクラテスの問いに対する彼らの説は、第三の快楽虚偽論への異論として導入されたように見えるのである。むろん「苦痛の休止という快楽でないものを快楽とみなす」というテシスの共有が指摘される点では、それを補強するもののようにも見えるが、しかしその虚偽論自体は彼らの説を前提したり参照したりすることなく、独立に論じられている。また(b)の後半の「魂の窮状に関わる最大の苦悶の終息と一つに混ぜ合わされたもの」が、喜劇の楽しみにおける快苦の混合などを指しているのであれば、これはソクラテスが独自の解明を施したとみなされるべきものであって、「気難しい人々」の説とは関係がない。心身の病的な状態に見られる最大最強烈の快楽の生成を分析する議論だけが、彼らの「証言」に基づくものであると思われる。すなわち「身体にそった身体そのものにおける快苦の混合」の場合だけであって、「魂と身体に帰属する混合」や「魂自身が主体となる、魂における混合」の論究では彼らの説が参考にされているようにはとても見えない。快苦の混合の問題は、彼らの主張を紹介導入するところから取り上げられ論じられたので、彼らがこの問題の論究全体への示唆を与えたという意味で、彼らの貢献が過大に想起されているとでも解するしかないだろう。

彼らはピレボスの敵となる人々であり、ピレボス説の本陣である最大最強烈の快楽の力の秘密が快苦の混合にあることを喝破した人たちである。そもそも身体の自然状態の崩壊過程と回復過程の途中では、快と苦の相反する受動状態を同時に受け取るのであり、一方は保持し他方からは解放されたいという切望、「甘酸っぱさ」と形容される快苦の混合が人を激しい情動へと駆り立てるということが、彼らの洞察の基本であり（四六C－D）、そこから苦が快よりも大きい疥癬搔きのような混合と、快が苦よりも大きい官能的快楽の混合とが分析される。続いて身体だけではなく、魂と身体の両方による快苦の混合が遡って確認され、そして魂だけを生成の基盤とする混合的快苦が論じられ、さらに快楽における「純粋さ」は「真実さ」の構成要件であり、「純粋な快楽」は「真実の快楽」と等価であるという議論（五二D－五三C）がなされることによって、苦痛と混合した不純な快楽は「虚偽の快楽」であると認定されることになると思われる。すると彼らは、苦と混じり合っているという意味での虚偽の快楽、すなわち第四の種類の虚偽の快楽を指摘している、少なくともそれへの示唆を与えたということになるのだろうか。導入当初に紹介される彼らの説は第三の快楽虚偽論とは無関係であるにもかかわらず、もしくはその点が曖昧であるにもかかわらず、彼らがその証人であるという主張がなされ、今度はまた別の説によって第四の快楽虚偽論に貢献したとされるのだろうか。いずれにせよ、逸脱的議論として始められ、本論との関係が問われていた虚偽の快楽についての議論は、「気難しい人々」導入の混乱に乗じて、本筋である混合した不純な快楽の議論にすっぽりと重ね合わされ、吸収されるのである。快楽の虚偽や苦痛との混合をめぐってソクラテスがつぎつぎと繰り出す議論に驚嘆したり首を傾げたりしているうちに、読者はいつのまにか、快楽相互の間には純粋と不純、真実と虚偽の多様な差異があり、知識や技術相互の間にも純粋さ真実さの驚くべき違いがあるという一本の太い流れへと運ばれてゆくことになる。ずさんな議論の運びだと呆れるよりは、プラトンの巧みなドラマツルギーとして賛嘆すべきものかもしれない。

(7) 魂そのものにおける快苦の混合と喜劇の快楽(四七D－五〇E)

魂自身が主体となる、魂そのものにおける混合は、怒り、恐怖、渇望、悲嘆、愛欲、負けん気、妬みなどの情念における快苦の混合である。これらは(a)魂自身がもつ何らかの苦痛であり、(b)その苦痛には快楽が混入されていることが、まず簡単に、怒りと悲嘆と渇望について指摘され、続いて悲劇の見物において人々は悦びを感じつつ涙を流すということが言われる。これらは魂だけの快苦の混合の分かりやすい例として挙げられているのだが、その意味は直ちに明らかというわけではない。悲劇の見物の場合については、アリストテレスが『詩学』で行なった有名な悲劇の定義の一項である「憐みと恐れを通じてそれらの情念の浄化を達成する」という規定が想起されるが、そういった情念が掻き立てられることによって、それらの情念そのものが何らかの意味で浄化されるというのがそれの意味するところだとすると、プラトンが言っているのはそういうことではない。彼は悲劇のうちに描かれ、観客の魂にも喚起される苦しい情念そのものに快が混ぜ合わされていて、その直接の結果として、悦びながら涙を流したりするというのである。では悲嘆や怒りや渇望がどういう意味で快を含んでいるのかといえば、それは、記憶と欲求に基づく予想的快がそこにはいつも生じるということであろう。身体的変化に基づく苦痛が差し出されると、魂はその欠如からの脱却を求め、その充足を願望し、その願望自体によって快を感じたように、魂自身の苦痛に際してもひそかに快を願望して悦ぶのである。すでに見たように、身体の自然的変化によって生ずるもっとも基礎的な快苦の場合も、それらは、身体の崩壊途上、回復途上において生成するものであるかぎり、常に自分と反対的な苦や快を残存要素として含んでいる。したがって、その上に予想的快苦が加わり、それは身体的快苦に対してだけでなく、魂自身において生成する快苦に対してもそうなのだとすると、そしてまた予想的快苦だけでなく、回顧的快苦だって考えられるから、快苦の混合はじつに広範で、ほとんどすべての快楽苦痛が混合的なものであるということになる。「今や言論は、葬送歌においても悲劇や喜劇においても、そしてそれはただ舞台の上ばかりでなく、人生のありとあらゆる悲劇と喜劇においても、また他にも無数の事柄において、苦痛が快楽と一緒に混ぜ合わされていることを告知するのである」（五〇B）と言われるのはまことにその通りであり、そういった快楽の分析分類を今これ以上続ける必要はさらにないというソクラテスの言葉は、まことにもっともなのである。

そこで喜劇を見る場合の魂の状態について快苦の混合を指摘する議論であるが、これは快苦の混合の見えにくい事例として取り上げられ、これについて快苦の混合を認めることができれば、他の場合は容易だと言われる。しかしこの議論の主要な内容は、「滑稽さ」の概念分析と、親しい人の滑稽な振る舞いを笑うのは「妬み心」によるとする指摘とであって、それは確かに目からうろこの一面はあるが、快苦の混合自体については、「妬み心」が魂の苦痛である以上、それによって笑うのは苦痛に快楽を混ぜ入れているのだという、先の怒りや悲嘆の場合と同じレベルの説明がなされているだけである。したがって同じように読者の側で、妬み心が笑いを生むのは、みずからの苦痛を脱却しようとして快を求め、先取りするからだというような解釈を試みないと、すぐには了解できないだろう。だが怒りが苦痛であり、そこにはすでに復讐への期待による甘い快楽が混じりこんでいるというのは訳者には実感として理解できるけれど、滑稽なものに対して笑いを引き起こす「妬み心」が、親しい人の幸運や美貌や富裕に対する「妬み心」と同じように当人にとって「苦痛」であると言えるのかどうか、親しい人の無知という災厄を、同情こそすれ笑ってはいけないと思いつつ、笑わずにいられない自分に対する無意識の罪悪感というようなかたちで考えてよいのかどうか（このような苦痛が感じられるとすれば、それは事後の反省においてであろう）、訳者にはよく分からない。しかしまた、苦痛として意識されるかどうかはともかく、滑稽なものを笑う「妬み心」は魂の劣悪さであり、そのような負のベクトルをもつものが広く「苦痛」と呼ばれているのだとか、プラトンは魂の劣悪さが滑稽なものに対する笑いの要因だとみなしていて、魂の劣悪さは各人にとって結局は実際に苦痛なのだとかいった説明によっては、人間心理の鋭い分析であるかに見えるこの議論を評価することにはならないだろう。喜劇について、把握しがたい快苦の混合が、ソクラテスが自負するほど鮮やかに摘出されたとまでは言えないように思われる。

(8) 純粋な快楽、真実の快楽（五〇E—五二C）

「混合された快楽に続いては、当然、混合されない快楽に向かうのが本来だろう」というソクラテスの言葉を受けて、プロタルコスは、では何を「真実の快楽」として捉えればよいのかを尋ねる。純粋さが真実さの判定基準であることを論じる五二D—五三Cの議論を待つまでもなく、「苦痛と混合された快楽」は虚偽の快楽であり、「混合されない快楽」は「真実の快楽」であるとみなされている。そしてソクラテスが提示するのは、①直線や曲線やそれらから作られる平面や立体の形の美、色の美しさ、滑らかで透明で一つの純粋な調べを響かせる音の美しさに伴う快楽、②匂いの快楽、③学びの快楽、の三通りの快楽である。『国家』第九巻では、「快楽とは苦痛の止むことであり、苦痛とは快楽の止むことであるのが本来だなどと考えることのないように」、苦痛のあとに生じるのではないような快楽の代表例、おそらくは誰もが経験している分かりやすい事例として、匂いの快楽が挙げられている（五八四B）。『ピレボス』でも②の匂いの快楽は、そこに苦痛が不可避的に混ぜられているわけではないという理由から、真実の快楽の一種とされ、③の学びの快楽も、学業への飢渇ゆえに生じる苦痛を初めから持たず、苦痛と混じり合ってはいないとされる。

だが学びの快楽はきわめて少数の人々の所有になるものだとされていて、日常的な経験や生活技術の習得や情報の獲得ではなく、もっと高度な学術の学びが考えられているようである。そして①は②と同様、感覚的認識に基づいて享受される快楽ではあるが、しかしより神的な快楽であると言われる。形や色や音の美は、「何らかの観点で美しいというのではなく、常にそれら自身において本性的に美しく、固有の快楽を備えている」（五一C）。『饗宴』の「美のイデア」が何らかの観点からの相対的な美しさではなく、顔や手のような身体の部分や、さらには動物とか大地とか天空のような感覚される事象のうちに現われるものではない、とされていたように（二一一A―B）、ここでも形の美は動物の美とか絵画の美などではないことが特に注意されている。音の美しさも一つの楽曲の美しさではない。むろんここに言われる形はコンパスや物差しを使って描かれる感覚的な形であり、色も感覚される色であって、イデアではない。しかし①②③の三種の快楽の純粋さ真実さに差異があり、より神的な種類の快楽の対象となる美について「常にそれら自身において本性的に美しい」というイデアを思わせる表現が使用されていることからも、ここで問題にされている快楽の純粋さ真実さは、イデア的実在の純粋度真実度を範型的基準とする存在論的な意味でのそれであると考えられる。

ただし、プラトンはそれをあくまでも示唆にとどめるという姿勢を崩さない。『国家』第九巻では、魂の三部分がそれぞれに欲求を持ち、その充足においてそれぞれの快楽を享受するとした上で、より真実な充足がより真実な快をもたらすのであり、理知的部分は知識や知性や徳性など、純粋で恒常的な存在により多く与るものによって充たされるがゆえに、真実の快楽を享受し、他の部分は、理知的部分の指導に従うことによって、より真実な充足とより真実な快楽とを享受するとされる（五八五A－五八六E）。すなわち快楽の真実度はイデア的実在の純粋さ真実さに依存し、それへの親近性において測られるのである。だが『ピレボス』ではそのように明示的に快楽の真実がイデア論の枠組みにおいて規定されるわけではない。「純粋であるとぼくたちが言うすべての類」のうちから白の類が取り上げられ、白の白としての純粋さが白の白さと美しさの基準であることを類例として、快楽においても、苦痛の混じらぬ純粋なものであればあるほど、もっと快く、もっと真実で、もっと美しいとされるのである（五二D－五三C）。この議論自体は、その類比の妥当性に疑問を呈する学者もいないわけではないが、平明なものであり、白に黒が混じっているかどうか、快楽に苦痛が混じっているかどうかは、イデアの真実性に言及することなく記述できる。だがしかし、白の純粋さ、すなわち他との比較における白さではないそれ自体としての白さを、真実に白であることの基準とする考えはイデア論の考えであり、たとえ量的には微小であっても純粋な白のほうが、大量ではあっても黒の混じった白よりも、白であることにおいてまさっているという、ピレボス流の最大最強烈の快楽の排除に直結する論点には、その価値的優越性の選択において、イデア論の視点を離れては了解しがたいものがある。（訳者がスコッチを飲んで美味しいと思うのは、極上のスコッチをストレートで猪口一杯なめて味見したときではなく、ダブルの水割りをグラス三杯は飲んでほろ酔い加減になった時だろう。）イデア的真実在への眼差しは、これに続く快楽生成論、およびディアレクティケーを最も厳密で真実な知識とする諸知識諸技術の段階的分類の議論において、さらにいっそう顕著な色合いを帯びてくる。

6　快楽生成論（五三C—五五A）

純粋な快楽が真実の快楽であるということが同意されたあと、「快楽には常に生成があるだけで、それの存在（実在）ということはそもそも全然ない」という「或る洗練された人々」の説が唐突に導入され、これに基づいて、①快楽は善ではない（善の本性とは異なる本性をもつ）、②生成が快楽だというので生成を追求する人は、消滅すなわち苦痛を追求する人であり、悦ぶことも苦しむこともない生、可能なかぎりただ考え慮ることだけがある生を選ぶことはけっしてない、という二通りの結論が引き出される。この議論は、議論自体の内容も曖昧で分かりにくいし、なぜこのような議論がこの時点で行なわれなければならないのかも判然としない。

まず議論の中身を見てみると、「あらゆるもの」を生成（ゲネシス）と存在（ウーシア）とに分けて、生成の全体は存在全体のために生成するとし、もし快楽が生成なら、それは何かの存在のために生成するのであり、何かのために生成するものは善の本性とは別の本性に属する、すなわち善ではないということを論じるものである。ここでよく分からないのはこの生成と存在の区別がどういう区別なのかということであり、「あらゆるもの」とは何で、「存在（ウーシア）」とは何かということである。ソクラテスは最初、何か二つのものがあると言って、一方は「それ自身がそれ自身においてあるもの」、他方は「常に自分以外のものを希求するもの」とし、さらに続いて一方は「常にこの上なく厳かなるもの」、他方は「かのものより劣れるもの（それに不足するもの）」であるという記述を与える。そしてプロタルコスの「もっと明確に」という要求に対して、心身共にすぐれた美しい少年たちと彼らを追い求める恋する者たちとに似た二つのものを、すべてのもののもとに探すようにと命じる。プラトンの読者なら、ここまでの説明で、『パイドン』や『饗宴』などに見られた、イデア的真実在と生成消滅する感覚的事物との区別と関係を思い起こすのが当然の反応であろう。たとえば『パイドン』で感覚のうちにある等しい事物について言われていた、「まさに等しくあるところのかのものを希求するけれども、それに不足し劣っている」（七四D－七五B）といった表現である。したがってソクラテスは『国家』の線分の比喩や、『ティマイオス』の宇宙論の劈頭においてのように、知性的認識の対象である真実在イデアと感覚や思いなしの対象である生成物とを峻別する図式をここに導入しようとしているのだろうと思われるのである。だがプロタルコスのさらなる要求に答えて、その要点が、「常に何かのために生じるもの」と「その何か」というかたちで規定されると、「何々のために」ということの意味が曖昧で、よく分からなくなる。

そしてソクラテスが「また別のこういう二つ」として「生成（ゲネシス）」と「存在（ウーシア）」を提示し、

ゲネシスがウーシアのためにあるのか、ウーシアがゲネシスのためにあるのかを問うに至って、このウーシアとゲネシスは、『国家』や『ティマイオス』で、真実在イデアと感覚的事物事象とを峻別してそれぞれを指示するのに用いられていたのとは違う意味で用いられていることが明らかになる。プロタルコスはその問いの具体例として、船が造船のためにあるのか、造船が船のためにあるのかと言い換え、ソクラテスは、「薬やすべての道具類やあらゆる材料は生成のために万人に供給されるのではあるが、その生成はそれぞれ別々にそれぞれ何か別の存在のために生成する」と言うのである。これは技術的な制作過程に例をとって語られているが、自然の生成過程についても同様で、この場合のウーシアは生成過程の終着点としてゲネシスと同じ存在論的レベルにあり、それと連続する存在である。四つの類の存在論において、第三の類が「限度を伴って仕上げられた尺度からウーシアへと生成した一族」とか「(無限と限度から)混合されて生成したウーシア」と言われていたのと同様のウーシアであり、イデア的実在ではなく通常の「存在」なのである。

すると「快楽には常に生成があるばかりで、それの存在ということはそもそも全然ない」という説は、身体の自然的調和状態の崩壊と回復の過程における苦痛と快楽の生成の場合にそって考えれば、回復過程、すなわち調和状態への生成過程の続くかぎり快楽はあるが、その過程が終わって調和状態が回復されてしまうと快楽は消える、というような意味で利用されているということになるだろう。「もし快楽が生成であるなら、必然的に、何らかの存在のためにある」というのは、「存在への生成過程に基づいてある」というほどの意味でしかない。そして存在とその生成過程とを比べれば、「完成されている、完全である」という善の資格からして、生成過程と一体でそこに限局されている快楽は明らかに善ではない、ということであろう。

むろん存在のほうも、生成過程の終着点というだけでは、完全かつ十分とは言えない場合もあるだろうから、「何かのために生成するものが常にそれのために生成するであろうかのものは、善の定まった本性において在る」といった言葉も額面通りには受け取れない。

しかしこのような意味で快楽が善でないことを指摘するだけなら、これは快楽が無限の類に属するとされたことですでに了解済みのことと思われるし、そもそも快楽が善と同一でないことはピレボス説論駁の最初の一撃として論証済みの問題なのである。ソクラテスはなぜこの段階で、この快楽生成論、および『ゴルギアス』と同レベルの単純な論理と常識に訴える議論によって、快善同一説を論駁しようとしたのだろうか。そしてその際、イデア論のゲネシスとウーシアの区別、すなわち生成と実在を峻別する存在論的図式を連想させるような思わせぶりな語り方をしたのだろうか。

快楽が生成であるというのは、「洗練された人々」の説であり、ソクラテス自身は「もし快楽が生成だとしたら」という条件文によって語っていて、快楽が生成であるというテシスはどれだけの範囲の快楽に適用できるのかが問題となる。もし身体的変化に基づく快楽だけに妥当するのであれば、この議論がここに挿入されたのは、快楽分析の出発点であり、その基礎となった地点に帰って、これまでの快楽論を振り返るというような意味は持つかもしれないが、そのような特定の種類の快楽についてだけ、快善同一説に対する論駁を繰り返すのはいかにも不調法であると思われる。しかし身体的快楽だけでなく、魂そのものにおける情念の快楽も、さらに純粋な快楽も、これまでに論じられたすべての快楽がそのテシスによって包括され得るなら、快楽論の最後に、特に純粋な快楽が指摘されて、純粋な快楽が真実な快楽でもあることが論じられたほぼ直後に、それらすべての快楽を一つにまとめて、いかなる快楽も善ではないということを今一度確認するのは理解できないことではない。たとえ純粋で真実な快楽、特に神的な種類の快楽であっても、それは身体や魂の何らかの調和と秩序への生成過程であるかぎりの快楽であり、善として選び取られ追求されるものではないことは、この時点で確認されるのが妥当である。形や色の美に備わる快楽が純粋で真実な快楽であるとはいっても、その純粋さ真実さは、イデア的実在の純粋さ真実さを範型として類比的に語られるものにすぎない。学びの快楽にしても、それは人間的な学びと認識の過程において享受されるものであり、イデア的真実在のようにそれ自体として追求されるべきものではない。もし学びの快楽をそれ自体として追求するなら、それは常に忘却を求め、あるいはつぎつぎと未知の学識を求めて、その意味での無知を求めることになるだろう。プラトンにとっては、人間にとって可能なかぎりイデア的実在の考察に携わって、「悦ぶことも苦しむこともなく、ただ考え慮ることが能うかぎり純粋にそこにある」という生が望ましいのであり、そのことはそのような生への何度かの言及によって明らかである。プラトンは『ピレボス』においては、あくまでもプロタルコスのような普通の人間にとって理解可能なしかたで、最善の生は何か、そこにおいて快楽はいかなる位置を占め得るのかという問題を考察するというスタンスを崩さないが、しかし同時に、イデア的実在への眼差しを喚起するためのさまざまな示唆を織り込む工夫も忘れてはいないということである。

7　ディアレクティケー(3)――知識論（五五C－五九D）

『ピレボス』全篇の中で、プラトンが最も明確にイデア的実在を語り、それがディアレクティケー本来の対象であることが明言されるのはこの知識論においてである。諸快楽においてその純粋度真実度の相違が指摘されたように、諸技術諸知識の間にも、その純粋度真実度において多大の差異があり、それらはその観点から、大きく、四つないし五つに区分される。音楽や医術や農事や航海術や統帥術など、経験と修練による当て推量に依存し、精確さの乏しい技術や知識のグループに対して、船や家屋の建築は種々の測定具や道具を用いることによって、より多くの精確さに与っている。そこでまず音楽に代表されるグループと建築術のグループが区分され、その上で、その区分の基準となった測定や尺度そのものに関わる技術が取り出されて措定される。測定術、計量術、算術、計算術などの名称が挙げられるが、とりあえず「数学」という名称でそれらを包括しておくと、この数学がさらに諸技術のうちに含まれる実際的数学と、哲学者が携わる理論的数学とに分けられる。そしてこの理論的数学における計算と幾何が、「尺度と数の取り扱いに関して」断然精確であり真実であるとされる。他の諸技術における尺度や数の単位は相互に無限の差異を含む感覚的な一であるのに対し、理論的数学のそれは相互にまったく差異のない非感覚的な一だからである。快楽における純粋さと真実さは苦痛の混入しない、快楽としての自己同一性の意味で言われていたが、理論的数学の純粋さ真実さは、尺度の同一性による精確さの意味において考えられている。しかしこの理論的数学は精確さにおいてまだ最高度の知識とは言えず、これをさらに凌駕するのがディアレクティケーだとされるのである。

この議論の筋からすると、ディアレクティケーが理論的数学に優越するのは当然「尺度と数の取り扱い」における精確さという基準においてであることが期待される。『国家』の線分の比喩においては、数学は、補助的な図形などの使用による感覚的直観に依存すると共に、その思考（ディアノイア）が仮設（ヒュポテシス）からの演繹的推理に限定されるのに対し、ディアレクティケーは、仮設から仮設へと遡って、もはや一切の仮設性を脱却した絶対的原理である「善のイデア」を直知し、それによってすべてのイデア的実在の存在と真実性を根拠づけるところの思惟（ノエーシス）の行程であるというしかたで、その優越性の理由が説明されていた。同様に、『ピレボス』のこの脈絡においては、ディアレクティケーはいかなる意味で、「尺度と数（一、単位）」の取り扱いにおいて理論的数学よりも「精確」であるのかが説明されてしかるべきだろう。

だが議論はそのようには進まずに、或る奇妙なねじれを見せる。ソクラテスがディアレクティケーを、「在るものや、真実あるがままにということや、本来的に恒常不変であるものに関わる知恵」であるとし、それこそが断然最も真実だとしたのに対し、プロタルコスは、「説得の技術がすべての技術よりも断然すぐれている」というゴルギアスの主張を対置する。そこでソクラテスは、今問題にされているのは「明確なもの、精確なるもの、真実この上なきものを考察の対象とする技術なり知識なりとはそもそも一体何であるのか」ということであって、「最大であり最善であり、われわれを益すること最多なるものという点で、どの技術、もしくはどの知識がすべてにまさっているのか」などということを尋ねているのではないと言い、「いやしくもわれわれの魂のうちに、真実を愛し、すべてをそのためになすという力が、もし何ものか生来のものとして宿っているのならば、その力こそは知性と思慮の純粋なるものを最も多く所有している」と熱弁するのであって、プロタルコスは直ちにこれを承認するのである。

プラトンはなぜ突然、ゴルギアスの名とゴルギアス流の弁論術を最高の技術だとする主張を持ち出したのだろうか。そして目下の論究が最大、最善、最有益という観点を脇に置き、ただもっぱら何が精確で真実な学知なのかを問うものであることをソクラテスに熱く語らせたのだろうか。まずゴルギアスを持ち出したことについては、過去に書かれた『ゴルギアス』篇をそれとなく指示しているとも取れる。この知識論の前に置かれた快楽生成論は、快楽を本性上無限なるものと規定した二三Cからの四つの類の存在論に対応して、三一Aからの快楽分析全体を包括的に、すなわち或る統一的な快楽規定に基づいて締めくくり、それらの前に置かれた二〇Bからの快善同一説論駁をもう一度強化しようとするものとも見られ、その連関で快善同一説論駁のための簡単な議論（五五A－C）が付加されてもいたのだが、この簡単な議論は『ゴルギアス』での快善同一説論駁の要約と言ってもよいものなのである。『ピレボス』執筆時にプラトンが『ゴルギアス』を念頭に置き、これを踏まえてなおいっそう十全な快楽主義批判を遂行しようとしていて、読者にそれを想い起こさせようとした可能性は十二分にある。

また技術や知識における有用性有益性と真実性精確性との区別については、ハックフォースはここにアリストテレス的な意味での実践知と観想知の区別がプラトンによって志向されているという推測を行なったが、これは間違った推測だと言わねばならない。そのような区別を議論の中で前提し用いているとしても、直ちにそれがプラトンの知識論、学問分類の基本的視点として肯定されているということにはならないし、他の後期著作のどこにもそのような形跡は認められない。たとえそれが小さくても純粋でさえあるなら、沢山あってもそうではないものより、まさにその最高度の真実性という点において優越しているという白色の範例を掲げながら、快楽と同様、知識についても純粋で真実な知識を識別しようとする文脈から考えれば、知識の大きさ、善さ、有用性の観点を度外視せよとの求めは、ただ知識の真実度精確度の観点を強調するために言われていると解するのが自然であって、それらの観点の区別や違い自体が問題にされているわけではない。さらに言えば、快楽の場合、悪しき思いなしは虚偽の思いなし以外の何ものでもないように、悪しき快楽も虚偽の快楽以外の何ものでもないことをソクラテスがプロタルコスに同意させようとしたとき、プロタルコスは同意せず、その検討は後回しにされたのだが（四〇E—四一A）、この経緯において、ソクラテス（プラトン）が快楽の真偽と善悪を何らかの意味で一体的に理解しようとしていることは明らかである。おそらくソクラテスにとっては、快楽の善悪も、行為の善悪と同様、結局は何らかの認識の過誤、無知によるものなのであろう。諸知識においてもまた、その真実さと善さはけっして別々に切り離され得るものではない。そしてだからこそ、この箇所では、快楽についてその純粋で真実なるものを不純な偽りの快楽から識別し、知識についても純粋で真実な知識を識別し、それらを混ぜ合わせるところから善き混合的生の構築を開始するという構想にそって、知識の精確さと真実性に考察の焦点を絞ることに格別の注意を喚起しておきたかったのかもしれない。

しかしディアレクティケーがこのように最高度に精確で真実な学知であることは、自然学を含む他の多くの技術や知識がもっぱら思いなしに関わる事柄や生成する事物を対象とするのに対して、ディアレクティケーは「常に同一不変でこの上なく純一な存在」、すなわちイデアを対象とし、そのことによって確固たる、純粋で真実な知を獲得するというしかたで説明される。これは、『国家』で言えば第六巻の線分の比喩ではなく、第五巻の哲学者の定義のための議論（四七四B—四八〇A）と同じレベル、同じ内容の説明であり、したがって弁論術や自然学に対するディアレクティケーの優越性の理由は分かるけれども、肝心の理論的数学に対する優越性の理由ははっきりしないのである。というよりもプラトンは、突然のゴルギアス的主張の導入によって、その説明を省略し、ごまかしてしまったかのような感がある。『ピレボス』のこの箇所ではディアレクティケーと理論的数学とを明確に区別するよりは類同化して扱う傾向が強いようにも見受けられる（補註J参照）。さらに『パイドロス』や、「テクナイへの途」としてのディアレクティケーを語る『ピレボス』序論部ではその類例として扱われていた音楽や医術などの諸技術が、この箇所では最も技術性知識性の低いグループに配属されているのも読者を驚かせるだろう。これらの箇所でそれぞれに語られるディアレクティケーやさらに「言論への美しき方途」としてのディアレクティケーは、果たして同じ一つのディアレクティケー概念のもとにうまく包摂され得るのかどうか、あるいはどのように関係づけられるべきかは解釈のむずかしい、だが非常に興味深い問題である。

8　最善の生と最終判定（五九D—六七B）

最善の生は快楽と知性思慮それぞれ単独の生ではなく、両者が混合された生であり、その生は「無限」「限度」「混合された共通者」「原因」という四つの類のうち第三の「共通者」の類に属するものであること、そして快楽と思慮の混合は、「原因」としての知性思慮が「無限」なる快楽に「適度な限定」を付与するという意味での混合であることが論じられ、さらに快楽の類と知性思慮の類のそれぞれに純粋度真実度の多様な差異の存することが明らかにされたのを受けて、『ピレボス』終局部では、(1)最善の混合的生が構築され（五九D—六四C）、(2)その最善の生における「善の輪郭」に照らして、あるいはその善の原因となるものとの関係において、快楽と知性思慮の二等賞争いの最終判定が行なわれる（六四C―六七B）。

⑴知性思慮の側から最善の生の構成材料として選ばれるのは、「生成消滅することなく、恒常不変で同一を保つ存在」を対象とする真実の知識のみならず、「偽りの物差しも使う、確固たるのでも純粋でもない技術」、「当て推量や真似ごとでいっぱいで、純粋さを欠いている技術」をも含む、すべての技術知識および知的能力である。これは人間の生が人間の生であるために「必要やむを得ない」ものであり、「第一級の知識を持ってさえいれば」他のすべての知識を持っていても何の不都合もないとされる。『ピレボス』の論究は、「およそ人間の所有となるもののうち何が最善のものであるのか」という問いから始まり、終始、身体的自然に根ざした通常の人間生活の圏域を離れることはない。イデア的真実在への眼差しを閑却することはないが、ピレボス説と世の多数の快楽主義的思潮を同じ土俵で吟味論駁しようとする意識的な抑制が『ピレボス』執筆時のプラトンの基本姿勢であり、それがプロタルコスに「ただもう神的な諸知識のうちにだけあるという状態」を笑うべき状態だと言わせたのである。だがイデア的真実在を対象とする真実の知識がまず無条件に最善の生のうちに選び取られたこと、そして知的諸能力のなかで、知性と思慮とがそのような真実の知の主体であり、「（ソクラテスが）あの時判定を受けるために提示していたのはそれらの名前以外の何ものでもない」（五九D）と言われていたことを忘れてはならない。真実の知識はただイデア的真実在についてのみ成立し、それこそが第一級の知識であるというプラトンの考えにはいささかの揺らぎも認められないのである。

他方、純粋さに欠ける諸技術諸知識が通常の生活にとって有用であり、知性の本来的活動にとって無害ということでそのすべてが受け入れられたように、すべての快楽を受け入れるべきかどうかもその同じ観点から判定される。「人間においても万有においても何が本来的に善であるのか、それの形姿（イデア）自体をいかなるものとして予言すべきか」を学ぼうとする者の知性に無分別やその他の害悪を連れて来る快楽を混ぜ合わせることは、擬人化された知性によって厳しく拒絶され、ただ純粋で真実な快楽、および健康と節度を伴った快楽と徳につきしたがう快楽だけが受け入れられる。ピレボス流の最大最強烈な快楽は、「魂を狂気によってかき乱すことで、われわれにとって障害となるものを無数に持ち、そしてそもそもの始めにわれわれが生成するのを許そうとせず、われわれから生まれる子供たちをも大抵は、無関心ゆえの忘却を［われわれのうちに］作りこんで、まったく駄目にしてしまう」（六三D－E）のであって、イデア的真実在を対象とするディアレクティケー、「人間と万有における善の形姿」を洞察する知性の活動を阻害するがゆえに、最善の生から排除されるのである。『パイドン』の死の練習としての哲学的生（六四C－六七A）や肉体の牢獄に捕えられた魂を救済する哲学の描写（八二D－八三E）における身体的欲求と快苦への厳しい態度、真実を希求する哲学的探求のピューリタニズムは、『ピレボス』でも基本的には変わることなく保持されている。

快楽と知性思慮とを混ぜ合わせて最善の生を構築する作業の中で、大方の読者がその意味を測りかねるのは、「何にせよ、ぼくたちがそれに真実を混ぜ合わせなければ、そのものが真実に生成することも、生じて在ることもけっしてない」という簡単な言葉で、「真実」がそこに混ぜ入れられることであろう。快楽と知性思慮の「混合」というのはむろん比喩であるが、その比喩に沿って考えても、この「真実」は快楽や知性思慮や諸知識と並ぶ第三の混合材料というのではないだろう。だがそうだとすると、すでに真実な快楽や真実な知識が混ぜ込まれている混合的生について、なぜまた「真実の混入」が、およそ一つのものが生じて存続する必然的な条件として言われなければならないのだろうか。この「真実」は快楽や知性思慮が純粋で真実であると言われる場合の「真実」ではなくて、現実存在（リアリティー）の意味での真実であり、プラトンは、ここで構想された最善の生が、『国家』の理想国家のように、ただ範型として天上に掲げられるだけの実現不可能な理想にとどまるものではないという信念ないし希望を表明したのであろうとか、『ポリティコス』において認められるように、その政治原理を実践に移すことへの彼の関心の増大が反映されているのだろうとかいった推察がなされている。しかし最善の生が構想されたすぐあとに、この混合的生が善き生であることの原因としての善が、一つの形姿ではなく、美と真実と適度（均斉）の三つによって把捉され、その「真実」は先に混入された「真実」だと言われていること、そしてまたその三者との親近性の判定において「知性は真実と同じものか、あるいはすべてのうちで最もよく類似していて最も真実なものである」とされていることを考えれば、この「真実」はただ単に現実に存在し得る、実践され得るという意味に限られるべきものではなくて、混合的生が適度で均斉のとれた美しい生であると共に、真実の生でもあることを述べようとしているように思われる。「何にせよ、それに真実が混ぜられなければ、生じることも存在することもない」という言葉は、やはり存在の度合いと真実さの度合いを相即一体に考えるプラトンの存在観真理観に照らして理解すべき文言であろう。

(2) 快楽と知性思慮との混合による最善の生の構築が終わると、いよいよ快楽と知性思慮の二等賞争いに決着をつける段取りが整ったわけであるが、構築された生の「善」を真実と美と適度の三者によって規定し、快楽と知性思慮のそれぞれをその三者との親近性において観察して、快楽に対する知性思慮の勝利を確認するという手続きには、瞞着とも思われる不審な点が指摘されている。それは真実、適度、美の三者との親近性（同族性）を判定するために持ち出される快楽が、混合された最善の生からすでに排除されたはずの快楽、すなわち性的快楽に代表される最大最強烈な快楽だということである。これについてはハックフォースが解説するとおり、「快楽それ自身は無限であり、自分のうちに始めも中も終わりも自分からは持たず、けっして持つことはないであろう類に属する」という四つの類の存在論の結語が想起されねばならないだろう。「それ自身は」「自分からは」という言葉に着目することによって、そして快楽のそのような本性が最も顕在的に観察されるのが最大最強烈な快楽だということで了解すべき筋のものと訳者にも思われる。だがさらに、ここでは、十分に時間をかけて答えるようにとのソクラテスの言葉を振り切って、対話相手プロタルコスが、最大の快楽とは性愛の営みにおける快楽であることを明言した上で、露骨にこれを侮蔑嘲笑するのであって、読者はピレボスの快楽説が性愛の快楽に大きく依拠するものであったことを想起するとともに、これを痛撃しようとするソクラテスの抑制された意図をプロタルコスが我知らず過激に遂行するという、皮肉で滑稽な情景に興趣を誘われることにもなるのである。プラトンは混合された善き生のうちに含まれる快楽と知性思慮との優劣を判定する前に、逸脱を承知で、少数者の快楽ではなく、多くの人々にとっての快楽全般について、二等賞争いでの敗北を明示しておきたかったのかもしれない。

いずれにせよ、このようにして「善」との同族性親近性における快楽全般と知性思慮との優劣を見た上で、最後にあらためて、混合された最善の生のうちに含まれて人間の所有となるものの等級づけが行なわれ、純粋で真実な快楽は、知性思慮や知識のそれよりも下位に位置づけられることになる。第一位は「どこか尺度のあたりに、つまり適度で時宜をえたものや、そういったものとみなさるべきものすべてのあたりに、恒常的に確保されてある」と言われ、第二位は「均斉のとれた美しいものや完全無欠で十分なるものやまたその一族に属するかぎりのすべてのもののところにある」とされる。第三位は「知性と思慮」、第四位は「知識や技術や真なる思いなし」、そして第五位が「苦痛の混じらない純粋な快楽」である。そこでこの順位づけは一体どういう基準によって行なわれているのかが問題で、むろん混合的生の善さを構成する真実と美と適度（均斉）との「親近性」においてということが言われていたのだが、その意味は曖昧で分かりにくい。

まず『ピレボス』で考察の主題となる「善」は、「人間の所有となる」善であって、善き混合に内在する「善さ」であるとしなければならない。この「善」の輪郭を一つの形姿でなく、真実、美、適度（均斉）の三者によって規定した箇所では、その「善」は美の本性の中に逃げ込んだと言われていた。善き混合の原因は「尺度」と「釣り合いの本性」であり、この尺度と釣り合いに適ったあり方としての「適度」と「均斉」が結局は美と徳になるからであった。善を規定する三つの相のうちの真実と美以外の一つは「均斉」が用いられたり「適度」が用いられたりしているが、「適度」と「均斉」が「美」として捉えられる場合は「美」と言われ、「徳」となる場合は「適度」もしくは「均斉」が用いられているように思われる。そこで善き生の美と適度（均斉）は、尺度と釣り合いの本性に由来し、それに依存する性格なのだとすると、この「尺度および釣り合い」と「美しく適度（均斉）なもの」との区別が第一位と第二位の差異に対応するものと考えられる。第二位の「均斉のとれた美しいものや完全無欠で十分なるもの」の典型例は混合された最善の生そのもの、もしくはそれの「善さ」であろう。この原語は中性単数の冠詞プラス形容詞であって、その性質なのか、そのような性質のものなのかが曖昧であるが、内在的性質だとすると知性原因との優劣の理由が分からなくなるので、具体的なものを指すのだとしておくと、第一コンテストの優勝者たる混合的生が、快楽と知性思慮の二等賞争いとされた第二コンテストで第二位にランクされていることになる。すなわち、第三位の知性と思慮は、むろん個々の人間が持つ知性思慮であり、宇宙万有の知性原因に対応して、善き混合的生の構築を主導する原因としての一面を持つと考えられるが、混合的生に内在する構成要素、つまり全体に対する部分ということで、混合的生よりも下位に位置づけられていると考えられる。そして知性と思慮以外の知的機能も純粋な快楽もやはり混合的生の構成要素で、諸知識諸技術はイデアに関わる知性思慮よりも純粋さ真実さにおいて劣っていて第四位とされ、純粋な快楽は大体は第四位の知識に付随しそれに依存するものとして第五位とされている。第一位の尺度や適度や時宜のよろしさ（やはり「適度で時宜にかなったもの」とも解し得る）は、最善の生の「均斉のとれた美しい」「完全無欠で十分な」あり方の原因であるが、それら自体が混合的生に内在するのか、あるいは超越的なものなのかは、テキストのギリシア語が破損の疑い濃厚なせいもあって、はっきりしない。訳者としては、第一位の尺度や適度はイデアそのものではないにしても、イデア的実在の秩序から宇宙知性によって選び取られたマクロコスモスの尺度や適度であり、これをミクロコスモスとしての人間の知性が観得して善き生を構築すると解するほうがよいかと思う。この順位づけを、第一位も含めてすべて人間の所有となるものの枠内で考えようとすると、そこに取り込まれた尺度や適度が一位で、知性思慮が三位になる理由が、第二位の場合と同様、やはり分からなくなるからである。だがいずれにせよ、二等賞争いの当初の趣旨からすると、一位と二位は余計で、三位の知性思慮以下のものが実際の競技者として扱われるべきものであることは明白である。そしてその順位づけはイデア的真実在の真実や美を基準としてそれとの親近性の度合いにおいてなされていることも明らかで、イデア的真実在を排除して『ピレボス』を理解することは到底不可能であると訳者には思われる。

この訳書の執筆は二〇〇四年四月から二〇〇五年三月までの在外研修期間中になされた。よく整えられた留学規程に基づいて、研究と執筆に専念できる諸条件を供与してくれた神戸松蔭女子学院大学と、ビジティングスカラーとしての在籍を許可された英国ケンブリッジ大学古典学部、とりわけデイヴィッド・セドレイ教授に感謝申し上げたい。この貴重な時間と環境なしに本書を仕上げることは、非力で怠惰な訳者にはとうてい不可能だったと思う。

また同じ時期にケンブリッジで研修中であった瀬口昌久、大草輝政の両氏は、早い段階での訳文草稿に目を通して、多くの有益な指摘や助言を与えてくださり、帰国後のゲラ出し、校正の段階では、やはり同学の畏友である國方栄二氏が、ギリシア語のフォントをうまく使いこなせない訳者を助けて、色々と面倒な作業をしてくださった。そして京都大学学術出版会編集部のご尽力によって、何とか刊行にまでこぎつけることができたという次第である。

『ピレボス』は訳者が京都大学の博士課程在学の頃に最も親しんだ対話篇である。修士課程に入った頃に田中美知太郎先生の岩波版の訳が出て、博士課程に進むと『ピレボス』が藤澤令夫先生の演習のテキストになった。訳者は田中先生の訳によってこの難解な対話篇の面白さを知ったのであり、先生の『ピレボス』は、藤澤先生の『パイドロス』『国家』とともに訳者が最も愛読した日本語訳プラトン対話篇の一つである。後年、田中美知太郎全集の新版のために、原文との照合のお手伝いをしたこともあって、訳者の脳には田中訳が沁みこんでいるのではないかとも怖れられ、この訳書の執筆を担当することが決まってからは、田中訳には手を触れず、ひたすらギリシア語テキストを読んで、田中先生の文体や言い回しを払拭する努力をしなければならなかったほどである。また本書の執筆中、テキストの不安定な箇所や問題の箇所にさしかかって、演習で藤澤先生がおっしゃったコメントが、その時の語調や表情までも一緒に、鮮やかに蘇ってくるように思われ、先生はこう読んでおられた、このような解釈を示されたという記憶が訳者を励ましてくれたことが何度もあった。むろんこの訳書の出来不出来の責任はすべて訳者にある。ただ訳者にとって『ピレボス』は、田中・藤澤両先生に賜った有形無形の学恩をとりわけて思い出させる対話篇であり、もし許されるなら、この拙い仕事を両先生の御霊にお捧げしたいと思う。

参照文献表

AとBは、本訳書の執筆にあたって訳者が参照した書目を主とするごく限定的なものである。Cの研究論文については、一九八〇年頃以降の雑誌論文をなるべく多く収載するように努めた。

A　テキスト、翻訳、註釈

Badham, C., *The Philebus of Plato,* with Introduction and Notes, London, (1st ed.) 1855, (2nd ed.) 1878.

Bury, R. G., *The Philebus of Plato,* with Introduction, Notes and Appendices, Cambridge, 1897 (Reprint. New York, 1973).

Diès, A., *Platon, Oeubres Complètes,* Tome IX, 2e Partie: Philèbe, Paris, 1959.

Fowler, H. N., *Philebus,* London, 1925 (The Loeb Classical Library).

Frede, D., *Plato Philebus,* Translated, with Introduction and Notes, Indianapolis, 1993.

Gosling, J. C. B., *Plato: Philebus,* Translated with Notes and Commentary, Oxford, 1975.

Hackforth, R., *Plato's Philebus,* Translated with an Introduction and Commentary, Cambridge, 1972 (First published under the title *Plato's Examination of Pleasure,* 1945).

Poste, E., *The Philebus of Plato* with a Revised Text and English Notes, Oxford, 1860.

Stallbaum, G., *Platonis Opera Omnia* vol. IX, New York & London, 1980 (Platonis Philebus, Recensuit, Prolegomenis et Commentariis illustravit Godofredus Stallbaum, Gothae, 1842).

Taylor, A. E., *Philebus and Epinomis,* Translation and Introduction (ed. R. Klibansky), London, 1956.

Waterfield, R. A. H., *Plato Philebus,* Translation with Introduction and Notes, Harmondsworth, 1982 (Penguin Books).

田中美知太郎『ピレボス』（プラトン全集４）、東京、岩波書店、一九七五年。

B　研究書（単行本）

Adam, J., *The Republic of Plato,* 2vols., Cambridge, 1902, rep. 1980.

Brandwood, L., *The Chronology of Plato's Dialogues,* Cambridge, 1990.

Campbell, L., *The Sophistes and Politicus of Plato*, Oxford, 1894.

Colvin, C. O. P., *The One / Many Problem in Plato's Philebus*, Austin / Texas, 1987.

Cornford, F. M., *Plato's Theory of Knowledge*, London, 1935.

Cornford, F. M., *Plato's Cosmology*, London, 1937.

Cornford, F. M., *Plato and Parmenides*, London, 1939.

Crombie, I. M., *An Examination of Plato's Doctrines*, vol. 2, London, 1963.

Findlay, J. N., *Plato: The Written and Unwritten Doctrines*, London, 1974.

Friedländer, P., *Plato*, vol. 3 (tr. Hans Meyerhoff), Princeton, 1968.

Gadamer, H. G., *Platos Dialectische Ethik, Phänomenologische Interpretationen zum Philebos*, Neuedruck der Auflage 1931 mit neuem Vorwort und Registern, Hamburg, 1983.

Gosling, J. C. B., and Taylor, C. C. W., *The Greeks on Pleasure*, Oxford, 1984.

Gould, J., *The Development of Plato's Ethics*, Cambridge, 1955.

Grube, G. M. A., *Plato's Thought*, Boston, 1968.

Guthrie, W. K. C., *A History of Greek Philosophy*, vol. 5, Cambridge, 1978.

Hampton, C., *Pleasure, Truth and Being: An Analysis of Plato's Philebus*, Albany, 1990.

Ledger, G. R., *Re-counting Plato, A Computer Analysis of Plato's Style*, Oxford, 1989.

Löhr, G., *Das Problem des Einen und Vielen in Platons "Philebos", Hypomnemata* 93, Göttingen, 1990.

Runciman, W. G., *Plato's Later Epistemology*, Cambridge, 1962.

Sayre, K., *Plato's Late Ontology: A Riddle Resolved*, Princeton, 1983.

Shiner, R., *Knowledge and Reality in Plato's Philebus*, Assen, 1974.

Skemp, J. B., *Plato's Statesman*, Translated with Introductory Essays and Footnotes, London, 1952.

Stenzel, J., *Plato's Method of Dialectic*, tr. D. J. Allan, Oxford, 1940.

Striker, G., *Peras und Apeiron: Das Problem der Formen in Platons Philebus*, *Hypomnemata* 30, Göttingen, 1970.

Teloh, H., *The Development of Plato's Metaphysics*, University Park and London, 1981.

Thesleff, H., *Studies in Platonic Chronology*, Helsinki, 1982.

C　論文

Anscombe, G. E. M., The New Theory of Forms, *Monist* 50, 1966, 403-420.

Archer-Hind, R. D., Note on Plato Philebus 15A, B, *Journal of Philology* 27, 1901, 229-231.

Brandwood, L., Stylometry and Chronology, (ed.) R. Kraut, *The Cambridge Companion to Plato*, Cambridge, 1992, 425-463.

Carone, G. R., Hedonism and the Pleasureless Life in Plato's Philebus, *Phronesis* 45, 2000, 257-283.

Chiara-Quenzer, D. de, A Method for Pleasure and Reason: Plato's Philebus, *Apeiron* 26, 1993, 37-55.

Cooper, N., Pleasure and Goodness in Plato's Philebus, *Philosophical Quarterly* 18, 1968, 12-15.

Cooper, J., Plato's Theory of Human Good in the Philebus, *Journal of Philosophy* 74, 1977, 714-730.

Dancy, I. M., The One, the Many, and the Forms, *Ancient Philosophy* 4, 1984, 160-193.

Delcomminette, S., The One-and-Many Problems at Philebus 15B, *Oxford Studies in Ancient Philosophy* 22, 2002, 21-42.

Dybikowski, J. C., False Pleasure and the Philebus, *Phronesis* 25, 1970, 147-165.

Fahrnkopf, R., Forms in the Philebus, *Journal of the History of Philosophy* 15, 1977, 202-207.

Frede, D., Rumpelstiltskin's Pleasures: True and False Pleasures in Plato's Philebus, *Phronesis* 30, 1985, 151-180.

Frede, D., Disintegration and Restoration: Pleasure and Pain in Plato's Philebus, (ed.) R. Kraut, *The Cambridge Companion to Plato,* Cambridge, 1992, 425-463.

Frede, D., The Hedonist's Conversion: The Role of Socrates in the Philebus, (edd.) C. Gill and M. M. McCabe, *Form and Argument in Late Plato,* Oxford, 1996, 213-248.

Frede, D., Der Begriff der eudaimonia in Platons Philebos, *Zeitschrift für Philosophische Forschung* 53, 1999, 329-354.

Gaiser, K., Plato's Enigmatic Lecture 'On the Good', *Phronesis* 25, 1980, 5-37.

Gosling, J. C. B., False Pleagures: Philebus35c-41b, *Phronesis* 4, 1959, 44-54.

Gosling, J. C. B., Father Kenny on False Pleasures, *Phronesis* 6, 1961, 41-45.

Griswold, Jr., C. L., Comments on Kahn, (edd.) J. Annas and C. Rowe, *New Perspectives on Plato, Modern and Ancient,* Cambridge, Massachusetts & London, 2002, 129-144.

Hahn, R., On Plato's Philebus 15b1-8, *Phronesis* 23, 1978, 158-172.

Hampton, C., Pleasure, Truth and Being in Plato's Philebus: A Reply to Professor Frede, *Phronesis* 32, 1987, 252-262.

Hampton, C., Plato's Late Ontology: A Riddle Unresolved, *Ancient Philosophy* 8, no. 1, 1988, 105-116.

Jackson, H., Plato's Later Theory of Ideas, *Journal of Philology* 10, 1882, 253-298.

Kahn, C., On Platonic Chronology, (edd.) J. Annas and C. Rowe, *New Perspectives on Plato, Modern and Ancient,* Cambridge, Massachusetts & London, 2002, 93-128.

Kenny, A., False Pleasures in the Philebus: A Reply to Mr. Gosling, *Phronesis* 5, 1960, 45-52.

Kolb, D., Pythagoras Bound: Limit and Unlimited in Plato's Philebus, *Journal of the History of Philosophy* 21, 1983, 497-511.

Letwin, O., Interpreting the Philebus, *Phronesis* 26, 1981, 187-206.

Meinwald, C. C., One / Many Problems: Philebus 14c1-15c3, *Phronesis* 41, 1996, 95-103.

Mirhady, D. C., The Great Fuss over Philebus 15b, *Apeiron* 25, 1992, 171-177.

Mohr, R., Philebus 55c-62a and Revisionism, (edd.) F. J. Pelletier and J. King-Farlow, *New Essays on Plato,* Guelph, Ontario, 1983, 165-170.

Mooradian, N., What To Do About False Pleasures of Overestimation? Philebus 41a5-42c5, *Apeiron* 28, 1995, 91-112.

Mooradian, N., Converting Protarchus: Relativism and False Pleasures of Anticipation, in Plato's Philebus, *Ancient Philosophy* 16, 1996, 93-112.

Moravcsik, J. M., Forms, Nature, and the Good in the Philebus, *Phronesis* 15, 1979, 81-101.

Penner, T. M., False Anticipatory Pleasures: Philebus 36a3-41a6, *Phronesis* 15, 1970, 166-178.

Sayre, K., The Philebus and the Good, *Proceedings of the Boston Area Colloquium in Ancient Philosophy* 2, 1987, 45-71.

Schofield, M., Who were *οἱ δυσχερεῖς* in Plato, Philebus 44aff.?, *Museum Helveticum* 28, 1971, 2-20.

Shiner, R., Must Philebus 59a-c Refer to Transcendent Forms?, *Journal of the History of Philosophy* 17, no. 1, 1979, 71-77.

Thomas, T., The General Account of Pleasure in Plato's Philebus, *Journal of the History of Philosophy* 34, 1996, 495-513.

Thesleff, H., Platonic Chronology, *Phronesis* 34, 1989, 1-26.

Trevaskis, J. R., Classification in the Philebus, *Phronesis* 5, 1960, 39-44.

Trevaskis, J. R., Division and Its Relation to Dialectic and Ontology in Plato, *Phronesis* 12, 1967, 118-129.

Waterfield, R. A. H., The Place of the Philebus in Plato's Dialgues, *Phronesis* 25, 1980, 270-305.

Young, C. M., Plato and Computer Dating: A Discussion of Gerard R. Ledger, *Re-counting Plato: A Computer Analysis of Plato's Style,* and Leonard Brandwood, *The Chronology of Plato's Dialogues, Oxford Studies in Ancient Philosophy* 12, 1994, 227-250.

D　和文文献

伊東斌『プラトン快楽論の研究　善の研究序説』九州大学出版会、一九九五年。

荻原理「想像されることで現在する快――プラトン『ピレボス』37a1-41a7解釈」東京大哲学研究室『論集』第一二号（一九九三年）、一七六―一八七頁。

小野木芳伸「「一と多」と「方法」――『ピレボス』14c-18d」『哲学誌』（東京都立大学）第三三号（一九九一年）、一〇五―一二四頁。

加藤信朗「『ピレボス』篇における道徳性の観念」『聖心女子大学論叢』第八三集（一九九四年）、六―三三頁。

栗原裕次「プラトン『ピレボス』篇における〈快〉と〈幸福〉――『虚偽の快』を巡る第一議論（36c3-41a4）の研究」『ペディラヴィウム』第四五号（一九九七年）、二三―四〇頁。

高橋憲雄「知性主義対快楽主義――プラトン『ピレボス』の場合」『理想』第六一七号（一九八四年）、四三三―四四四頁。

新島龍美「「いつわりの快」について――プラトン『ピレボス』研究序説」『哲学論文集』（九州大学哲学会）第二一輯（一九八五年）、四三―六四頁。

早瀬篤「『ピレボス』における純粋な快楽」『古代哲学研究室紀要（HYPOTHESIS）』第一一号（二〇〇二年）、一八―

四二頁。

松永雄二「「こころ」或いは「人間の生のかたち」——プラトン『テアイテトス』、『ピレボス』のための一考察」『哲学論文集』（九州大学哲学会）第一五輯（一九七六年）、一—二三頁。

村上正治「快苦の真偽について——『ピレボス』31b-40e」『西洋古典学研究』第五一号（二〇〇三年）、三一—四四頁。

山田道夫「『ピレボス』の快楽規定について」『西洋哲学史研究』（京都西洋哲学史研究会）第一号（一九八一年）、一二三—三一頁。

山田道夫「後期プラトンのディアレクティケー——『ピレボス』『ポリティコス』を中心に」『関西哲学会紀要』第一六冊（一九八二年）、五三—五六頁。

山田道夫「最も厳密な学としての哲学——『ピレボス』55C-59C」『西洋古典学研究』第三四号（一九八六年）、四八—五八頁。

索　引

数字と *A, B, C, D, E* は、ステファヌス版の頁数と段落を示す。本書では本文欄外上部に記した数字がそれにあたるが、日本語訳に際しては若干のずれが生じるので、その前後も参照されたい。

ア　行

愛欲、エロース（ἔρως）　47E, 49B—C, 67B
悪、害悪、邪悪、劣悪（κακόν, πονηρία）　26B, 37D, 41A, 45E, 47B—C, 48B—C, 49A, D—E, 50A, 64A
悪しき、悪い（κακός, πονηρός）　13B—C, 37D, 40A—C, E, 41A, 44B, 46A, 55B
当て推量、当て推量の術（στοχασμός, στόχασις, στοχαστική）　55E, 56A, 62C
アプロディテ（'Αφροδίτη）　12D
怒り（ὀργή）　47E, 50B—C
行き詰まり（ἀπορία）　15C, E, 20A, 34D
生き物（ζῷον）　11B, 31D, 32A, E, 35C, D—E, 42C, 43B, 60A, C
異議を唱える、反論する（ἀμφισβητεῖν, ἀντειπεῖν）　11A, 14C, 19C, 22C
泉（κρήνη）　61C
痛み　→苦痛
一、一なるもの、一つ、一つのもの（τὸ ἕν, ἕν）　12C—E, 13A, 14C—E, 15A—B, E, 16D—E, 17A—C, E, 18A—E, 19A, 23D—E, 24A, 25A, C—D, 26C—E, 27A—B, 32B, 33C, 34E, 43C—E, 47D, 52E, 54A, 56D—E, 57A—B, 60A—B, 65A—B
　一と多（τὸ ἓν καὶ πολλά）　14D, 15B, 16C, 17D
色（χρῶμα）　12E, 51B, D, 53A
異論、反論、争論（ἀμφισβήτησις, ἀμφισβήτημα, ἀμφισβητούμενα）　11B, 15A, C—D, 19D
韻律（μέτρον）　17D
宇宙、宇宙世界（κόσμος）　28E, 29E, 59A
美しい（καλός）　11C, 16B, 19C, 23C, 26B, 30A—B, D, 43C, 48E, 51B—D, 53B—C, 55B, 59C, 65E, 66B
美しさ、美（τὸ καλόν, κάλλος）　15A, 29C, 49D, 51C, 64E, 65A—B, E
美しく（καλῶς）　61C, D
絵描き（ζωγράφος）　39B
選ぶことができる、選べる、選ばれ得る、選ばれる（αἱρετός）　21D—E, 22B, D, 61A
エロース　→愛欲
円（κύκλος）　62A—B
畏れ（δέος）　12C
恐ろしい（φοβερός）　32C, 49B
音、音声、声音（φωνή）　17B—C, 18B—C
音（φθόγγος）　51D
思いなし（δόξα）　12D, 36C—D, 37A—E, 38B, 38E, 40D—E, 42A, 59A, 60D, 64A, 66C
　真なる—、真実の—（δόξα ἀληθής）　21B—C, 38B, 39A, C, 60D
　正しい—（δόξα ὀρθή）　11B, 37D—E, 38A, 64A, 66C
　虚偽の—（δόξα ψευδής）　38B, 40D, 49B
思いなす（δοξάζειν）　21C, 37A—B, E, 39B—C, 40C—D, 42A, 43E, 44A, 48E, 49B, 60D
オルペウス（'Ορφεύς）　66C
終わり　→終局
音階（ἁρμονία）　17D
音楽（μουσική）　17C, 26A, 56A, C, 62C
　—に通じた（μουσικός）　17B
音程（διάστημα）　17C, D

カ 行

快、快楽（ἡδονή） 11B, E, 12A—E, 13A—C, 14A—B, 15E, 18E, 19B—D, 20A—C, E, 21A—C, E, 22A, D—E, 23A—B, 26B, 27C—E, 28A, 31A—E, 32A—E, 33A, C, 34C, 36C, E, 37A—E, 38A—B, 39D, 40A—E, 41A, C—E, 42A—E, 43B—C, 44B—E, 45A—E, 46A—E, 47A—E, 48A—B, 49A, C—D, 50A—B, D—E, 51A—B, D—E, 52A—E, 53B—C, 54C—E, 55A—C, 57A, 59D, 60A—E, 61C—D, 62D—E, 63A—E, 64A, C, 65B—E, 66A, C—E, 67A—B

最大の―（μεγίστη ἡδονή） 21A—B, 45B—C, 47B, 63D, 65C, E

真実の―（ἡδονὴ ἀληθής） 36E, 40C, 44D, 51B, 62E

純粋な―（ἡδονὴ καθαρά） 52C

虚偽の―（ἡδονὴ ψευδής） 36E, 40C, 41A, 42C

快を感じる、快を楽しむ、快楽を楽しむ（ἥδεσθαι） 12D, 15E, 21A, 36B, 37A—B, 48B, 50A, 60D

快楽の生（βίος ἡδονῆς） 11E, 20E, 21E, 34C

学業、学問知識（μαθήματα） 51E, 52A—B

確固たる、確固たるもの（βέβαιος, τὸ βέβαιον, βεβαιότης） 56A, 59B—C, 62B

渇望（πόθος） 36A, 47E, 48A, 50B

曲尺（γωνία） 51C

神、神々（ὁ θεός, θεοί） 16C, E, 18B, 20B, 23C, 25B, 28B, 30D, 32B, 46A, 54B, 61B—C, 63E, 65B, D, 66C

神々の贈り物（θεῶν δόσις） 16C

神に愛される人（θεοφιλής） 40A—B

神のごとき、神的（θεῖος） 18B, 22C, 51E, 62A—B

空っぽ（の状態）である、になる（κενοῦσθαι） 34E, 35A—C, 36B, 47C

渇き、喉の渇き（δίψος） 31E, 34C, E, 54E

考え慮る（φρονεῖν） 11B, D, 12D, 17E, 21A, 33B, 55A

―ことの生、―生（βίος τοῦ φρονεῖν） 33A—B

感覚、感覚する（αἴσθησις, αἰσθάνεσθαι） 33C, 34A—B, 35A, 38B, 39A—B, 41D, 43B, 55E, 66C

完全無欠な（τέλεος） 20D, 22B, 60C, 61A, 66A, 67A

願望（ἐλπίς） 39E—40A

記憶（μνήμη） 19C, 20B, 21B—D, 27B, 33C, E, 34A—B, 35A—D, 36D, 38B, 39A, 60D, 64A

記憶している（μεμνῆσθαι） 11B

飢渇 →空腹

喜劇（κωμῳδία） 48A, 50B—C

技術（τέχνη） 16C, 17C, 18D, 19D, 44C, 55D, E, 56A—C, 57B—D, 58A—C, 58E, 61D, 62B, 63A, 66C

気息（空気）（πνεῦμα） 29A

期待 →予期

気難しさ（δυσχέρεια） 44C—D

球（σφαῖρα） 62A

教育（παιδεία） 55D

狂気（μανία） 36E, 45E, 63D

共通の類（κοινὸν γένος） 31C

恐怖（φόβος） 12C, 20B, 36C, 40E, 47E, 50B—C

強烈な、すごく強烈な（σφοδρός） 52C—D, 60D, 63D

虚偽（ψεῦδος） 37B, 38A, 39A, 41A, 42A, 44A

曲線（περιφερές） 51C

議論、論（λόγος） 13A, C, D, 14A, 16B, 18D—E, 19B, 20A—C, 21D, 22A, D—E, 23B—C, 24D, 25A, 27C, 29A—B, 33B, 35C—D, 36D, 38A, 40C, E, 41B, 42E, 43A, 44D, 46B, 50E, 51D, 52C, 53B, E, 54B, D, 57A—B, 58D, 64B, 66A, D, 67A

均斉、均斉のとれた（συμμετρία, σύμμετρος） 64E, 65A, 66B

空腹、飢渇（πείνη） 31E, 34D, 52A, 54E

苦痛、苦しみ、痛み（λύπη, ἀλγηδών）

21E, 23A—B, 27E, 28A, 31B—E, 32A—E, 35E, 36A—C, 37C, 38B, 39D, 40C—D, 41A, C—E, 42A—E, 43B—D, 45E, 46A, C—E, 47A, C—E, 48A—B, 49A, C—D, 50A—B, E, 51A—B, E, 52A—B, 53B, 66C
苦痛からの解放、脱出（ἀπαλλαγὴ τῶν λυπῶν, ἀποφυγὴ τῶν λυπῶν） 44B—C
苦痛の休止（παῦλα τῶν λυπῶν） 51A
苦しむ、苦しんでいる（λυπεῖσθαι） 32E, 33B, 36A—B, E, 37E, 39D, 43D, 44A, 47C, 49E, 52B, 55A—B
黒（色）（τὸ μέλαν） 12E
計算、推理計算（λογισμός） 11B, 21C, 56E
計算術（λογιστική） 56E
形姿（μορφή） 12C, 34C
形姿（ἰδέα） 16D, 25B, 60D, 63E, 65A, 67A
形相、種類（εἶδος） 18C, 19B, 20A, C, 23C—D, 32B, 33C, 35D, 44D, 48E, 49E, 51E
計量術（στατική） 55E
健康、健康な（ὑγίεια, ὑγιαίνων, ὑγιεινός） 25E, 26B, 31C, 45A, C, 61C, 63E
限、限度（πέρας） 16C, 19E, 23C, 24A, 25B, D, 26A—D, 27B, D—E, 30A, C, 31C, 32B
原因（αἰτία, αἴτιον） 15C, 22D, 23D, 26E, 27A, B, 30A—D, 31A, 64C—D, 65A
賢者、知者（σοφός） 17A, 28C, 43A
言説、説（λόγος） 11A, C, 13E, 14A—B, 19A, E, 30C—D, 32A, 53C, 66E
建築術（τεκτονική） 56C, E
言論、言表（λόγος） 12A, 13B—C, 14D—E, 15D—E, 16B, 17A, 23B, 24B, 35D, 36D, 43E, 50A—B, 51C, 53E, 57D, 59B, 60C, 61B, 65B, 67B
言論を交わす問答法的なやりかた（διαλεκτικῶς τοὺς λόγους ποιεῖσθαι） 17A
言論を交わす争論術的なやりかた（ἐριστικῶς τοὺς λόγους ποιεῖσθαι） 17A
言論そのものに与えられた滅することも老いることもない性《さが》（τῶν λόγων αὐτῶν ἀθάνατόν τι καὶ ἀγήρων πάθος） 15D
子、子供、子息（παῖς, τέκνον） 16B, 19B, E, 36D, 63E
恋い慕っている、恋い慕う者、恋人（ἐραστής） 16B, 23A, 53D
合成（σύγκρισις） 42C
行動原理（初動） →始め
幸福な生（βίος εὐδαίμων） 11D
凍え（ῥῖγος） 32A
滑稽な、滑稽さ（γέλοιος, τὸ γέλοιον） 40C, 48C, 49B—C, E, 50A, 65E
混合（μεῖξις, συμμεῖξις, κρᾶσις, συγκρᾶσις） 23D, 27B, 46B, D, 47C—D, 48A—B, 49A, C, 50C, 59E, 61C, 63C, E, 64B—E, 65A
混合された、混合している、混ぜ合わされた、混合的、混合物（μεικτός, συμμεικτός, μειχθείς, συμμειχθείς, κερασθείς, συγκερασθείς, μειγνύμενος） 22A, D, 25B, 27B, D, 46C, 50C, E, 53B, 61B—C
混合的生、混合された生（μεικτὸς βίος）、両者から混合されて、共同のものとなった、両者一緒の生（συναμφότερος βίος）、共同の生（κοινὸς βίος） 22A, 22C—D, 27D, 61B
コンパス（τόρνος） 51C, 56C

サ　行

差異、違い（διαφορότης, διαφορά, τὸ διαφέρον） 13A, 14B, 38B, 45D, 56E, 57C
差異がある、違っている（διάφορος） 12E, 14A, 27A, 34B, E, 38A, 56E, 61D, 65C
差異化する（διαφέρεσθαι） 47D
最善の（ἄριστος） 19C, 58B—C, 63C, 65B
材料（ὕλη） 54C

生成するものがそこから生成してくるところのもの（ἐξ ὧν γίγνεται） *27A*
生成すること（τὸ γίγνεσθαι） *55A*
節度（σωφροσύνη） *55B*
説得の技術（ἡ τοῦ πείθειν τέχνη） *58A*
善（τὸ ἀγαθόν, ἀγαθόν） *11B, 13B—C, E, 14B, 15A, 19D, 20B—E, 22B—D, 27E, 28A, 54C—D, 55A, 60A—B, 61A—B, 63E, 64C, E, 65A, 66C—D, 67A*
全体（πᾶς, ὅλος） *12E, 15B, 18C, 26A, 29E, 32B, 48C, 49A, 51E, 54C, 56A*
　宇宙— *28D*
　天の— *30B*
洗練された人たち（κομψοί） *53C*
想起（ἀνάμνησις） *34B—C*
総合する（συνάγειν） *23E, 25A, D*
増大（αὔξη） *42D*
騒動（ταραχή） *16A*
争論　→異論
測定術（μετρητική） *55E, 56E, 57D*

タ　行

多、多なるもの（τὰ πολλά, πολλά, πλῆθος） *14C—E, 15B, D, 16C—E, 17A, D, 18B, E, 23E, 24A*
第三の（τρίτος） *14B, 18C, 20B, 33A, 55A, 67A*
　悦ぶことも苦しむこともない第三の生（τρίτος βίος） *55A*
大地　→土
第二の航海（δεύτερος πλοῦς） *19C*
太陽（ἥλιος） *28E*
魂（ψυχή） *11D, 26B, 30A—D, 32B—C, 33C—E, 34A—C, 35B, D, 36A, 38E, 39A—B, D, 41C, 45E, 46B—C, 47C—E, 48A—B, E, 50A, D, 51A, 52C, 55B, 58D, 63D, 66B—C*
戯れ（παιδιά） *30E*
知恵（σοφία） *30A, C, 49A, D, 58A*
　—の宝庫（σοφίας θησαυρός） *15E*
違い　→差異
知識（ἐπιστήμη） *13E, 14A, 19D, 20A, 21B, D, 28A, C, 38A, 52A, D, E, 55C—D, 56B, 57A—C, E, 59B, 60D, 62B—E, 65D, 66B—C*
知者　→賢者
知性（νοῦς） *13E, 19D, 21B, D—E, 22A, C—E, 23B, 28A, C—E, 30C—D, 31A, 33C, 55B—C, 58A, D, 59B, D, 62A, 63C, 64A, C, 65B—E, 66B, E, 67A*
　—をはたらかせる（νοεῖν） *11B, 21A, 33B*
　—の生（βίος νοῦ） *21D—E*
　—のはたらきが鈍い（ἀνοηταίνειν） *12D*
中間、中間の（μέσος） *17A, 35E, 36A, 43E*
調和（ἁρμονία） *31C—D*
直線（εὐθύ） *51C*
通訳（ἑρμηνεύς） *16A*
月（σελήνη） *28E*
土、大地（γῆ） *28C, 29A, D*
釣合い（σύμμετρον） *64D*
ディオニュソス（Διόνυσος） *61C*
適度（μέτριον, μετριότης） *24C, 32B, 43C, 52C—D, 64E, 65B, D, 66A*
哲学、哲学する、哲学の（φιλοσοφία, φιλοσοφεῖν, φιλόσοφος） *56D—E, 57C, 67B*
天、天空（οὐρανός） *28C, 30B*
天性　→本性
伝令（ἄγγελος） *66A*
同一、同一のもの、同一なるもの、同一人、同一性（ὁ αὐτός, ταὐτόν） *13B, 14D, 15B, 19A, 22C, 27A, 34E, 59C, 61E*
道具、道具類（ὄργανον） *54C, 56B*
動物（ζῷον） *16A, 22B, 29A, C—D, 36B, 51C*
徳（ἀρετή） *48E, 49A, 55C, 63E, 64E*
度を過ごすなかれ（μηδὲν ἄγαν） *45E*

ナ　行

名前（ὄνομα） *12B—C, 13A, 26E, 27A, 33E, 34E, 37E, 42D, 43E, 49B—C, 57B, D, 59C—D, 60A—B, 63B*
汝自身を知れ（γνῶθι σαυτόν） *48C*
匂い（ὀσμή） *51B, E*

似姿、似像（εἰκών） 39B—C, 49C
似ていない、相似ない、相似るところのない、類似していない（ἀνόμοιος） 12C, 13A—B, C—E, 14A
似る、似ている、相似た、類似している（ὅμοιος） 12D—E, 13C—D, 19B, 22D, 65D
人間（ἄνθρωπος） 11D, 14C, 15A, 16A, C, 17A, 18B, 19C, 21C, 22B, 23D, 29D, 35B, 38D, 40A, C, 44B, 48E, 49B, 62A, 63E, 64D, 65A, 66E
—の生（ἀνθρώπου βίος） 21C, 66E
妬み（φθόνος） 47E, 48B, 49A, C, 50A—C

ハ　行

パイディカ（παιδικά） 53D
始め、行動原理（初動）（ἀρχή） 31B, 35D
はっきりどれだけ（ποσόν） 24C—D
蛮族（βάρβαροι） 16A
反対の、反対的な、相反する（ἐναντίος） 12A, D—E, 13A, C, E, 14D, 19A
万物は流転している（ἅπαντα ῥεῖ） 43A
万有、宇宙万有（τὸ πᾶν） 23C, 29B—D, 30A, C—D, 63E, 64C
反論　→異論
反論する　→異議を唱える
火（πῦρ） 16C, 29A—C, 46E
悲劇（τραγῳδία） 48A, 50B
悲嘆（θρῆνος） 47E, 48A, 50B—C
筆記者（γραμματεύς, γραμματιστής） 39A, B
必然やむを得ない、やむを得ない（ἀναγκαῖος） 62B—C, E
一つ、一つのもの　→一、一なるもの
皮膚病（ψώρα） 46A, D
病気（νόσος, νόσημα） 25E, 45A, C, 46A
ピレボスの敵となる人々（πολέμιοι Φιλήβου） 44B
部分（μέρος, μοῖρα, μόριον, τμῆμα） 12E, 14E, 27D, 42C, 53A, 55C, 61E, 62D
プロメテウス（Προμηθεύς） 16C
憤慨（θυμός） 40E
分割、分割する（διαίρεσις, διαιρεῖν） 14E, 15A, 18C, 20A, C, 48C, 49B
分断、分解（διάκρισις, διάλυσις） 23D, 32A, 42C
平面（ἐπίπεδον） 51C
ヘードネー（Ἡδονή） 12B
ヘパイストス（Ἥφαιστος） 61C
崩壊、崩壊過程（φθορά, διαφθορά） 31E, 32A, 46C
忘却（λήθη） 33E, 34A
星々（ἀστέρες） 28E
本性、自然本性、自然状態、天性（φύσις） 12C, 14C, 18A, 22B, 24E, 25A, C—D, 27A, 28A, 29B, 30B, D, 31D, 32A—B, 42C—D, 44A, C—E, 45C, 48C, 49C, 51C, 55C, 60B, 64D—E, 65D

マ　行

負けん気（ζῆλος） 47E, 50C
真似ごと（μίμησις） 62C
水（ὕδωρ） 29A, 61C
ミスガンケイア（μισγάγκεια） 62D
途、方途（ὁδός） 16B—C, 61A
無感覚（ἀναισθησία） 34A
無限（τὸ ἄπειρον） 14E, 16C—E, 17A—B, E, 18A—B, 19A, 23C, 24A, E, 25A, D, 26A—C, 27B, D—E, 28A, 30A, C, 31A, C, 32A, 52B
無限のもの、無限なもの、無限なるもの（ἄπειρος） 15B, 24B, D, 26A, 27D, 41D
無知（ἄγνοια） 22B, 38A, 48C, 49C—E
明確な、明白な、明確なるもの、明確さ（σαφής, τὸ σαφές, σαφήνεια） 17A, 35A, 57B—C, 58C, 59A
女神（ἡ θεός） 12B, 22C, 26B, 28B
文字（γράμματα） 17A, 18B, C
文字の技術（γραμματική） 18D
文字の心得ある（γραμματικός） 17B
もっと（多く）、もっと（少なく）（μᾶλλον καὶ ἧττον） 24A—C, E, 25C, 27E, 41D, 52C

最も神的な生（θειότατος βίος）　33B
物語（μῦθος）　14E
物差し（κανών）　51C, 56C
問答する（διαλέγεσθαι）　14A
問答の力（哲学的問答法）（ἡ τοῦ διαλέγεσθαι δύναμις）　57E
門番（θυρωρός）　62C

ヤ　行

やむを得ない　→必然やむを得ない
勇気（ἀνδρεία）　55B
有用性（χρεία）　58C—D
愉悦（τέρψις）　11B, 19C
夢で（ὄναρ）　20B, 36E, 65E
善い、善き（ἀγαθός）　11B, 13A—C, E, 19D, 20B, D, 21A, 22D, 32D, 40A—C, 44B, 55B, 65A, 66E, 67A
よいことは二度でも三度でも（καὶ δὶς καὶ τρὶς τό γε καλῶς ἔχειν）　60A
養育（τροφή）　55D
予期、予期すること、期待（προσδοκία, προσδόκημα）　32B—C, 36A, C
欲求、欲望（ἐπιθυμία）　34C—E, 35C—D, 41B, 45B
欲求する（ἐπιθυμεῖν）　35A—B, 41C, 47C
喜び（χαρά）　19C
悦ぶ、悦んでいる、嬉しくて悦んでいる、悦びを感じる（χαίρειν）　11B, D, 21B—C, 32E, 33B, 35E, 36A—B, E, 37B, 39D, 40A—D, 43D, 44A, 45C, 47C, 48A, 49D—E, 50A, 54E, 55A—B, 67B

ラ・ワ　行

リズム（ῥυθμός）　17D
立体（στερεόν）　51C
類、種族（γένος）　11A, 12E, 23D, 24A, E, 26C—E, 27A, C—E, 28A, C, 30A—B, D, 31A—C, 32D, 44E, 47E, 51E, 52C—E, 53A, 63B—C
類例（παράδειγμα）　13C, 53B—C
論　→議論
論駁する（ἐλέγχειν, ἐξελέγχειν）　14E, 15A, 23A
若者（οἱ νεοί）　15D, 16A

テキスト註

11B4　ここの *ἀγαθὸν* には冠詞がないが、13B, 13E, 19C, 60A などの記述から、冠詞つきの *τἀγαθόν* に等しいものと解する。54D7, 55A10の *ἀγαθόν* も同様で、「快楽は善いものである」ではなく、「快楽が善である」ということ。補註A参照。

11E2　*ταῦτα* の複数形をどう説明するにせよ、*ἂν* 以下の従属節の主語と同じく、上に言われた *ἄλλη τις κρείττων τούτων*（「それらの *ἕξις* や *διάθεσις* よりも善い何か別のもの」）を指すことは内容的に明らかである。Bury が（おそらく文法的に）hardly possible だとしている Stallbaum の解釈を採用する。

14B1-3　底本は Bury の示唆の一つに従って、写本の *ἐλεγχόμενοι* を保持して *τοῦ ἀγαθοῦ* を削除している。その場合 *ἐμοῦ* と *σοῦ* に *λόγου* が補われ、それが *ἐλεγχόμενοι* および *μηνύσωσι* の主語になる。*τοῦ ἀγαθοῦ* を残すのであれば、何を主語と解するかに応じて *ἐλεγχόμενοι* のほうを双数や女性単数や女性複数のかたちに変えなければならない。だが「吟味されることによって、善は快楽なのか思慮なのか第三のものなのかを明らかにする」ものは、双方の「善」よりも双方の「説」のほうが適切であると思う。

15A6-7　*ἡ πολλὴ σπουδὴ μετὰ διαιρέσεως ἀμφισβήτησις γίγνεται* という文は、*σπουδή*（真剣さ、熱意）が *ἀμφισβήτησις*（異論、争論）になるというのも少し変だし、*μετὰ διαιρέσεως* の意味やそれと *σπουδὴ* との繋がりも曖昧なので、*σπουδὴ* を削除したり与格に変えたりなど色々な修正案が出されてきたが、Stallbaum や Hackforth のパラフレーズに従って、文意自体は訳出したようなものとして理解するのが大勢である。しかし続いて述べられる「争論」における「分割」は、主として単一者（イデア）の生成物における分割であって、いわゆる「ディアイレシス（分割法）」とはギャップがある。

15B1-8　(1) *πρῶτον ..... οὔσας,* (2) *εἶτα ..... ταύτην;* (3) *μετὰ δὲ τοῦτ' .....*

γίγνεσθαι のように、(2)の最後に疑問符を置いて、三つの問題が提示されているとする底本の読みに従って訳出した。Hackforth, Gosling, D. Frede ら最近の訳者は、(2)の最後の疑問符を取って、(2)と(3)を続けて読み、二つの問題が提起されていると解しているが、ギリシア語の文としては底本に従うほうが断然読みやすい。しかしその場合でも(2)の *ὅμως* (B4) は理解しづらい。「にもかかわらず」「とはいえ」といった意味の接続詞であるから、先行する内容に反する記述が続くのが自然であるのに、ここでは「それが確固として一である(あるいは、その一が確固としてある)」という同じ意味の語句が繰り返されるからである。そこで Badham は「それが確固とした一ではない」とするために *μή* という否定詞を挿入している。Stallbaum は、*μίαν* (B2) から *ταύτην* (B4) までの記述が全体として、どの「一」も生成消滅を受け入れない確固たる一であるのはいかにしてかということを述べていると解し、Bury はそれを支持して *ὅμως* を削除しており、訳者もまずはその読みかたが妥当だと思う。しかし先行部分 (B2 *μίαν* ..... B4 *προσδεχομένην*) をニュートラルな予備的記述、あるいは譲歩的確認と捉え、*ὅμως* 以下を単なる繰り返しではなく、「(それらはこうこうこういうものなのだが)、しかしあらためて考えれば、そのことはいかにして可能なのか」という意味合いで理解すれば、*ὅμως* を削除しなくてもよいし、むろん Badham 案を採用する必要はないと考える。Gosling は底本のように疑問符を置くためには Badham 案を採用するしかなく、それは大きな改変になりすぎるとしているが、疑問符をコンマにして、(2)と(3)を続けて読むためには、Hackforth が採用している J. B. Bury の改定案 (*βεβαιότατα* の後の *πρῶτον* を意味する *α* が脱落したと考える) が必要である。

しかし、Stallbaum, Bury の読みを採用した場合、あらためて、(2)の問題の具体的な内容が問われなければならない。この問題を含めた、この箇所の内容的観点からの検討については補註Eを参照されたい。

16D3 写本の *μεταλάβωμεν* は「分取する」とか「交換して得る」といった意味が普通の語なので、*καταλάβωμεν* や *λάβωμεν* への修正が提案されている。しかし21D7でも使われているので、底本に従って、修正まではせず、文脈に合わせて訳しておく。

16E4-17A3 この行文の *μὲν* ..... *δὲ* による対照は、前半の「行き当たり

ばったりに一を、そして然るべき時よりも早すぎたり遅すぎたりして多を作り出し」に対して、後半は「だが他方、一のあと直ちに無限を作り出し、その中間は彼らから逃れ去る」となっていて、明らかに中間の多を作らないと言っているのだから、前半の「然るべき時よりも早すぎたり遅すぎたりして多を作り出す」をどう処理するかが問題になる。この句全部を削除してしまえば明快であるが、そこまではしづらいので、せめて *πολλὰ* を削除するか、*τὰ πολλὰ* (大抵の場合) にするか、A3の *τὰ δὲ μέσα* のあとに移すかといった処置が必要である。「早すぎたり遅すぎたりして多を作る」という表現の意味は、Bury が言うような、要するに「不適切なしかたで多を作る」ということではなくて、多を作らないで急いで無限まで行ってしまうことだという Gosling の説明は巧妙だけれども信じがたい。本訳では、*μὲν* ..... *δὲ* の対照をそんなにきつく取らなければ、「いい加減に一を作り、他方そこからまたすぐに無限に向かう」が基本線ではあるが、「多を作る場合があってもでたらめだ」ということを特に排除する必要もないと考えて、底本通りに訳しておく。

17C1-2 ここの原文は校訂者や翻訳者たちの間で安定した理解が得られていない。底本の冠詞 to を削除し、*ἐν αὐτῇ* は残す。*κατ' ἐκείνην τὴν τέχνην* は *ἐκείνη* の通常の指示機能からすると、遠いほうの *γραμματική* を指すと解されるが、Stallbaum は *μουσική* を指すとしており、文脈的には *μουσική* のほうが適合すると思う。本訳ではStallbaumを支持して、「音楽の技術」とする。

20D8-10 D8の *αὐτὸ* は *γιγνῶσκον* の目的語であり、*ἑλεῖν* と *κτήσασθαι* の両不定詞の目的語である *αὐτό* は重複を避けて省略されていると解する。*τῶν ἀποτελουμένων ἅμα ἀγαθοῖς* の意味は了解しがたい (Bury は such things as involve goods in the process of their development と訳している)。Hackfoth は *ἀγαθοῖς* は *τῷ ἀγαθῷ* であるべきだが、動植物にとっての善が種ごとに色々であるところから複数形になっていると説明している。その場合、「善と一緒に (あるいは善を伴って) 遂行・完成されるもの」とは何かが問題で、「善の獲得のために遂行・完成されるもの」とか「それが遂行・完成されると結果として善が獲得されるもの」といったものを考えるのであろうか。しかし動植物による直截的な選択に目的、手段の観念を持ち込むことは、やはり善の判定基準としての明快さを阻害するものである。

πλὴν 以下を余計なこととして無視しないのであれば、*ἀγαθοῖς* は *τἀγαθόν* とは異なる「さまざまな善、善きもの」として解釈すべきだろう。

22A6 *καὶ πρὸς τούτοις γε* の *τούτοις* について、その場にいる人々を指すとか、直前の *ἐκείνων*（快楽と思慮それぞれ単独の生）を指すとか、色々な読みがなされ得るが、底本は、おそらくは Stallbaum の読みにそって、*πρὸς τούτοις* を常用句として、「これに加えて、さらに」と読もうとするものであり、その点をより明確にするために *γε* を削除していると考えられる。しかし *τούτοις* は11E2の *ταῦτα* などと同様、特定の語を指すのではなくて、直前に言われた内容を受けていると解すれば別に削除する必要もない。37C4 *πρὸς δέ γε τούτοις* と同様のものである。

23B7 底本に従って、*μηχανῆς* のあとにコンマを置く。

24D9 *τὸ δὲ* を *εἰς αὖθίς τε καὶ αὖθις* 以下に続けて *ἀποφήναιεν* の主語として読もうとすると（「繰り返し繰り返し言うことが」）、*λεχθέντα* と一致しないので、Badham は第二版では *λεχθὲν* と単数に変えている。Bury はこれに反対して、もっと大幅な変更案を示唆している。しかし、この *τὸ δὲ* は、代名詞的機能をもつ冠詞として副詞的に用いられていると解すれば問題はない。「それでそのことは、でもそのことは、そのことについては」というかたちで前文の内容を受けるのであり、*λεχθέντα* および *ἀποφήναιεν* の主語は前文中の *ταῦτα* である。

25C10-11 *τῆς δεχομένης φύσεως* を Bury や Hackforth のように所属の属格（as belonging to that kind）とは取らず、性質の属格と解する。24E7-25A4 では「もっと、もっと」や「すごく、やさしく」を受容するもの（「もっと熱い、もっと冷たい」「もっと乾いた、もっと湿った」「もっと多い、もっと少ない」など）を一つに総合して無限の *γένος* に入れるのだが、それは多様に散らばっているものに一つの *φύσις* を刻印することによってだと言われている。

25D5-E5 25B5-26D10は全体として第三の類（無限と限度から合成されたもの）を総合して明示しようとするものであることを念頭において、大きく二通りの解釈の線を見てみると、まず Hackforth は底本に従って D8

の τούτων ἀμφοτέρων の前に εἰ を補うだけの修正を行なって、この「両者」を無限と第三の類であるとし、それらが総合されたなら ἐκείνη (限度) も明らかになり、先にしないままだった限度の総合をすることにもなると解する。この ἐκείνη を受けて ποίαν (D10) と問われ、限度の類であることが説明され (D11-E2)、この限度の類を E3の ταῦτα および E7の τούτων が受けるので、E3の「混ぜ合わせる」は「混ぜ入れる」の意であり、E7の「それらの正しい共同」は「それらとの正しい共同」と解されねばならないとする。これは巧妙な解釈であり、D8の τούτων ἀμφοτέρων を無限と限度、ἐκείνη を第三の類、E3, E7の ταῦτα を無限および限度とする自然な理解を捨てるのにはどうしても違和感が残るが、第三の類を色々な事例を挙げながら総合するという作業のなかで限度との共同のさまざまなかたちが示されることによって、限度の総合もなされることになるという解釈が、写本のテキストを大きく変えることなく、可能になる。他方、Bury は Jackson の提案に従って25D7-9の ἀλλ' 以下を、συναγομένων を συμμισγομένων に変えた上で、E1の ἀπεργάζεται のあとに移すという措置を採用し、Gosling も訳註で賛成している。この場合には D11-E2で限度の一族を説明したあと、「だが今からだって同じことをすることになるだろう。それら両者 (無限と限度) が混ぜ合わされたなら、かの一族 (生成物) も明らかになるだろう」と言われ、それに対して「わかりました。それらを混ぜ合わせると、そのそれぞれの場合に何らかの生成物が生じるとおっしゃっているように思われますから」というプロタルコスの応答が続く。つまりこのプロタルコスの応答の「それら」と D8の「それら両者」は無限と限度であるはずだという自然な理解に合わせて、これらを繋げるのである。だがこの置き換えによってプロタルコスの応答以降への接続は滑らかになるとしても、限度について省略された総合の手順と同じことがなされることになるという文はうまく嵌らないように思われる。Badham の第二版の提案のように、D7の ἀλλ' ..... δράσει は δράσει を δράσεις に変えてそのまま残し、τούτων ἀμφοτέρων 以下だけを移すほうがよいが、それでもやはり、どういう意味で限度の総合をすることになるのかは判然としないままである。

26B7-C1　この箇所の底本のテキストは Stallbaum のテキストと同じであり、Bury は、B10の ἔχοντ' を B 写本に従って ἐχόντων としているが、基本的に Stallbaum の読解を支持している。(法と秩序を、「限度を持つも

の」ではなく、「限度を持つものが保持するもの」と読むだけである)。だが底本のテキストに従って読む場合も、B10-C1については、C1の αὐτήν が何を指示していて、ἀποκναῖσαι と ἀποσῶσαι の主語なのか目的語なのか、その場合それぞれ目的語と主語をどう補うか補わないのかが問題である。訳者は αὐτήν を「かの女神」とし、主語として読むが、その場合、「女神」はハルモニアーとアプロディテのどちらでも可能である。だが αὐτήν を目的語とし、「ヘードネーないし快楽」と取れば(不可能ではない)、ピレボスはアプロディテとヘードネーを同一視するのであるから、女神をアプロディテとするのは不自然だということになる。

26D4　一つめの οὔτε のあとに、ὡς (Schütz) もしくは ὅτι (Bury) を補って読む。

27D8　底本には従わず、μικτὸς ἐκεῖνος を削除しないで中性に変える。

27E8　Bekker は πᾶν ἀγαθὸν を πανάγαθον とし、28A1の πᾶν κακόν も同様に πάγκακον としており、Hackforth や Gosling はこれを採用している。「全部が(あるいはどれもが)善」というのが「全き善」となる。(D. Frede は底本通りに読んでいるようであるが、「快楽は善きもののすべて (all that is good) ではなかっただろう」と訳している。) ピレボスは快楽の質的差異を認めず、数においても、「もっと(多く)」ということでも限りのない快楽を考えているのであるから、その全部が(どれもが)善であると主張することは、快楽が類として「全き善」であると主張するのに等しいだろう。ソクラテスは当初から、快楽は多様で、善いものも悪いものもあるのだから、そのすべてを善いとするのはなぜなのかを尋ねていて、ここでもそれを指摘していることを考えれば、ピレボスがここで快楽の全部が善であると主張していると解するのが自然である。

28A3-4　Bury は τοῦτο ..... γεγονὸς ἔστω と読み、Paley の「この問題は未決定事項のうちに入れられたものとしよう」という訳、およびその「未決定事項のうちに入れられた」と訳される ἀπεράντων γεγονὸς には「無限から生まれた子供」の含みと戯れがあるとの見解に賛同していて、Hackforth, Gosling もそれに従っている。この場合、未決定問題として保留されるのは「快楽がすべて(あるいは全き)善であるとすれば、それは

無限の本性以外の何によるのか」という問題であるが、ソクラテスは以降の論究においてその前提部分について「快楽はその類が全体として歓迎されうるのかどうか（32D1）」を問題にし、最善の生のなかに取り込むべき快楽と排除すべき快楽を分別するというかたちでそれを否定し去るのであるから、ここでピレボスに指摘した問題を未決定事項に入れると言明することがそれ以降の議論にとってどれほどの意義があるのか疑問である。ただピレボスに対して、「快楽をすべて善であるとするのなら、それは何によるのか、たんに無限に属するというだけでは答えにならないから、まあ考えてみることだね」と言っているにすぎないように思われる。それに対し、快楽が無限の類に属することは以降の快楽分析、快楽批判の基盤となる決定的に重要なテーゼである。このテーゼがピレボスの軽率な自己主張とそれに対するソクラテスの揶揄だけで確立されたと考えるのは面白くない。

30D10-E2　この箇所はテキストが壊れていて、校訂者、翻訳者たちを悩ませてきたが、Goslingの言うとおり、テキストの内容自体にとくに有意味な差異が生じるわけではないので、いちばん簡単な措置として、Buryの校訂に従い、底本に残されている女性冠詞 *τῆς* を削除する。52C6の *τῆς* についても同様。

32C6-7　C6の *τούτοις* が指示するのは、(1)すぐ直前で「身体から離れて魂それ自身が予期することによって生じるもの（単数形）」と言われた予想的快楽および苦痛の二者か、あるいは、(2)身体の崩壊・回復過程に伴って生じる快苦、および魂自身の予期に伴う予想的快苦の二種類であると考えられるが、しかしそのどちらをとっても、C7-8の *εἰλικρινέσιν τε ἑκατέροις γιγνομένοις, ... καὶ ἀμείκτοις λύπης τε καὶ ἡδονῆς* という分詞句は理解困難である。Bury は Stallbaum, Paley らが(1)を取って、「それらのどちらもがまったく身体から独立していて、実際の快苦と混じり合わないから」という意味に解するのを支持しているが、このような解釈は以後の論究の実際にまったく違背していて了解しがたい。

「快楽はその類全体が歓迎されうるのかどうかがそれらにおいて明らかになるだろう」と言われ、「今追究されているものは何かそんなふうに苦労して対処されなければならないのですね」と応答される議論の構想に関して、以下の議論が実際にどのように遂行されるのかを概観すると、身体

の自然的調和状態の崩壊と回復に伴う快苦、および魂が身体の受動的変化を離れてそれ自身だけでもつ快苦、の二つの種類を基礎にして、そのそれぞれとそれら両者の共同による三通りの場面での快苦の混合、すなわち三通りの不純な、虚偽、虚妄を含んだ快楽が析出され（46B8-C4, 47C1-D9, 50B10-D6参照）、続いて魂がそれ自身でもつ純粋で真実な快楽が指摘されて、大体はこの純粋、不純の区別に沿って最善の生のうちに迎え入れられる快楽と排除される快楽が決定されることになる。先のプロタルコスの応答の直後、「それならまず最初はこれを一緒に見てみよう」といって取り上げられるのは身体の自然状態の崩壊、回復の場面であり、続いて「そこでさらにだね、快楽のもう一つの種類というのは、ぼくたちはそれを魂それ自身に帰属するものだと主張していたのだが……」として魂それ自身における快苦の発生の分析に入っていくのだから、議論の大筋としては、「それら」が指示するのは(2)の二種類のほうであると考えるのが適切だろう。

しかしその二種類のどちらについても快楽と苦痛の混合が析出され、その快楽の不純と虚偽性が明らかにされるのであって、問題の分詞句の「それらはどちらもが清浄無雑で、また苦痛と快楽の混じらないものとして生じる」というのはどうにも理解しがたいことになる。*εἰλικρινής* はここではその原義通り「輪郭判然として明瞭」というような意味であり、最初に取り上げられた快苦の二種類はそれぞれ快苦の明瞭なモデルケースとして、考察を展開していくための基礎になるとも解しうるが、「苦痛と快楽の混じらない」というのはやはり理解不可能である。

そこでまずこの分詞句のほうを理解できるようにしようとすると、「苦痛と快楽の混じらない」というのは「快楽には苦痛が混じらず、苦痛には快楽が混じらない」という意味に取るしかなく、「清浄無雑で」というのと同じことを言っており、したがってこれはもっぱら50E以下で導入される純粋な快楽のことを考えているということになる。その場合、この分詞句は「快楽はその類全体が歓迎されうるのかどうかが明らかになるだろう」ということの理由を述べるのではなく、「それら快楽と苦痛のそれぞれが清浄無雑にもなり、それぞれ苦痛の、また快楽の混じらぬものともなるのなら」という条件ないし同時的状況を述べるものと解されねばならないが、そういうことなら「それら」が指示するのは(1)の予想的快苦だけでよいということになるだろう。この予想的快苦は、魂が身体を離れて自分だけでもつ快苦というかたちに拡張されて、舞台のみならず人生の悲喜

劇におけるさまざまな情念に含まれる混合的快楽を包括し、さらに純粋な快楽もこれに帰属すると言われる（66C）ので、予想的快楽として導入された種類の分析の最後にこの純粋な快楽が登場するのを望見して、「それらにおいて明らかになるだろう」と言われているのだと理解すればいいのだろうか。しかしこれだと純粋な苦痛などというまったく問題にされない余計なものまで含みこむし、そもそもこのように議論の実際を飛び越してまで問題の分詞句を救う必要もないと思う。

この分詞句、Gosling の言うように、せめて「苦痛と快楽の混じらぬ」という数語だけでも削除するのがいちばんすっきりする。その場合 *εἰλικρινέσιν* は純粋な快楽の箇所で言われるような「純粋な」「清浄無雑の」という意味ではなく、たんに「明瞭な」という意味であり、「苦痛と快楽の混じらぬ」はそれにつけられた誤った書き込みとして削除するのである。34Cで「(以上のことすべてが考察されたのは)……魂が身体とは離れて持つ快楽を……どうにかして最大限かつ能うかぎり明瞭に(*ἐναργέστατα*)把握するため」だと言われている。しかしこのような校訂の先例はなく、訳者の宰領を超えることなので、容易には了解しがたい句であることだけ指摘して、底本通りのギリシア語をできるだけ普通に直訳しておく。

32D6　底本の *ὅτε* は Badham の改定案に従って *ὅπῃ* とする。

36B5-6　底本は Badham の第一版に従って *τοῖς χρόνοις* を削除しているが、Bury, Hackforth らの言うとおり、その必要はない。Badham も第二版では削除していない。

39A1-6　底本に従って、A4の *τοῦτο τὸ πάθημα* を削除して訳すが、「そしてそれが真実を書きつけるなら」の主語の「それ」は、記憶が感覚と結びつき、さらにそこに生じるパテーマタ（パテーマの複数形）とも合わさったものが、その一体性において単数として扱われているのであって、Stallbaum や Hackforth らのように、それが *τοῦτο τὸ πάθημα* と言い換えられていると解すれば、削除する必要はない。「パテーマ」は何らかの被作用、受動的変化においてこうむる変容や変化した状態を意味する語であるから、記憶と感覚の結合とさらにそれに伴って生じるパテーマタをひとまとめにしてまた「パテーマ」と呼ぶことはそれほど不自然ではない。

40A9　Bury の改訂案に従って、*ἐξωγραφημένα* の前に *τὰ* を補って読む。

40D4-5　この行文は、虚偽の思いなしについて言われた「思いなすことそのことは本当にあっても、現在、過去、未来のいずれの『在るもの』にも基かない」状態と対になるものを快楽と苦痛にも付与するということで、意味ははっきりしているが、原文のギリシア語をどう扱えばその意味になるのかがはっきりしない。「それらの（*τούτων*）」と「かのものにおける（*ἐν ἐκείνοις*）」とが何を指すのかが問題で、Bury と Hackforth とではほぼ逆の提案がなされている。Hackforth は「それら」を「思いなし」、「かのもの」を「現在、過去、未来において在るもの」とし、「現在、過去、未来の事柄に関して思いなし（の場合）と対になる状態」と読んでいるようであるが、やはりしっくりしないようで、訳文では「思いなしと」を省いている。訳者は Bury と同様、「それら」は直前で言われた *ταῦτα* を受け、「虚偽の思いなしを作り上げるもの」を指していて、「かのもの」のほうが「思いなしや思いなすこと」を指していると解する。

44B9-10　*τὸ παράπαν ἡδονὰς οὔ φασιν εἶναι* は、Hackforth の訳のように「快楽などというものはそもそも全然存在しないと主張する」とも読めるが、（そしてその場合プロタルコスの *τί μήν;* という応答は「一体どうしてでしょう」といった意味になるが、）そのつぎのソクラテスの「それらはすべて苦痛からの脱出であって、それを今ピレボス一派のものたちが快楽と呼んでいる」という言葉からすると、*ἡδονὰς* を *εἶναι* の主語ではなく述語とし、主語は「ピレボス一派が快楽と呼んでいるもの」を考えるほうがよいと思う。この場合、45C8の *μηδ' εἶναι τὸ παράπαν αὐτήν* という同じ文言も、この場合は「快楽はそもそも全然存在すらしない」と読むほうが自然だと思われるが、やはり *αὐτήν* を述語にとって「そもそも全然快楽でもない」と読まなければならない。しかしプラトンのギリシア語を読解する際の「主語か述語か」「＜がある＞か＜である＞か」といった区別はあまり実質的な意味を持たない場合があり、「自然に関して辣腕の気難し屋の人々」が導入されるこのシークウェンスにおいて、そもそも彼らの主張はどういうことなのか、ソクラテスはそれをどのような議論のためにどのように利用しているのかの理解の如何によっては、どちらに訳しても実質的な違いはないということがあり得る。解説258-259頁参照。

45A5　*ὃ λέγομεν πολλάκις*（われわれが何度も言うように、しばしば言うことだが）という関係詞句は、Bury が言うように、その前の語句だけに掛かっていると解する。関係詞の単数形はそれらの語句（複数形）をいわば引用符で括って一つの表現として扱っていると考えればよい。とくに「最大の快楽」という表現が周知のものであることを言っているのであろう。文全体にかけるほうがギリシア語としては自然であると思われるが、それだと「われわれが何度も言っているように、身近で最大の快楽は身体をめぐる諸快楽だね」ということになる。しかしこれまでに特にそのようなことが言われている箇所は見当たらない。

46D7-47A1　訳者はこの箇所については底本より Bury のテキストのほうが読みやすいと思うが、底本から出発して訳者の読み方を説明しておくと、まず構文としては、冒頭の「言いたまえ、或る混合（複数）は（*λέγε δὴ τὰς μέν*）」は最後の「苦痛を快楽と一緒に並べて提示する」という不定詞句に続く。その不定詞句の主語の「或る混合」に「苦痛のほうが快楽よりも大きくなる場合だが」という説明がつき、さらに「皮膚病の場合の混合などがそうなのだが」という挿入があり、そしてその皮膚病の場合の混合を詳しく補足説明するかたちで、「身体内部に……という場合、……を内側の部分にもたらす」という長い複文が挿入されている。しかし「或る混合は苦痛を快楽と一緒に並べて提示する」の「混合」は（苦痛のほうが大きい）快楽と苦痛の混合であるから、この最後の行は何の情報価値もなく、Hackforth は間の抜けた後代の挿入だとして削除している。だがそうすると冒頭の「言いたまえ、或る混合は」が宙ぶらりんになって、全体が anacoluthon になるので、底本通り、削除せず、訳出にあたっては、冒頭部分に繋いで先に訳しておく。

つぎに E1の *τὸ δ' ἐπιπολῆς* の *τὸ* をあとの *αὐτὰ* に合わせて *τὰ* に変え、*φέροντες* の複数形は問題がないことを確認するとして、問題なのは底本の E2の *πυρίαις*（蒸し風呂、もしくは何らかのしかたで加熱すること）である。これは写本の *ἀπορίαις*（難渋、困難によって）の意味が了解しがたいので、Burnet が書き換えたもので、これだと「そういう時にはその表面部分を火にあて、また蒸し風呂を用いたりして反対の状態に変化させることによって」ということになる。つまり身体内部が熱っぽい状態を、外側に火や蒸気を当てて外側が熱いという反対の状態にすることによって（と解するのが自然であろう）、「時として途方もない快楽を与えることも

ある」というのである。これはHackforthも採用しているようにすっきりした改訂案である。しかし続いて（訳者は採用しないが、底本通りに訳すと）「だがまたある時は外側部分の状態との関係において内側部分に快楽と混ぜ合わされた苦痛をもたらす」と言われる。これは「途方もない快楽が与えられる」場合の「時として」に対応して「またある時は」と言われているのであり、この二通りの帰結は、同様の処置に伴うものであると読むのが自然である。つまり、「こすったり掻いたりするだけでは患部まで届かず、ただ表面部分を解きほぐすだけ、という場合、そういうときには……することによって」「時として途方もない快楽を」「だが時には（快楽と混ざり合った）苦痛を」ということである。ところがこの快楽と混ざり合った苦痛が与えられるのは、「凝固状態のところを無理やり分解したり、分散しているところを凝固させたりすることによって」だとする行文が付加されている。この行文の意味もあまり判然としないが、これは先の「そういう時には……することによって」という処置のバリエーションであり、基本的に同様の事柄を意味するのでなければならない。Buryはこの「分解」と「凝固」の対比は「熱」と「冷」の対比を意味していると主張しており、訳者にもこれは冷えた状態に熱を加えることと熱っぽい状態を冷やすことが言われているとしか思われない。そうだとすると、先の「そういうときにはその表面部分を火にあて、また……その反対の状態に変化させることによって」の「反対へと変える」は、BuryがPosteの解釈を支持して言うように、熱いのとは反対の状態にすること、つまり冷やすことであると解するのが自然であって、底本の「蒸し風呂」を採ることはできない。そこでこの解釈の線にそって写本通りの *ἀπορίαις* を読まなければならないが、どう読めばよいのか。「困惑して」とはどういうことか、そして熱したり冷やしたりして、凝固しているところを無理やり分解したり、分散しているところを凝固させたりすることで、どういう意味で途方もない快楽や、快楽と混じり合った苦痛がもたらされるのか、色々な推定がなされている。

（*ἀπορίαις* と読む以外は）底本のギリシア語に従ってこの点をやや詳しく推測しているのはGoslingである。彼の解釈によれば、この箇所のポイントは多くの註釈者たちが考えるようにただ内部と外部のコントラストを作り出すということではなくて、こすったり掻いたりするだけでは表面部分を解きほぐす（分散させる）だけで患部にまで届かないため、もっと強烈な熱をあてるという処置がなされるという点である。これによって表面

だけでなく深部まで解きほぐすことができて患部に快をもたらすのであるが、しかしこの分散化が深部まで達するときには表面部分は過度に分解されて苦痛を生ずるので、この苦痛ゆえに（*ἀπορίαι* は医学的には治療法が分からなくて処置できない苦痛を指すとする）、今度はそれを冷やすことに転じて、これがまた過度に進むと苦痛が生じるのでまた熱することへと転じ、このプロセスの繰り返しにおいて、外側部分が快苦どちらの方向に傾いているかに応じて、内部と外部との間には快楽と苦痛の対比があり、常に快苦の混合があるというのである。これは確かに「外部の快苦の状態との対比において」というだけではなく、その快苦の生成のプロセスをより明快に説明していて、一見もっともらしいのであるが、しかしそもそも当初の状態は身体内部に沸き立つような熱かあったり、炎症を起こしたりしているのであって、外部からの熱による分解作用が（熱いのだから凝固しているはずのない）深部にまで達して快を生じるというような想定には了解しがたいものがある。また彼は「時には途方もない快をもたらすが、また時には内側部分に……をもたらす」という対比（散発性、不規則性の含みがある）を無視していて、患部にまで解きほぐし効果が達して快がもたらされ、それから外部が苦痛状態になって、身体全体として快楽と混合した苦痛がもたらされるというような連続的なプロセスとしてそれを解釈し、そのように訳しているが、これもテキストには適合しない。

つぎに、その「（熱したり冷やしたりして）時には途方もない快楽をもたらし、時には内側部分に……もたらし」のあとのほうのケースであるが、この場合には熱したり冷やしたりするのに「無理やり分解したり凝固させたりすることによって」という付加的な条件がついていて、これによって「途方もない快」とは異なるものが内側部分にもたらされる。底本は *τοτὲ δὲ τοὐναντίον τοῖς ἐντὸς πρὸς τὰ τῶν ἔξω, λύπας ἡδοναῖς συγκερασθεί-σας,* と読んでいて、これは、「反対に外側の部分の混合（?）との対比において快楽と混ぜ合わされた苦痛をもたらす」、あるいは「外側の部分の混合（?）との対比においてその反対のもの、つまり快楽と混ぜ合わされた苦痛をもたらす」といった訳になる。他方 Bury は底本の *πρὸς τὰ τῶν ἔξω, λύπας* のところを *πρὸς τὰς τῶν ἔξω λύπας* と読んでいて、これは「外側の部分の（快楽と混ぜ合わされた）苦痛との対比においてその反対のものを内側の部分にもたらす」ということである。Burnet はおそらく意味としては Bury のテキストと同じ内容になるように、しかし内側部分にもたらされるものを明示するほうがよいと考えたのだと思われるが、Wohlab

の改訂案の *τὰ τῶν ἔξω* で「外側部分の快苦の混合」を指示するのはかえって理解しづらいように思う。そして問題は後に続く *εἰς ὁπότερ' ἂν ῥέψῃ* という句である。この「そのどちら側に傾きがあるにせよ」という句は、底本では「外側部分の快苦の混合と」という意味が読み取りにくいこともあって、身体がその外側と内側でこうむる受動変化に伴う快苦の混合の総体について、快楽と苦痛のどちら側が優勢であるにせよ、という意味にとられかねず、現に Hackforth の訳がそのようなものである（you procure ..... a contrast between interior and exterior, a combination of pains with pleasures, the balance tilting now this way now that）。しかしこの箇所は苦痛のほうが多く混ぜられている混合について説明されているということが大前提なので、最終的な快苦のバランスが快のほうに傾くことは問題外である。その点、Bury のテキストであると、無理やりの分解や凝固によってまず表面部分に「快と混じり合った苦痛」が生じると考えられ、そしてこれとの対比において（どのようにしてかは推定のしようもないが）内側部分に何らかの受動変化があり、外側部分とは反対の快苦が生じるのだと考えられる。そして「そのどちら側に傾くにせよ」については、その主語は「外側部分」であり、その受動変化が快苦どちら寄りのものであるせよ、ということが言われているというふうに、まずは理解されるだろう。訳者はそう考えて、先に述べた部分については底本に従わず、Bury の読みを採用する。

この箇所は「身体にそった身体そのものにおける混合」「身体そのものの表層と内部に共通する受動状態において混合された快楽」を明らかにしようとするものであるが、「快楽がより多く混ぜられている場合」の記述を見てもわかるように、どのようにしてその混合が生み出されるのかを、物理的生理学的に説明しようとするようなものではない。訳者としては、皮膚病で身体内部に熱や炎症がある場合、表面部分に熱をあてたり、あるいは困惑のあまり冷やしたりすると、その表面部分の快苦の状態との関係において身体内部に途方もない快楽や、苦痛と混合した快楽が生じることがある、ただし身体の外側と内側とに共通するパトスとしては快楽よりも苦痛のほうがまさった混合である、ということで一応の了解をつけておきたい。

47C6-7　C3の *περὶ δέ γ' ὢν ψυχὴ* という底本の改訂案に従って読む場合、*ὡς* によって括られる文の動詞の主語は魂である。「空っぽになる」の

主語として身体を考えても差し支えないと思うが、「空っぽの状態にあるので」の主語が魂なので、同じ ὡς 節の他の動詞の場合と同様、「空っぽになる」の主語も魂と解しておく。

52D6 Badham が主張するように「真実に対して πρὸς ἀλήθειαν 」は「真実との関係において」「真実の点で」の意味にとるのが自然であるから (Badham はそれ以外は不可能だと言っている)、「ある」の補語が何か必要ではないかと思われ、色々な改訂案が出されている。Bury は Badham 第一版の、τί ποτε を τί πρότερον に改訂する読みを支持している。その場合には「何が真実の点で先であるのか (優越してあるのか)」といった意味になり、Taylor がそれに従って訳している。訳者としては、『国家』583以下 (特に585A-586C) における、快楽の真実度 (真実に快楽である度合い) は知性、思慮の真実性、さらには真実在そのものの真実性に依存するという考え方や、プラトンにおけるアレーテイア (真理) とウーシア (実在) の不可分一体の捉え方 (思惟と存在の一致) を念頭において、「何が一体、真実との関係において (真実さの点で)、＜ある＞と言われねばならないのか」と訳したいところである。

52D7-8 底本の改訂案には従わず、写本の文末の καὶ τὸ ἱκανόν を一行上の εἰλικρινὲς のあとに移す。「すごく強烈」「たくさん」「大きい」に「十分」が並べて置かれるのは、むろんおかしいので、「純粋」「清浄無雑」のほうに移すと、双方三つずつになって、バランスがよくなる。しかしここの脈絡では、そのように移動しても、「十分な」という語がうまく嵌らないことに変わりはない。「一目見ておかしい」から、「よく見るとおかしいのではないか」ぐらいへの改善措置である。削除するのがいちばんよいかもしれない。

56A3-7 この箇所には主に2点、難点があるが、多くの改訂案が提案されているものの、いずれとも決めがたいので、Bury も底本も本文は写本通りに残し、apparatus や note で改訂案を紹介している。

まず(1)「いっぱいだ (μεστή)」を補足すべき属格の語がないのが奇妙で、これは底本のままだと、直前で言われた事柄、特に一語で言えば「当て推量の術 (στοχαστική)」が省略されていると理解するしかない。Burnet はその理解に合わせて、Bury の提案通り、2行下の αὐτῆς を上に

移して *μεστὴ μέν που αὐτῆς* とすべきであるとしているが（むろんこの場合、*αὐτῆς* は「当て推量の術で」の意味になる」)、要はやや不自然な省略があるものの、何が省略されているかは容易に推定できるということで、底本のまま了解してよいだろう。

しかし(2)「そしてそれ（音楽）の部分である笛術の全体も、変動する一つ一つの音の高低の度合いを当て推量で捕まえるので」と訳した行文はもっと厄介である。「一つ一つの音」と訳した原語は実は *ἑκάστης χορδῆς* であって、この *χορδή* は言うまでもなく「弦」を意味する語であるから、「笛術（*αὐλητική*）が弦を捕まえる」というのは不都合であり、色々な改訂案が提案されている。*αὐλητική* を *πληκτική* に変えるとか（弾奏術？しかしその語がその意味で使われている箇所はプラトンにはない）、ヴェネチア写本の一つの読みを取って、*αὐλητική* のあとに *καὶ κιθαρτική*（キタラ弾きの術）を挿入するとか、一見鮮やかなのは Bury の提案で、「音楽」と「それの部分である笛術」を入れ替えるのである。*αὐτῆς* が「それの部分の」から「それで（いっぱい）」に変わり、「笛術は当て推量でいっぱいで、……音楽全体も……」ということになる。しかし敢えて底本のまま読もうとすると、*χορδή* はここでは「音」を意味すると解するしかないが、これはかなり無理な読み方である。「高低の度合い」と訳した *μέτρον* は、この関連では通常、メロディーやリズムに対する「韻律」を意味する語であるが、ここでは「測られる度合い」という広い意味にそって「音の高さ」の意味に解すべきであり、それは可能だが、*χορδή* を「音」とするのは相当の用例がないかぎり無理であろう。しかし、Liddell & Scott は「弦」からの派生的意味として musical note という訳語を与え、典拠としてこの箇所だけを挙げている。Burnet はいずれも決定的とは言いがたい改訂案の一つを選ぶよりは、*χορδή* の一語を「比喩的に？」解釈してでも写本通りのテキストを維持するほうがよいと判断したのであろう。そして訳者も行文の趣意自体はかなりの蓋然性をもって確定できるのであるから、テキストは底本のままで、その趣意にそって訳出することにする。しかし Paley の、笛の奏者が弦楽器の演奏の伴奏をしていて、その弦楽器の弦（音）の動きを耳で追っている場合を考えればよいというアイデアは秀逸で、これだと写本通りのテキストに指一本触れずに済むかもしれない。

57A3　Bekker の改訂案に従って、冠詞 *τῇ* を *τοῖς* に変えて読む。

58A1　底本はB写本寄りのThompsonの改定案 *δῆλον ὁτιὴ πᾶς ἂν* を採用しているが、Buryはこれをneat and plausibleと評しながらも、*ὁτιὴ* という語がプラトンの使わない語であることを指摘して、T写本寄りの *δῆλον ὅτι ἣ πᾶσαν* という読みを採用し、Goslingはこれを支持している。その場合、ソクラテスの応答は「明らかに、今挙げられたすべての知識を知るであろうところの知識だよ」ということになる。しかしなぜここで哲学的問答法が音楽や建築術や算術など他のすべての知識を知るであろうところの知識だと言われなければならないのか、訳者にはわからない。63Cで「他のすべてを知るとともに、とりわけ私たち（快楽）一人一人をできるかぎり完全に知ってくれる種族」と言われるのと関連づけるのであろうか。訳者が採用する底本のテキストだと、「誰もがそれを知っているだろう。なぜなら……およそすべての人が考えることだとぼくとしては思うのだからねえ」というソクラテスの言葉は、そのあとでプロタルコスが異論を持ち出すことからもわかるように、とうていすべての人が承知しているはずのないものを、皮肉をこめて導入している様子がきわめて自然に、前後の文脈との齟齬もなく理解できる。

58A2　「真実あるがままにということ」と訳した *τὸ ὄντως* という副詞だけのかたちは奇妙であり、ここは言葉の意味ではなく当該技術の対象が考えられているのだから、*ὄντως* の前の *καὶ τὸ* を削除して、*τὸ ὂν* [*καὶ τὸ*] *ὄντως* と繋げるのがよいとするBadham案がいちばんすっきりするが、そう厳格に考えずに、不揃いではあっても、「存在」「本来的に恒常不変であるもの」と並んで、「＜真実に＞ということ」が言われてもよいのではないか、ということで、底本に従って、写本通りに訳出する。

62B1-2　この分詞句は、それぞれの語の指示対象や他の語との繋がりをどう解するかによってじつに多くの読みかたが可能な、つかみどころのない文である。訳者はまず、*τοῖς ἄλλοις* は *κανόσι* に繋げて「他の種々の物差し」として理解し、家の造作と並べて「家の造作やその他の仕事において」とは読まない。この点は説明なしに認めていただくとして、さて解釈の焦点になるのは、神的な知識しか持たない人について一体何が不都合だと言われているのかということである。大方の見かたは、(1) 人間的な知識がないので、家の造作という実際の仕事においても、神的な円を使おうとする、したがって実際の物差し類も神的な円と同じやりかたで扱おうと

する、(2) 人間的な知識がないので、実際の仕事においても、神的な物差し類や円を使おうとする、(3) 人間的な知識がないので、実際の仕事においては、人間的な物差し類と人間的な円を（それぞれ使用法が異なるのに）同じやりかたで使おうとする、といったものであるが、「それらの円」を神的な円ととるか、人間的な円とするか、「他の物差し類」についてまで神的レベルのものを考えるのか（「他の」というのをそういう意味にとる）、「同じように（*ὁμοίως*）」という副詞を何と繋げてどういう意味に解するかといったことに連動している。訳者はそもそも「神的な円を使う」などということがこの連関では理解できないので、(1) (2) は採らない。(3) は何とか了解できるが、それでも物差し類と円を同じやりかたで使う（円を物差し類と同じ使用法で使う）というのが釈然としない。結局訳者が採用したのは、Gosling が何の説明もなく与えている訳とおそらく同じ読みかたである。すなわち、「それらの円」はこの世界の「色々な円」を指すと解し、「同じように」は「他の種々の物差しもそれらの円も同じように使う（＝片方だけではなくて両方とも使う、使うということが同じ）」と解して、「同じ扱いかたで使う」とは解さない。したがって、「家を建てるときにはそれらの円と同じように他の物差し類だって使う」と読む。そして *καὶ χρώμενος* によって導かれる分詞句の全体は、「知らないのだとしたら（*ἀγνοῶν*）」とパラレルに、「十分な知識を持つと言えるだろうか」の条件を示しているとは読まないで、直接的には「知らないのだとしたら」という分詞への限定、ないし付加的条件だと解する。つまり訳出したように、「実際に家を建てるときには円のみならず、他の物差し類だって使う［のに、それらを知らない］のだとしたら」「十分な知識を持つとは言えないだろう」ということになる。神的イデアと感覚物との混同ではなく、単純に感覚物についての知識がないから十分な知識がないと言われているのである。

66A8 「恒常的に確保されてある」という訳の原語は底本の *τὴν ἀΐδιον ᾑρῆσθαι* であるが、この箇所も写本間のばらつきが大きい。校訂者の Burnet 自身は *ἀΐδιον* を疑って、おそらく *μίαν* か *πρώτην ἰδέαν* であろうとしているが、Hackforth は底本通りの読みを擁護しており、その解釈を採って訳出した。Bury は *τὴν ἀΐδιον ᾑρῆσθαι φύσιν* というテキストを与えている。

66B8-C2　底本はT写本の読みを採っているが、*Ἆρ' οὖν οὐ* と尋ねる文の述語部分がないので、前の文の「と置くならば、きみは真実から大きく逸脱することはないだろう」が省略されていると考えるしかないが、そのためにはやはりJackson が提案してBury が採用しているように、*Ἆρ' οὖν οὐδ'* としたほうがよいだろう。しかし訳文は *Ἆρ' οὖν οὐ* のまま、*ταῦτ' εἶναι* の *εἶναι* が述語動詞であるかのように訳しておく。

66C5　写本の *ἐπιστήμας* だと、四等にランクされた知識、技術、真なる思いなしとは別に、「感覚に付随する知識」が純粋な快楽とともに五等に入ることになるが、これはおかしいので、底本は *ἐπιστήμας* を *ἐπιστήμαις* に変える Badham 案を採用している。底本に従って訳出したが、この場合「感覚に付随するものもあるが、[大半は] 諸知識に付随するところの快楽」というのは匂いの快楽と学びの快楽のことを言っていると解される。だが色や形の快楽はどちら側になるのか、そもそも魂自身に帰属して感覚や知識に付随するとはどういうことか、など問題は残る、あるいは広がると思われる。

訳者略歴

山田道夫（やまだ　みちお）

神戸松蔭女子学院大学文学部教授

一九五三年　大阪市生まれ

一九八一年　京都大学大学院文学研究科博士課程単位取得
退学

神戸松蔭女子学院大学講師を経て

一九九七年　現職

主な著訳書

『物質・生命・人間』（共著、新岩波講座哲学６）

『自然観の展開と形而上学』（共著、紀伊国屋書店）

コーンフォード『ソクラテス以前以後』（岩波文庫）

『ソクラテス以前哲学者断片集』第Ⅲ・Ⅳ分冊（共訳、岩波書店）

ピレボス　　西洋古典叢書　第Ⅲ期第12回配本

二〇〇五年六月二十三日　初版第一刷発行

訳　者　山《やま》田《だ》道《みち》夫《お》

発行者　阪　上　孝

発行所　京都大学学術出版会

606-8305 京都市左京区吉田河原町一五-九 京大会館内

電　話　〇七五-七六一-六一八二

ＦＡＸ　〇七五-七六一-六一九〇

http://www.kyoto-up.gr.jp/

印刷・土山印刷／製本・兼文堂

ISBN4-87698-160-4

定価はカバーに表示してあります

西洋古典叢書 ［第Ⅰ期・第Ⅱ期］既刊全46冊（税込定価）

【ギリシア古典篇】

アテナイオス　食卓の賢人たち　1　柳沼重剛訳　3990円
アテナイオス　食卓の賢人たち　2　柳沼重剛訳　3990円
アテナイオス　食卓の賢人たち　3　柳沼重剛訳　4200円
アテナイオス　食卓の賢人たち　4　柳沼重剛訳　3990円
アリストテレス　天について　池田康男訳　3150円
アリストテレス　魂について　中畑正志訳　3360円
アリストテレス　ニコマコス倫理学　朴　一功訳　4935円
アリストテレス　政治学　牛田徳子訳　4410円
アルクマン他　ギリシア合唱抒情詩集　丹下和彦訳　4725円
アンティポン／アンドキデス　弁論集　高畠純夫訳　3885円
イソクラテス　弁論集　1　小池澄夫訳　3360円
イソクラテス　弁論集　2　小池澄夫訳　3780円

ガレノス　自然の機能について　種山恭子訳　３１５０円
クセノポン　ギリシア史　1　根本英世訳　２９４０円
クセノポン　ギリシア史　2　根本英世訳　３１５０円
クセノポン　小品集　松本仁助訳　３３６０円
セクストス・エンペイリコス　ピュロン主義哲学の概要　金山弥平・金山万里子訳　３９９０円
セクストス・エンペイリコス　学者たちへの論駁　1　金山弥平・金山万里子訳　３７８０円
ゼノン他　初期ストア派断片集　1　中川純男訳　３７８０円
クリュシッポス　初期ストア派断片集　2　水落健治・山口義久訳　５０４０円
クリュシッポス　初期ストア派断片集　3　山口義久訳　４４１０円
デモステネス　弁論集　3　北嶋美雪・杉山晃太郎・木曽明子訳　３７８０円
デモステネス　弁論集　4　木曽明子・杉山晃太郎訳　３７８０円
トゥキュディデス　歴史　1　藤縄謙三訳　４４１０円
トゥキュディデス　歴史　2　城江良和訳　４６２０円
ピロストラトス／エウナピオス　哲学者・ソフィスト列伝　戸塚七郎・金子佳司訳　３８８５円
ピンダロス　祝勝歌集／断片選　内田次信訳　４６２０円

フィロン　フラックスへの反論／ガイウスへの使節　秦　剛平訳　3360円
プルタルコス　モラリア　2　瀬口昌久訳　3465円
プルタルコス　モラリア　6　戸塚七郎訳　3570円
プルタルコス　モラリア　13　戸塚七郎訳　3570円
プルタルコス　モラリア　14　戸塚七郎訳　3150円
マルクス・アウレリウス　自省録　水地宗明訳　3360円
リュシアス　弁論集　細井敦子・桜井万里子・安部素子訳　4410円

【ラテン古典篇】

ウェルギリウス　アエネーイス　岡　道男・高橋宏幸訳　5145円
オウィディウス　悲しみの歌／黒海からの手紙　木村健治訳　3990円
クルティウス・ルフス　アレクサンドロス大王伝　谷栄一郎・上村健二訳　4410円
スパルティアヌス他　ローマ皇帝群像　1　南川高志訳　3150円
セネカ　悲劇集　1　小川正廣・高橋宏幸・大西英文・小林　標訳　3990円
セネカ　悲劇集　2　岩崎　務・大西英文・宮城徳也・竹中康雄・木村健治訳　4200円
トログス／ユスティヌス抄録　地中海世界史　合阪　學訳　4200円

プラウトゥス　ローマ喜劇集 1　木村健治・宮城徳也・五之治昌比呂・小川正廣・竹中康雄訳　4725円

プラウトゥス　ローマ喜劇集 2　山下太郎・岩谷　智・小川正廣・五之治昌比呂・岩崎　務訳　4410円

プラウトゥス　ローマ喜劇集 3　木村健治・岩谷　智・竹中康雄・山沢孝至訳　4935円

プラウトゥス　ローマ喜劇集 4　高橋宏幸・小林　標・上村健二・宮城徳也・藤谷道夫訳　4935円

テレンティウス　ローマ喜劇集 5　木村健治・城江良和・谷栄一郎・高橋宏幸・上村健二・山下太郎訳　5145円